DUMONT

London 2020: Ben ist Mitte dreißig und sucht händeringend eine Wohnung. Winnie ist Mitte achtzig und braucht jemanden, der ihr in ihrem großen Haus zur Hand geht (und potenzielle Einbrecher abschreckt). Der Beginn einer wunderbaren Freundschaft? Hoffentlich, denn bald muss das ungleiche Paar ungeahnt eng zusammenrücken. Was folgt, ist ein Jahr, in dem Ben viel über das Leben lernt. Ob bei Toast mit selbstgemachter Orangenmarmelade, der täglichen Lektüre der Times oder dem gemeinsamen Gucken von The Crown: Die eigenwillige und einnehmende Winnie schöpft aus den Erfahrungen eines langen Lebens und hat so einige Weisheiten für Ben parat.
›The Marmelade Diaries‹ erzählt von einer Frau, die unbeirrbar ihren eigenen Weg gegangen ist, und zeigt, dass es nie zu spät ist, neue Freundschaften zu schließen.

Ben Aitken ist Journalist und Autor. Für seine Reportagen reiste er um die Welt, bis er bei Winnie einzog und von einem landesweiten Lockdown überrascht wurde. ›The Marmalade Diaries‹ ist sein viertes Buch.

Werner Löcher-Lawrence ist literarischer Agent und Übersetzer. Zu den von ihm übersetzten Autor*innen zählen u. a. John Boyne, Meg Wolitzer, Patricia Duncker, Hisham Matar, Nathan Englander, Nathan Hill und Hilary Mantel.

Ben Aitken

The Marmalade Diaries

Ein junger Mann,
eine alte Frau und das Geheimnis
von Orangenmarmelade

Aus dem Englischen
von Werner Löcher-Lawrence

DUMONT

Das bei der Produktion dieses Buches entstandene CO$_2$ wurde
durch die Finanzierung von Klimaschutzprojekten kompensiert:
climate-id.com / 17531-2110-1001 / de

Oktober 2024
DuMont Buchverlag, Köln
Alle Rechte vorbehalten
© 2022 Ben Aitken
Die Englische Originalausgabe erschien 2022 unter dem Titel
›The Marmalade Diaries‹ bei Icon Books, London.
© 2023 für die deutsche Ausgabe: DuMont Buchverlag, Köln
Übersetzung: Werner Löcher-Lawrence
Umschlaggestaltung: Lübbeke Naumann Thoben, Köln
Umschlagabbildung: Glas: Depositphotos © mika_48, Orangen:
Depositphotos © zzzorik, Leinen: © AdobeStock / Alexey Kirillov
Satz: Angelika Kudella, Köln
Gesetzt aus der Dante
Druck und Verarbeitung: GGP Media GmbH, Pößneck
Gedruckt auf säurefreiem und chlorfrei gebleichtem Papier
Printed in Germany
ISBN 978-3-7558-0510-6

www.dumont-buchverlag.de

Für Megan

Inhalt

Prolog

Dies ist kein Buch über Marmelade. Marmelade kommt vor, sie ist gleichsam der Kleber, der alles zusammenhält, wird aber nicht großzügig überall verteilt. Ich sage das, um all diejenigen zu warnen, die ein Buch über Marmelade wollen. Es ist keines. Marmelade kommt nur deshalb im Titel vor, weil ich sie während eines der seltsamsten Jahre meines Lebens jeden Morgen zum Frühstück gegessen habe.

Dieses Jahr war so seltsam, weil ich es zum großen Teil mit einer frisch verwitweten Fünfundachtzigjährigen verbracht habe. Ich bin bei Winnie eingezogen, weil sie ein überzähliges Zimmer hatte und eine helfende Hand im Haus brauchte (oder gleich mehrere, wie sich herausstellte). Ich meinerseits brauchte ein Zimmer und konnte besagte helfende Hand anbieten. Was wir beide nicht brauchten, war ein strikter, sich hinziehender nationaler Lockdown, der zehn Tage nach meinem Einzug begann. Hätte ich gewusst, was mir bevorstand, wäre ich geblieben, wo ich war. Es war beileibe nicht mein Ziel, 96 Prozent meiner absehbaren Zukunft mit einer Fremden zu verbringen, die fünfzig Jahre älter war als ich. Ich bin ziemlich flexibel, was meine Vorstellung angeht, wie man sichs gut gehen lassen kann, aber in diesem Fall wäre wohl selbst ich zurückgeschreckt.

Ich wusste jedoch nicht, was mir bevorstand, und bin bei Winnie eingezogen – und während der folgenden Monate ging es uns mehr oder weniger wie einem frisch verheirateten Paar, abzüglich Einverständnisses und Leidenschaft. Wir haben viel geredet, beim Frühstück an langen winterlichen Lockdown-Morgenden. Die Marmelade war das Schmiermittel zwischen uns, sorry, was das Bild angeht.

Was hier folgt, ist die Geschichte eines wirklich merkwürdigen Konkubinats, das bis in den Sommer 2021 andauerte, als es seinen natürlichen Endpunkt erreichte. Es ist eine Geschichte, die im Nachhinein kaum den Rang soziokultureller Tagebücher erreichen wird wie einst die von Samuel Pepys und Bridget Jones. Aber hey-ho!

1

Unter keinen Umständen
werde ich das Haus erben

21. OKTOBER 2020   Ich ziehe bei Winnie ein. Sie ist fünfundachtzig und hat ihren Mann Henry vor zehn Monaten verloren.
Ihre Kinder haben das Gefühl, sie könnte jemanden im Haus
brauchen (offenbar jemand anderes als sie selbst), der Sicherheit halber und um hier und da anzupacken, zum Beispiel beim
Kohlenholen und Müllrausbringen. Das Zimmer stand online.
Als ich gesehen habe, wie niedrig die Miete ist, habe ich mich
gefragt, ob die Sache einen Haken hat. Wie sich herausstellt, ist
Winnie der Haken.

Winnie hat Platz. In der Hinsicht ist sie ein Naturtalent. Es ist
ein frei stehendes viktorianisches Sieben-Zimmer-Anwesen. Halb
eine Anhöhe hinauf. Mit riesigem Garten. In jeder Hinsicht das
komplette Gegenteil von allem, was ich bisher gekannt habe. Ich
bekomme eine eigene kleine Wohnung oben im Haus, wo sich
früher die Dienerschaft erholt und darüber ausgetauscht hat, wie
nett ihre Arbeitgeber doch sind. Versprochen ist ein Blick über
Croydon.

Winnie Carter, 85, Witwe. Das ist so ziemlich alles, was ich
weiß. Das und dass sie gerne gärtnert und über Malerei redet. Sie
hat früher ehrenamtlich als Museumsführerin gearbeitet, sagt

man mir, und die Natur des Menschseins anhand von Tizian und so weiter erläutert. Ihr Sohn, Stewart, ist Diplomat, wohnt knapp zehn Kilometer entfernt und sagt, ich soll mich nicht weiter an der Art seine Mutter stören, was immer das zu bedeuten hat. Er meint, wenn ich mich erst an ihre Eigenheiten gewöhnt habe, werden sich die Dinge schon »einpendeln«.

Natürlich habe ich ihn wegen des Coronavirus gefragt, der die Welt gerade im Sturm erobert, und ob Winnie es bevorzugen würde, wenn ich Abstand hielte und so weiter. Im Gegenteil, sagt Stewart. Sie ist fit und entspannt, sagt er. Knutscht nur nicht unbedingt gleich miteinander. Ich werde den Eindruck nicht los, dass er nichts dagegen hätte, wenn sich seine Mutter zeitig verabschiedete, damit er früher wieder an sein altes Zimmer kommt.

Ich stehe in der Einfahrt und sehe mir das Haus an. Name: Windy Ridge. Schiebefenster, einfach verglast. Gelbe Ziegel. Rote Tür. Ein ungewöhnlicher Klopfer. Stewart macht auf.

»Hallo!«

»Stewart?«

»Ben?«

Wir stoßen mit den Fäusten gegeneinander – zwei moderne Seelen, die sich verstehen. Ich biete auch Winnie meine Faust an. Sie guckt nur und schlurft an mir vorbei: »Ich sehe gerade mal nach den Mülltonnen.« Freut mich auch, Sie kennenzulernen.

Die nächste Stunde oder so verschwimmt ein bisschen in der Erinnerung. Stewart zeigt mir, wie die Alarmanlage funktioniert, wie man das Garagentor verschließt, die Hintertür, die Haustür, welche Flaschen Wein mehr wert sind als mein Leben und immer so weiter. Die notwendigen Dinge eben. Dann unterschreiben Winnie und ich einen Vertrag, in dem steht, dass ich unter keinen Umständen das Haus erben werde. Ich habe den Vertrag vorher gelesen und setze meinen Namen ohne großes Getue darunter. Winnie hat ihn nicht gelesen und es offenbar auch jetzt nicht vor. Ihr ist egal, was genau drinsteht. »Ja, ja, gib ihm den Schlüssel.« Der Gedanke drängt sich auf, dass der Familie mehr an meinem Einzug liegt als ihr.

Ich nehme an, Winnie hat ihr Okay für mich nicht unbedingt deshalb gegeben, weil sie denkt, dass wir wahnsinnig viel Spaß zusammen haben werden, sondern weil sie weiß, dass ich mich mal um einen Jungen mit Zerebralparese gekümmert habe. Winnies Ältester hat auch eine Zerebralparese, und es würde mich nicht überraschen, wenn meine neue Vermieterin vorhätte, mich zweimal die Woche zu ihm zu schicken. Wobei es im Moment nicht so einfach wäre, Arthur, so heißt er, zu besuchen. Offenbar lebt er in einem Heim, das nur ein paar Straßen entfernt liegt, und da gilt im Moment eine Nulltoleranzpolitik in Bezug auf Besuch. Was immer Winnie am Ende bewogen haben mag, meinem Einzug zuzustimmen, ich bin ihr dankbar dafür.

Ich gehe nach oben. Einmal, zweimal. Es ist tatsächlich eine Art eigene Wohnung mit einem Schlafzimmer, einer Küche, einem Bad und einem Arbeitszimmer. Ich nehme mein neues Nest in Augenschein. Es ist immer komisch, irgendwo neu anzukommen, vor allem wenn es ein neues Zuhause ist und ganz besonders wenn es Teil des Zuhauses einer frisch verwitweten Frau ist, die schon seit fünfzig Jahren hier wohnt.

Warum dieser Umzug? Es gab doch sicher offensichtlichere Möglichkeiten? Ja und nein. Ja – in meinem Alter sollte man (wenn man auch nur halbwegs normal denkt) eigentlich versuchen, eine erste eigene Bleibe zu kaufen, mit einem geliebten Menschen zusammenzuziehen oder sich doch wenigstens in einer Gegend der Stadt ein Zimmer zu suchen, die nicht von Leuten bevölkert ist, die eine Rente beziehen (oder gleich mehrere, was bei Winnie der Fall sein könnte). Nein, ich habe nicht das Geld, um zu wohnen, wo ich gerne wohnen möchte oder mit wem ich gerne zusammenwohnen würde. Ich müsste um die dreihundert Jahre arbeiten, um mir so was wie das hier leisten zu können. London ist so attraktiv wie unmöglich.

Aber es ist nicht nur das Geld, nicht allein die Miete von nur zweihundert Pfund im Monat. Meine Entscheidung hat auch mit ein paar Erfahrungen der letzten Zeit zu tun. Vor Jahren habe ich mehrfach Urlaub mit Leuten gemacht, die zweimal, dreimal so alt waren wie ich: Busreisen, alles inklusive, bei denen ich zig Bingonachmittage und -abende mitgemacht und mir zahllose Anekdoten über Rationierungen und Maggie Thatcher angehört habe. Ich habe ein Buch über diese generationsübergreifenden Reisen geschrieben, wobei *The Gran Tour* weder im Fernsehen von Richard & Judy empfohlen wurde noch auch nur annähernd ein Bestseller war. (Es sei denn, man betrachtet allein ein ganz spezielles Zeitfenster von fünfzehn Minuten in einem ganz speziellen Buchladen in Norwich, wo ich selbst gleich vier Exemplare gekauft habe.) Aber das alles hat mir zumindest die durchaus bedeutende Erkenntnis verschafft, dass mit einer älteren Person zusammenzuleben nicht unerträglicher sein muss als mit einer jüngeren.

Ich brauche nicht lange, um zu begreifen, dass Winnie keine leidenschaftliche Köchin ist. Das wird bereits klar, als sie mich zehn Minuten nach Stewarts Abgang fragt: »Was gibts zum Abendessen?«

Ich gehe auf Nummer sicher und mache eine Bolognese, wozu ich etwa ein Dutzend Mal zum falschen Topf und der falschen Pfanne greife. (Es ist durchaus angemessen zu sagen, dass Winnie in Bezug auf ihre Küchenutensilien einen pedantischen Zug hat.) Sie probiert einen Mundvoll (noch im Stehen, was ich für einen neuartigen Ansatz halte) und nennt das Ergebnis »amüsant«, was nach meinem Kenntnisstand nichts ist, was eine Bolognese sein will. Zur Pasta gibt es eine Focaccia, die Winnie als »entschlossen« charakterisiert. Sie hat zweifellos ihre eigene Art, Dinge zu benennen.

Wir sitzen am Esstisch, der eine Seite des Wohnzimmers einnimmt. Zwei Terrassentüren führen hinaus in den Garten. Es gibt ein Sofa, zwei Drehstühle wie in einer Vorstandsetage, einen elektrisch verstellbaren Sessel und noch einen normalen aus, wie es scheint, Kiefer sowie mehrere Kommoden und einen Eckschrank (so nennt man so etwas wohl), in dem, was weiß ich, die Überreste von Winnies letztem Mieter untergebracht sind. Ich mache mir für gewöhnlich nichts aus Möbeln, ich sitze drauf und das wars. Dennoch führe ich das alles hier auf, weil es im Prinzip das ist, worüber ich beim Essen rede. Meine Gesprächstaktik folgt zunächst grundsätzlich der Devise: »Sag, was du siehst.« Eine Kostprobe:

»Hübsche Lampe«, sage ich.

»Die Birnen halten nur nicht lange.«

»Der Garten sieht schön aus.«

»Eine nette Plage.«

»Gibt es dafür jemanden?«

»Er kommt einmal in der Woche. Ich gebe ihm dreißig Pfund und eine Dose Bier.«

»Für den Tag?«

»Schön wärs. Er bleibt drei Stunden. Was nicht annähernd ausreicht.«

»Nicht?«

»Tatsächlich hat er mir zu verstehen gegeben, dass er für Hilfe empfänglich wäre.«

»Das ist eine schöne Pfeffermühle.«

»Ziemlich störrisch, fürchte ich.«

»Was ist das für eine Pflanze?«

»Wahrscheinlich die gewöhnlichste Zimmerpflanze der Welt.«

»Ah.«

»Eine Birkenfeige. Ein *Ficus benjamina*.«

»Dann trägt sie also meinem Namen.«

»Das mag sein, an den Besitzverhältnissen ändert es jedoch nichts. Davon habe ich genug.«

»Wie meinen Sie das?«

»Einige Mitglieder meiner Familie haben zuletzt hier bei mir gewohnt und schienen versessen darauf zu beschlagnahmen, was nicht niet- und nagelfest war.«

»Das Arrangement hat also nicht funktioniert?«

»Nein. Hat es nicht. Weshalb Sie jetzt hier sind. Sollen wir noch eine Flasche aufmachen?«

Alles in allem ist das Essen für ein erstes Date von einer netten Unbeholfenheit. Als sich unsere Finger beim Greifen nach dem Parmesan kurz berühren, zeigt Winnie Reflexe, die ihr Alter Lügen strafen. Ungeachtet meiner Gesprächseröffnung, die mich alle Dinge im Raum ansprechen und in Winnie die Sorge aufkommen lässt, dass ich mögliche Beutestücke taxiere, würde ich sagen, unsere Unterhaltung verläuft ganz allgemein okay.

Aber sie bleibt auch an der Oberfläche, das heißt, bis Winnie ein wenig Salz auf dem Tisch verstreut und sie etwas an ihrem kleinen Missgeschick an den Verlust ihres älteren Bruders erinnert, als er achtzehn war. (Die Welt muss mit fünfundachtzig voller Erinnerungen sein, nehme ich an.)

»Er ist bei einem Rettungsversuch auf See ertrunken«, sagt

sie. »Das Boot hieß *Illustrious*. Ich weiß noch, wie mein Vater den Anruf entgegengenommen hat. Er sagte: ›Ja, das stimmt schon, richtig, jaja‹, und bewahrte die Haltung, während ihm Tränen über die Wangen strömten.«

Sie überlegt einen Moment – wohl über die Kluft zwischen Gesagtem und Gefühltem –, lächelt dann, sieht mich an und fragt: »Gibt es Nachtisch?«

Das Ende des Tages, das Geschirr ist gespült, aus dem Fernseher im Wohnzimmer nebenan klingen Nachrichten über ansteigende Fallzahlen herüber, und Winnie deckt den Küchentisch fürs Frühstück. Sie deckt ihn für zwei, mit zwei Tellern, zwei Schüsselchen, zwei Messern, zwei Löffeln, einem Glas Orangenmarmelade – doch der zweite Platz ist nicht für mich. Er ist für Henry. Die Art, wie sie die Dinge arrangiert, ist eindeutig. So langsam, so liebevoll. Als sie sieht, dass ich es sehe, will sie sein Gedeck wieder wegräumen, entschließt sich dann aber dagegen. »Oh, es schadet nicht.«

22. OKTOBER   Als ich am Morgen nach unten in die Küche komme, kämpft sie mit dem Anrufbeantworter. Sie kann die Nachrichten nicht löschen, was zur Folge hat, dass keine neuen mehr hinterlassen werden können. Die Kapazität ist erschöpft. Ich versuche zu helfen, aber der Apparat widersetzt sich mir genauso wie ihr. Wir vermögen beide keinen neuen Platz zu schaffen. »Das ist genau das, was ich brauche. Hilft meinem Sozialleben wunderbar auf die Sprünge.«

Als sie mir eine Scheibe Toast anbietet, muss ich sagen, dass ich bereits oben gefrühstückt habe. Sie wirft mir einen Blick zu: *So wird es also sein?* Ich entschuldige mich und erkläre, dass ich ihr nicht auf den Füßen herumstehen wollte. Sie sagt:

»Aber wozu sind Füße sonst da?«, zeigt mir den Kohleneimer und schickt mich zum Kohlenschuppen. Sie hält den Ofen immer in Gang und wird diese Gewohnheit auch jetzt nicht aufgeben.

Zum Abendessen brate ich Lammkoteletts. Sie zeigt mir einen Trick: den Rotwein zusammen mit den Tellern im Backofen anwärmen. Was die Teller angeht, ist sie stur. Sie denkt, sie *müssen* angewärmt werden, ganz gleich, ob derweil das Essen kalt wird. Ich schlage vor, sie stattdessen in der Mikrowelle warm zu machen, um Zeit zu sparen, aber die Lady ist für unbekanntes Gelände nicht zu haben. Wie Holz: je älter, desto unflexibler. Als ich meine Einsicht äußere, klopft sie mir auf den Kopf und lässt es klingen, als wäre er hohl. Ich denke, die Küche könnte sich zu einer Art Konfliktzone entwickeln.

Die Unterhaltung beim Abendessen dreht sich zunächst um den Garten, doch dann ruft ein Stück Käsekuchen Erinnerungen an New York hervor. Ihr Vater war einer der britischen Vertreter bei den Vereinten Nationen, was bedeutete, dass Winnie dort ihre letzten zwei Schuljahre absolvierte. Die Familie fuhr mit dem Schiff hinüber, ganz so, wie es damals normal war. Winnie erinnert sich an ein Upgrade in eine Erste-Klasse-Kabine, wegen ihrer Seekrankheit, die, wie sie gerne zugibt, nicht ganz echt war. Winston Churchill war mit an Bord. Eines Abends beim Dinner hat Winnie ihm gegenübergesessen.

»Und wie war er?«

»Für mich nur ein weiterer bleicher Kloß.«

Komisch, wie eins zum anderen führt. »Arthur war ganz absolut kein bleicher Kloß, das ist mal sicher«, sagt Winnie jetzt. »Er kam blau aus mir heraus. Ich weiß noch, wie ich gedacht habe: *Babys sollten nicht blau sein.* Das war auf den Philippinen.

Henry hatte da eine Stelle bei einer Ölgesellschaft. Sie mussten mir das Becken aufschneiden, weil er sich verletzt hatte. Arthur, nicht Henry.«

Sie tut einen Schritt zurück oder zur Seite, um etwas Raum zu schaffen. Die beiden waren frisch verheiratet, Anfang zwanzig, und hatten eine Wohnung an der Bucht von Manila. Henry wurde gleich nach Arthurs Geburt für zwei Wochen ins Inland geschickt, worauf Winnie hätte verzichten können. Sich um ein Neugeborenes mit einer Zerebralparese zu kümmern, war nichts, was sie gewohnt war. Das Paar war etwa zwei Jahre auf den Philippinen und kam mit allem möglichen hübschen Mobiliar zurück, und natürlich mit Arthur.

Ich spüle und verschwinde nach oben in meine Gefilde. Ich bin noch zu unsicher, um mich ins Wohnzimmer zu setzen. Winnie ist in der Küche und füllt sich eine Wärmflasche.

23. OKTOBER Sie befindet sich zwischen zwei Gängen, als ich am Morgen nach unten komme, zwischen Müsli und Toast. Winnie bevorzugt Vollkorntoast, den sie ausnahmslos bei einem italienischen Bäcker in der Kingston Road kauft. Das tut sie, weil Mr Spinnici, der Bäcker, einmal Rennfahrer war und ihr ohne Klage und unentgeltlich einen Reifen gewechselt hat, als sie 1972 direkt vor seinem Laden einen Platten hatte. Seitdem geht sie zweimal die Woche zu ihm. Winnie sagt, Mr Spinnici freue sich darauf, meine Bekanntschaft zu machen, was ihre Art sein muss, mir zu sagen, dass ich in Zukunft das Brot holen gehe. Ihre Marmelade sieht gut aus, und das sage ich ihr. »Aber sie geht zur Neige«, sagt sie und belässt es dabei.

Sie ist wirklich pingelig, was das Geschirr und so weiter angeht. »Oh, *da drin* können Sie das Ei nicht machen«, sagt sie, als ich ein Ei *da drin* braten will. »Sie müssen die Pfanne ganz hinten

nehmen, die, die aussieht, als hätte sie eine tropische Krankheit.«*
Und sie reißt mir fast die Hand ab, als ich ihre Lieblingsgabel nehmen will. Sie hat etwa hundert Gabeln, benutzt aber immer nur
eine von ihnen. Die mittleren Zinken sind verbogen und verun-
staltet. Henry und sie haben die Gabel gleich nach ihrer Verlo-
bung 1958 in der Portobello Road gekauft, erklärt sie mir und
legt sie vorsichtig weg.

Sie ruft Stewart an. Schaltet den Lautsprecher ein, damit sie
weiter Tee kochen kann. Noch bevor Stewart dazu kommt, Hallo
zu sagen, gibt Winnie einem Gemisch aus historischen Gedanken und gegenwärtigen Bedenken Ausdruck.

»Stewart. Ich bins, Mum. Gloria Lamont von Nummer 46: Sie
hat Dreadlocks und ist *sehr* dünn. (Diese Teekanne spinnt.) Sie
denkt, wir haben Japanknöterich hinten im Garten und dass er
anfängt, alles zu überwuchern. (An Ihrer Stelle, Ben, würde ich
das nicht machen.) Egal, wie geht es dir?«

Kaum hat sie die Frage gestellt, ist sie durch die Hintertür
draußen im Garten, verstreut ein paar Krümel für die Vögel und
lässt Stewart seine Antwort der Küche geben. Ich habe noch nie
so eine ungewöhnliche Art erlebt, ein Telefon zu benutzen.

Zum Abendessen gibt es Kürbiseintopf. Sie hat Folgendes dazu
zu sagen: »Das war jetzt fraglos *anders*. Aber sicher, ich nehme an,
das *sind* einige Dinge nun mal.«

24. OKTOBER   Zusammen mit der *Times* (die täglich durch
den Briefschlitz kommt) fällt ein Flugblatt auf die Matte. Es ist
eine Werbung für eine Produktion von *Educating Rita* im ört-

---

* Der Kalk in der Eierschale setzt sich in der Pfanne ab, also nimmt sie
immer dieselbe, um den Schaden in Grenzen zu halten.

lichen Theater, das man nach einer beträchtlichen Coronapause wiederbelebt hat. Ich trage Zeitung und Flugblatt in die Küche, wo Winnie ihren Toast mit Marmelade bestreicht. Ich frage sie, ob sie Lust hat, sich das Stück mit mir anzusehen, und stelle mir vor, auf der Bühne so etwas wie ein Spiegelbild unserer Situation zu erleben – nämlich eine ältere Person, die eine jüngere vor eine Entscheidung stellt.

Sie beantwortet meine Frage mit dem Hinweis darauf, dass ich mich heute Morgen nicht um das Feuer gekümmert hätte. Ich erwidere, mir sei nicht bewusst gewesen, ausschließlich dafür zuständig zu sein. Sie sagt, die letzte Person, der das nicht bewusst gewesen sei, habe nicht lange überdauert. Dann deutet sie auf das Foto eines Ministers in der Zeitung und sagt: »Der meint, wir sitzen alle im selben Boot. Was für ein Unsinn. Wir sind alle für uns.«

Winnie führt mich langsam durch den Garten. Dabei erklärt sie mir, was ihr am meisten Kopfschmerzen bereitet (dieser *verdammte* Japanknöterich) und die größte Freude macht: die Tulpen und die Rosen. Am Ende hält sie eine Weile inne und wägt alles noch einmal ab. »Das Verhältnis von Kopfschmerz und Freude hängt sehr von der Jahreszeit ab. Im Moment, fürchte ich, ist Kopfschmerzzeit. Hey-ho.«

25. OKTOBER Winnie bekommt im Haushaltszimmer die Haare geschnitten. Ich sehe sie im Profil, mit Liz, der Friseurin, hinter sich, als ich die Treppe herunterkomme. Winnie sieht mich und sagt zu Liz: »Schneid sie ihm als Nächstes, ja? Der arme Kerl kann kaum noch was sehen.« Und im allerletzten Moment beschließt sie noch, sich die Farbe auffrischen zu lassen.

26. OKTOBER Auf dem Weg zum Common treffen wir zufällig eine alte Freundin von Winnie. Die beiden haben sich ewig nicht gesehen, schließe ich. Mein Eindruck ist, dass Winnie viele ihrer Freundinnen lange nicht gesehen hat. Durch Henrys Krankheiten (eine ganze Serie kraftzehrender Schlaganfälle in den zehn Jahren bis zu seinem Tod) haben sie sich aus den Augen verloren. Valerie ist eindeutig voller Sorge, aber Winnie will weiter und nicht lange herumtrödeln.

Wir gehen ein ganzes Stück über den Common. Winnie erkennt die Bäume an ihren Blättern. Sie blickt an einem hoch und zeigt auf das Laub in der Krone. »Die da oben halten sich noch«, sagt sie, »weil da mehr Licht ist.« Auf dem Nachhauseweg erzählt sie, dass sie sich nach Henrys Tod eine Zeit lang wie leer gefühlt hat. »Wie auf links gedreht. Wenn ich ehrlich bin, ist es immer noch so.« Als wir zurückkommen, bringt sie eine gute Stunde damit zu, das Laub auf dem Bürgersteig zusammenzufegen.

27. OKTOBER Oben auf dem Kühlschrank in der Küche steht ein kleiner Fernseher. Wir frühstücken und sehen uns eine Doku über Francis Bacon an. »Brillanter Maler, fürchterliche Bilder«, so Winnies Verdikt. Leicht eingeschüchtert durch die Bestimmtheit ihres Urteils, muss ich all meinen Mut zusammennehmen, um mich zu Lowry als meinen Lieblingsmaler zu bekennen, hauptsächlich weil mir gefällt, wie er Licht auf Dinge wirft, die für gewöhnlich im Schatten liegen. Winnie überlegt eine Weile, zieht dann die Nase kraus und sagt: »Nein. Ist nicht so meins, Lowry.«

Um das Thema zu wechseln – und Winnie vielleicht etwas aufzuheitern –, erzähle ich ihr, dass ich mich gestern verlaufen habe. Hinten auf dem Common. Beim Joggen. Sie fragt, wo, und ich sage, da war ein Teich, im Wald, nicht weit von einer Windmühle. Sie weiß, welche Stelle ich meine. »Ich war mal mit den Kindern an dem Teich, und eines von ihnen, könnte Stewart gewesen sein, zeigte auf eine Ecke vom Wasser und rief, das vibriert ja, und bei Gott, er machte keine Witze. Es war eine Legion Frösche bei einem Gangbang.« (Ich hätte mich fast verschluckt, als sie Gangbang sagte.)

28. OKTOBER Ich bin jetzt eine Woche hier, und es läuft okay. Ob sich Winnie immer noch wie auf links gedreht fühlt, kann ich nicht sagen, aber der Optimist in mir meint, sie könnte mittlerweile eine Idee glücklicher sein. Was dafür spricht: Als vor ein paar Minuten das Telefon klingelte, war sie dran, bevor der Anrufbeantworter angesprungen ist, was, seit ich hier bin, das erste Mal war. Es war einer der Enkel, der wissen wollte, ob Turner ein Kubist war, was Winnie herzlich hat lachen lassen. Es war schön, das zu hören.

30. OKTOBER Ich gewöhne mich an Winnies Ratschläge. Steh nicht erst um zehn auf und erwarte dann eine freudige Begrüßung. Vermische keine Pilze. Stoß nicht dagegen, sonst zerbricht es. Zieh nicht daran, sonst ... zu spät, du hast es geschafft. Geh nicht so angezogen hinaus, wenn du nicht angestarrt werden willst. All ihre Ratschläge kommen ziemlich gut gelaunt daher, möchte ich noch schnell anfügen. Falls morgen Abend einige Kinder »Süßes oder Saures« fordern, will Winnie eine passende Antwort für sie parat haben.

31. OKTOBER Ich gehe mit meiner Freundin essen, es ist unser vierter Jahrestag. Seltsamerweise hätte ich Winnie beinahe gefragt, ob sie mitkommen will. Als wir über den Trafalgar Square gehen, hören wir Leute sagen, ab nächsten Donnerstag gibt es

einen neuen Lockdown, ausgerechnet zur Guy Fawkes Night. Was allerdings passt, wenn wir unsere Freiheit und unseren Optimismus symbolisch auf den Scheiterhaufen werfen wollen. Ich denke, ich werde mehr als geplant von Winnie sehen.

1936

Winnies Eltern gingen bei der Geburt ihrer Tochter ziemlich gegensätzlichen Beschäftigungen nach. Während Mr Lovelock mit Flugzeugen vom Flughafen Croydon zu starten pflegte, hatte Mrs Lovelock hauptsächlich damit zu tun, sich um alles zu sorgen, was ihr in den Sinn kam. (Ein Beispiel: Am Vorabend der Unterhauswahlen im Vereinigten Königreich 1924, bei denen es zum ersten Mal zu einer Labour-Regierung kam, verbrachte Winnies Mutter mehrere schmerzliche Stunden voller Angst, Russisch lernen zu müssen.) Ja, täusche dich nicht, Winnie Lovelock kam nicht aus dem Nichts. Sie fand auf der Entbindungsstation des Greenwich Hospital in London auf diese Welt, und das Erste, was ihre Mutter über ihre Tochter sagte – »Seht euch die Größe dieses Hinterns an« –, hatte, wie man sich denken kann, Einfluss auf die Entwicklung des Kindes. Winnie wurde Winnie genannt, weil ihre Brüder zu der Zeit völlig verrückt nach den Winnie-the-Pooh-Geschichten von A. A. Milnes waren und darauf bestanden. Es dauerte allerdings nicht lange, bis die Jungs begriffen, dass die Winnie aus den Geschichten ein ziemlich anderes Geschöpf war als das kleine Mädchen, mit dem sie sich das Zimmer teilten. Der jüngste der Brüder entschied sich dafür, seinen Gefühlen so Ausdruck zu geben: »Wenn ich das so sehe, sind mir die Geschichten doch lieber.«

2

Was zum Teufel machen Sie dann hier?

4. NOVEMBER   Der Tag vor dem Lockdown. Hin zum Common, um auf einer Bank zu sitzen und bekümmert die Natur zu studieren. Die Bäume sind so kahl, wie man sie kennt, und zeigen ihre innere Natur. Alle möglichen Leute sind unterwegs, es herrscht eine schon fast festliche Stimmung. Jemand wünscht mir einen »frohen Lockdown«. Als ich zurück nach Hause komme, steht Winnie an der Spüle und blickt hinaus in den Nebel. »Jahreszeit des Dunsts und milder Fruchtbarkeit«, sagt sie, was, nehme ich an, aus einem Gedicht ist. Als ich sie danach frage, dreht sie sich um und erwischt mich *in flagranti*: »Nur über meine Leiche kochen Sie das Gemüse in so viel Wasser.«

5. NOVEMBER   Erster Tag des Lockdowns. Die Stimmung hängt etwas tief in Windy Ridge, um ehrlich zu sein. Wir haben beide nicht damit gerechnet. Feuerwerk scheint angesichts der Umstände nicht unbedingt angebracht. Trotzdem sehen wir zu, wie Raketen in die Höhe schießen, explodieren und kurz aufscheinen, bevor sie über Südlondon wieder verblassen. Zum Essen gibt es irgendeinen Auflauf mit Schweinefleisch. Ich schlage Reis dazu vor, aber Winnie lässt sich nicht davon abbringen, dass beides nicht zusammenpasst. Sie hat ziemlich dezidierte Meinun-

gen dazu, was man wozu essen kann, wie ich festgestellt habe. Nicht unbedingt das beste Omen.

6. NOVEMBER   Ich habe angefangen, nach dem Abendessen unten im Wohnzimmer zu bleiben, und neige mittlerweile weniger dazu, mich zurückzuziehen, um für mich zu sein. Ich frage Winnie, ob sie *University Challenge* mit ansehen mag. »Mit Paxman?« »Ja.« »Dann nicht.« Sie setzt sich dennoch für zwanzig Minuten mit dazu, bevor sie schlafen geht. Auf dem Weg ins Bett berührt sie mich an der Schulter. Es ist das erste Mal, dass sie das tut.

Ich wechsle in den elektrisch verstellbaren Sessel, der für Henry nach seinem ersten Schlaganfall angeschafft wurde. Offenbar hatte er eine ganze Reihe von Schlaganfällen. Aber am Ende wollte er nicht mehr. Er hat seine Invalidität nicht ertragen. Leben war etwas anderes für ihn. Sein Tod hat Winnie dann stärker als erwartet aus dem Gleichgewicht gebracht. Sie hatte das Gefühl, alles verloren zu haben. Henry und Arthur waren die Säulen ihres Lebens, haben ihm einen Sinn und Struktur gegeben, es stimmig gemacht. Jetzt war Henry tot und Arthur eingesperrt. So sah und sieht sie es wohl noch, so empfindet sie es.

Eine Weile hat sie sich mit verschiedenen Freundinnen in einem Fitnesskurs im YMCA unten an der Straße getroffen, aber damit ist es auch vorbei. Ihr wurde angeboten, auf Zoom zu wechseln, und sie sieht zwar auch, dass das nicht die schlechteste Lösung für so eine Fitnessgeschichte ist, kann aber nicht sagen, ob ihr das behagen würde. Also macht sie ihre Übungen jetzt morgens auf dem Fußende ihres Betts und hört Nachrichten über in die Höhe schnellende Schwangerschaften. Das alles hat sie mir während des letzten Drittels von *University Challenge* erzählt, was bedeutete, dass ich keine der Fragen verstanden habe, was sie wiederum dazu gebracht hat, mich am Ende zu fragen, ob ich tatsächlich auf der Universität gewesen sei.

7. NOVEMBER   Mit ihrem Scheibenwischer ist etwas nicht in Ordnung. Erst wollte er sich nicht einschalten lassen, jetzt ist er nicht mehr zu stoppen. Winnie sagt, ich soll mit einsteigen, dann fährt sie uns zur Skoda-Werkstatt in Tooting, damit der Mann da mal einen Blick darauf wirft. Als Winnie, dort angekommen, beherzt und im Rückwärtsgang bis in den Ausstellungsraum fährt, bekommt der Mann wohl etwas mehr zu sehen, als ihm lieb gewesen wäre.

Danach fahren wir zum Bauernmarkt. Winnie redet mit allen Händlern, während ich ein Perlhuhn, Schweinebauch und ein Dutzend Lammfleischwürste mit Rosmarin kaufe, was Winnie dazu bringt, mich zu fragen, ob ich schwanger bin. Ich bestelle uns einen Kaffee, und sie ist so entsetzt, wie teuer der ist, dass sie sich umdrehen muss, als ich zahle. Sie sagt, ihr Flat White schmeckt nach Pappe.

Sie nimmt einen Umweg nach Hause, um mir ein paar Dinge zu zeigen. Es ist bezeichnend, welche – die Grundschule der Kinder, der teure Zahnarzt, der weniger teure, der womöglich aber unrechtmäßig praktiziert, sowie eine Stelle, wo es früher einmal einen Apfelgarten gab. Letzterer ruft eine Erinnerung an das erste Mal wach, als sie betrunken war. Das war in der Markthalle in Oxford, da war sie achtzehn oder neunzehn. Ein leicht aufgekratzter Verkäufer gab ihr ein großes Glas Cider, und sie wusste nicht, wie stark der war, schmeckte er doch wie Apfelsaft. Plötzlich vermochte sie ihr Fahrrad nicht mehr sicher durch die Gänge zu schieben und stieß eine Kiste Pastinaken um. Zwanzig Minuten später, auf der Queen Street, musste sie sich übergeben.

Sie kocht Eier zum Abendessen. Als sie mich fragte, ob ich schon etwas geplant hätte, habe ich Nein gesagt, ich hätte noch nicht darüber nachgedacht. In dem Fall, meinte sie, werde sie zwei Eier kochen (um mich davon abzuhalten, nehme ich an, mir noch mal keine Gedanken zu machen). Sie zeigt mir, wie man ein verdorbenes Ei erkennt, nämlich indem man prüft, ob es auf den Boden des Topfes sinkt oder an der Wasseroberfläche schwimmt.

»Ein guter Trick«, sage ich.

»Ich bin nicht so unbedarft, wie ich aussehe«, erwidert sie.

Wenn sie ein schwimmendes Ei hat, schlägt sie es auf, um zu sehen, ob es tatsächlich verdorben ist. Sie erträgt die Vorstellung nicht, etwas fälschlicherweise wegzuwerfen. Einmal hat sie so ein schwimmendes Ei gleich aussortiert und konnte dann in der Nacht nicht schlafen, weil sie Angst hatte, einen Fehler gemacht zu haben. Am Ende stand sie auf, lief im Nachthemd nach draußen in den Garten und holte es vom Kompost.

Ihr Bruder Jacob ist in seinen Vierzigern an Krebs gestorben. Das erzählt sie mir, als wir im Fernsehen verfolgen, wie einem Mann zwei Tumore von der Leber entfernt werden. Was sonst? Ich habe aufgehört, mich zu sorgen, dass meine Kleidung gelegentlich leicht nach Zigarettenrauch riechen könnte, nachdem sie mir gesagt hat, sie hat 2016 ihren Geruchssinn verloren.

9. NOVEMBER   Winnie bekommt jeden Morgen die *Times*, wirft am Küchentisch stehend einen ersten Blick hinein und isst ihren Toast mit Marmelade. Sie hat nichts gegen einen Witz auf Kosten unserer gewählten Vertreter, das ist mal sicher, und oft

kennt sie die Leute, die auf der Seite mit den Nachrufen auftauchen, was jetzt nicht despektierlich klingen soll. Sie hat angefangen, mir das Kreuzworträtsel herauszufischen, damit ich nicht warten muss, bis sie mit der Zeitung durch ist, was ich nett finde. Ich bitte sie um Hilfe – ein kleiner Fink, sechs Buchstaben. Sie sagt, sie sieht schnell nach. Ich denke, sie will es googeln, doch stattdessen bringt sie eine halbe Stunde damit zu, durch einen Vogel-Almanach zu sehen.

Sie sagt, die alte Methode ist besser, weil Google seine Schwächen hat. Sowieso sorgen das Suchen des Almanachs und das Blättern durch die Seiten dafür, dass man nebenbei noch andere Dinge entdeckt. Sie sagt, ihre Bank will, dass sie online geht, aber die Vorstellung ist ihr unangenehm.

»Tun Sie, was Sie wollen, nicht, was man Ihnen sagt«, rate ich ihr. Ein kurzes Nicken, dann: »Aber denken Sie ja nicht, dass das hier auch auf Sie zutrifft.«

Sie erinnert sich an eine italienische Pflegerin, die weniger hätte tun sollen, was sie wollte, sondern mehr, was ihr gesagt worden war.

»Sie war ein komisches Mädchen. Wir hatten sie durch eine Agentur gefunden. Gleich am ersten Tag kam sie zu mir und sagte: ›Ich bin Italienerin. Ich bin lesbisch. Ich kümmere mich um Ihren Mann, mehr nicht. Capito?‹ Eines Abends dann stürmte sie aus dem Haus, als sie begriff, dass ich Kräuter in die Bolognese gegeben hatte. Sie ist nicht wieder zurückgekommen. Hielt es wohl für ein Sakrileg. Aber sie waren nicht alle schlecht, die Pfleger. Ron war ein guter. Er war fast zehn Jahre bei uns. Ein Südafrikaner. Oder aus Simbabwe. Er konnte gut mit Henry. Nur hat er sich zu sehr hineinziehen lassen. Er konnte nicht anders. Ich habe immer gesagt: ›Bewahr dir deine Distanz. Alles andere ist nicht gut für dich.‹ Hat sich am Ende die Augen aus dem Kopf geheult. Henrys Tod hat ihn stärker mitgenommen als Henry selbst, soweit ich das sagen kann.«

Ein Brief von Gloria Lamont, Nummer 46, landet auf der Fußmatte. Es geht um einen herüberhängenden Ast. Winnie ruft gleich Stewart an, der sich nicht als so hilfreich erweist, wie sie es gern hätte. Am liebsten wären ihr vier verschiedene Kostenvoranschläge von lokalen Baumbeschneidern innerhalb einer Stunde.

»Soll ich meinen Job kündigen, vorbeikommen und es selbst machen?«, fragt Stewart.

»Ich wage zu sagen, dass du schon schlechtere Ideen hattest«, sagt Winnie.

10. NOVEMBER Um sieben aufgestanden, falls die Baumleute früh kommen – um Winnie einen Gefallen zu tun. Halte das Feuer ohne Probleme am Brennen: Asche raus, Kohle rein und so weiter. Tatsächlich sind die Baumbeschneider nicht vor neun da. Winnie sieht ihnen vom Fuß der Leiter aus zu und gibt zweifellos ein paar Hinweise. Dann kommt sie ins Wohnzimmer und verfolgt die Arbeiten von dort aus weiter. Ich habe sie noch nie so zufrieden erlebt. Es könnte auch ihr Lieblingsfilm sein. Fast kann man sehen, wie das Serotonin durch ihren Körper rauscht, wenn Serotonin das denn so macht. Den Baumbeschneidern zuzusehen hat sie zweifellos in Stimmung gebracht, denn als Nächstes lädt sie mich ein, das Klo unten zu putzen, und sieht mit verschränkten Armen lächelnd von der Tür aus zu.

Weil wir uns heute so gut verstehen, will Winnie mir die Kühltruhe im Keller vorführen. Sie ist randvoll. Winnie könnte problemlos eine Apokalypse überstehen. Und vielleicht ist genau das der Punkt. Fast klettert sie in das Ding hinein und kommt mit einer Lammkeule wieder heraus, die sie mir ziemlich ungestüm zuwirft. »Sehen Sie mal, was Sie damit machen können«, sagt sie und lacht. Es ist ein weiteres kleines Aufblühen von Kameraderie, das guttut. Ich habe das Gefühl, die Vorkommnisse häufen sich.

Sie erzählt mir, wie sie einmal mit einem Mädchen aus der Schule und deren Schwester in einem Jeep von New York nach Texas gefahren ist. Ihre Mutter hatte unter der Voraussetzung zugestimmt, dass die Schwester verantwortungsvoll sei, was ganz gewiss nicht der Fall war. Texas beeindruckte Winnie – und wie! Das war in den Fünfzigern, muss man bedenken. Als die Schwarzen noch ausgegrenzt wurden. Winnie konnte sich nicht dazu bringen hinzusehen. Stattdessen trank sie Cocktails, was ziemlich beschämend war, wenn sie heute daran zurückdenkt.

Wie auch immer, sie weiß noch, als sie zurück nach England kam, mit dem Schiff von New York nach Southampton, dass sie da aus dem Zug nach Oxford einen grünen Sportwagen über die Landstraßen hat rasen sehen und dachte: »Ich hätte nichts gegen einen Mann, der so einen hat.« Stellt euch also ihre Begeisterung vor, als sie Henry kennenlernte und sah, dass der im Wohnzimmer seiner Bleibe in Oxford genau so ein Ding zusammenbaute.

»Was für eine Farbe hatte er?«, frage ich.

»Grau«, sagt sie.

Sie blickt in ihre Tasse Tee, stellt fest, dass er kalt geworden ist, und schüttet ihn in den Ausguss. Mit einem Blick hinaus zur Wäscheleine sagt sie: »Es war schon ziemlich leidenschaftlich, und wir hatten Zeit füreinander. Seine Eltern hatten sich getrennt, meine waren noch in New York. Ich habe gesagt, ich mach keine halben Sachen, Henry, wenn du mich nicht heiratest, bin ich weg.« Sie dreht sich zu mir um und fragt: »Und, wie lange sind Sie und Ihre Freundin schon zusammen?« Ich sage, dass es jetzt vier Jahre sind. »Was zum Teufel machen Sie dann hier?«, fragt sie, und ich gebe zu, dass ich mich das auch schon gefragt habe.

11. NOVEMBER   »Der Gärtner hat Darmkrebs«, sagt sie und gibt mir die Marmelade. »Den hatte Henry auch. Als sie den Tumor rausgeholt haben, meinten sie, einen größeren hätten sie noch nie gesehen. Henry war ziemlich stolz, was erkennen lässt, wie ehrgeizig er war.«

12. NOVEMBER   Der letzte Lockdown (März bis Mai 2020) hat mir nicht viel ausgemacht. Ich war in Australien und habe da irgendwie festgesessen, in einem Wohnwagen. Ich war zu einer Hochzeit hingeflogen. Der harscheste Einschnitt war, ohne Kaffee auszukommen. Dass ich jetzt im Lockdown 2.0 allzu sehr leide, kann ich auch nicht sagen – nicht akut, nicht schmerzlich. Bereichern tut er mein Leben allerdings auch nicht, er bedeutet vielmehr eine ziemliche Verarmung. Nicht direkt so sehr, dass ich in Wehklagen ausbräche, nein, aber eben doch eine Verarmung.

Bei Licht betrachtet, habe ich einiges an Kultur, Erholung und Wohlleben gegen vornehmlich schlechte Gewohnheiten – und Winnie – eingetauscht. Das ist die einfache Wahrheit. Bin ich einsam? Nein. Nicht wirklich. (Vielleicht ein bisschen.) Ich gehe spazieren, rede mit Verkäufern, Leuten an der Kasse und habe draußen im Freien auch schon ein paar Freunde und Freundinnen getroffen. Und natürlich ist da Winnie, was ein klarer, zählbarer Pluspunkt ist. Und doch und doch und doch … Es ist sicher eine Frage der Einstellung. Und bis jetzt hat die ihren eigenen Kopf.

Mit Winnie hinauf zum Common, um einen Spaziergang durch den Wald zu machen. Sie sagt, sie ist früher fast täglich mit den Kindern oder den Hunden hergekommen, hat die Wege gemieden, die »zu organisiert« waren, und kleinere, versteckte Pfade vorgezogen, wo man die Chance hatte umzuknicken. »Da konnte man Vögel beobachten. Vögel halten sich nicht bei Menschenzusammenrottungen auf.« Sie deutet auf eine Stelle beim Reiterpfad und sagt, da sei sie einmal angegriffen worden. Mit vierzig. Der Kerl hat sie zu Boden gebracht, und seine Hände waren nicht da, wo sie sein sollten. Bilbo (ihr Border Terrier) begann, dem Angreifer übers Gesicht zu lecken, und Winnie riss ihm den Finger nach hinten, was funktionierte. An dem Abend bekam Bilbo eine doppelte Portion in seinen Napf.

Sie versucht, ein Foto von einer Gruppe großer, schlanker Bäume zu machen, ist mit dem Ergebnis aber nicht glücklich. »Wenn man so was einfangen will, stimmt das Licht nie, oder? Es ist nie wie *in natura*. Was mich denken lässt, dass man besser dran ist, wenn man sich die Welt nur ansieht.« Am Ende bedankt sie sich für den Spaziergang. Sie meint, man neigt nicht dazu, sich allein aufzumachen, so richtig es sein möge.

13. NOVEMBER Winnies Enkelin kommt zu Besuch und erzählt, dass sie einen Freund in Mailand hat. »Meine Güte«, sagt Winnie. »Das nenne ich Social Distancing.« Als Abigail gegangen ist, macht sich Winnie daran, Arthurs Elektrorasierer zu reinigen, was sie eingehend tut, mit einer Zahnbürste. Ich frage sie, ob sie ihren Sohn sehen kann, wenn sie hinfährt, um ihm Sachen zu bringen. »Durchs Fenster. Wenn ich Glück habe.«

14. NOVEMBER   Frühstück mit Winnie. Für Anfänger. Sie fängt immer im Stehen an. Isst ihr Müsli und wirft einen ersten Blick in die Zeitung, als wäre sie bereit, sofort irgendwohin zu laufen. Beim Toast schließlich setzt sie sich, doch das auch nur in Etappen. Erst ganz am Ende des Frühstücks sitzt sie richtig und scheint entspannt – steht aber auch schon wieder, wie provoziert von den ersten Anzeichen von Erholung und Ausruhen, und sagt so was wie: »Okay, genug gefaulenzt, es ist Zeit, sich erneut in die Schlacht zu werfen.«

Unser Gespräch beim Frühstück heute Morgen springt wild von einem Thema zum nächsten. Es geht um Religion, Colorado und wie wichtig es ist, die Butter in der Frühe neben den Kessel zu stellen, damit sie weich wird. Am Ende landen wir bei ihrer Mutter.

»Sie hat sich immerzu gesorgt«, sagt Winnie. »Sie hatte kaum Zeit für etwas anderes. Was nicht sehr überraschend ist, bedenkt man, dass sie früh schon einen Sohn verloren hat. Kinder sind so wertvoll. Sie sollten unsere Zukunft sein, nicht unsere Vergangenheit.«

Sie sagt, ihre Mutter wurde verbrannt, und weiß noch, wie die Asche in einer Mothercare-Tüte gebracht wurde. Winnie fand das fantastisch. Sie lacht sich halb tot. (Springt aber natürlich auch schon wieder auf, bereit für die Schlacht.)

Abends gibt es Kedgeree. Kurkuma und Currypulver sind beide recht betagt, wie ich feststelle, nachdem sie jeweils die Hälfte in die Pfanne gegeben hat. Im Vergleich ist der Weinstein, den sie benutzt, eindeutig jugendhaft. Der stammt von Mitre, die 1959 zugemacht haben. Sie sagt, ihr Gewürzschrank ist preisgekrönt. Sie sagt, eines der Enkelkinder kam einmal aus der Schule und meinte, es sollte das älteste Gewürz aus Omas Schrank mitbringen. Winnie hatte die Nase um ein Vierteljahrhundert vorn.

15. NOVEMBER Auf Winnies Geheiß esse ich den Rest des Kedgerees zum Frühstück, während sie bei ihrem Standarddoppel aus Müsli und Toast bleibt. Sie hat nur noch ein Glas Marmelade, weshalb sie mir die Reste vom Vortag aufdrängt. Sie sagt, sie kann erst neue einkochen, wenn es bei Lidl wieder Sevilla-Orangen gibt.

»Warum Sevilla-Orangen?«

»Es ist die Bitterkeit. Sie dämpft die Süße.«

Mein Freund Andy kommt zu Besuch. Zu dritt machen wir einen Spaziergang und schaffen so das soziale Highlight meiner Woche. Andy und ich sind beide leicht entsetzt, mit welch selbstmörderischer Unerschrockenheit Winnie eine viel befahrene Straße überquert. Sie bleibt völlig ungerührt. »Man muss sich in dieser Welt behaupten.« Wir gehen zum Cannizaro House, einem Hotel, dessen riesiger Garten der Öffentlichkeit zugänglich ist. Andy möchte wissen, was Winnie von mir hält. Sie sagt, dass ich »ziemlich hektisch« koche und man meinem Sinn für Humor am besten »ausweicht«. Unsere Runde durch den Garten endet beim Vogelhaus am Eingang. Andy sagt, die Vögel sollten alle freigelassen werden. Winnie versteht, was er meint, sagt aber, dass die Vögel hier einem Zweck dienen: Sie schaffen Sympathie für die Vogelwelt. »Keine Liebe ohne Bewusstheit«, fasst sie zusammen.

Winnies Tochter Rebecca schaut vorbei. Wir unterhalten uns in der Einfahrt. Sie ist überrascht, als sie hört, dass Winnie so lange unterwegs war. Sie sagt, es ist Jahre her, dass sie so viel spazieren gegangen ist. Rebecca ist ebenfalls Witwe, wie mir gesagt wurde. Sie hat ihren Mann vor zwei Jahren verloren. Krebs. Er war in seinen Fünfzigern, ein Wissenschaftler, der eben den Krebs erforschte, von dem er wusste, dass er ihn umbringen würde. Wer war da im Vorteil?

Ganz offenbar gibt es viel Liebe zwischen Mutter und Tochter – eine Liebe, die in gegenseitigem Verständnis und Mitgefühl gründet. Was nicht heißen soll, dass es zwischen den beiden nicht auch rumst und scheppert, das tut es ganz gewiss: ein paarmal schon, seit Rebecca gekommen ist. Sie gleichen sich zu sehr, als dass es anders sein könnte, nehme ich an. Sich so ähnliche Menschen können meiner Erfahrung nach heftig aneinandergeraten.

Winnie macht ein paar Bemerkungen über die Bilder, die entlang der Treppe hängen. Sie deutet auf eines und sagt: »Henrys Vater damals hat es angesehen und gefragt: ›Was soll das sein?‹ Ich sagte: ›Keine Ahnung.‹ Er darauf: ›Warum um alles in der Welt hast du es dann aufgehängt?‹ Und ich: ›Weil ich es mag.‹ Sie hätten sein Gesicht sehen sollen. Das ging über sein Fassungsvermögen. ›Kein Wert ohne Klarheit!‹, sagte er, oder vielmehr rief er. Er kam selbst mit der kleinsten Andeutung von Mehrdeutigkeit nicht zurecht. Es war die Militärlaufbahn, nehme ich an. So was schafft Vorurteile gegen alles, was schön ist, aber nichts leistet.«

16. NOVEMBER   Mit jedem Tag, der vergeht, werden gemeinsame Neigungen offensichtlich. Zum Beispiel haben wir morgens ähnliche Vorlieben. So tauschen wir uns beide gern über diverse biomechanische Beschwerden aus, bevor wir durch die Zeitung blättern und Witze über die da oben machen. Wer immer vor

May-December-Romances gewarnt hat, hat nicht mit ihrem gemeinsamen Misstrauen dem Juli gegenüber gerechnet. Apropos Misstrauen: Eine weiße Taube ist gerade in der Stechpalme draußen gelandet und tut sich an den Beeren gütlich. Winnie gefällt das nicht. »Mein Bruder hatte für solche Fälle ein Gewehr«, sagt sie.

Große Güte. Und das denke ich auch, als sie die Stehleiter hinaufsteigt, um an die alte Küchenuhr zu kommen. Sie will, dass sie die richtige Zeit anzeigt. Sie ist »zurückgefallen«, sagt sie. Winnie hat eindeutig Mühe, sie aufzuziehen, lehnt aber mein Angebot zu helfen ab. Am Ende hat sie es geschafft. »Wieder auf Stand«, sagt sie. »Zumindest für ein paar Stunden.«

17. NOVEMBER Fast zwei Wochen Lockdown. Ich trage keinen Schrittzähler, aber wenn ich es täte, bin ich ziemlich sicher, dass er mir für die letzten vierzehn Tage ein tägliches Mittel von sechsunddreißig anzeigen würde, meist in Richtung Wasserkessel. Ich lerne, morgens aufzuwachen, ohne irgendwo hinzumüssen. Es ist keine völlig unangenehme Lektion, muss ich sagen, aber doch eine Lektion, und ich war nie ein guter Schüler.

Apropos Wasserkessel: Ich koche uns einen Tee. Wir trinken ihn und reden über eine Nachbarin, die vor sieben Jahren gestorben ist. Sie hatte zwei Töchter, von denen eine ebenfalls unter einer Zerebralparese litt. Eileen, die jüngere, tat eine Menge für ihre heranwachsende ältere Schwester. Vielleicht zu viel, denn als sie sechzehn oder siebzehn war, lief sie vor einen herankommenden Zug. Winnie machte es sich zum Prinzip, Rebecca oder Stewart nie darum zu bitten, sich um Arthur zu kümmern. Sie denkt, bei Eileen könnten die beiden Dinge miteinander zu tun gehabt haben.

Winnie fühlt sich schuldig für Arthurs Zerebralparese, und

das schon immer. Sie legt sie sich zur Last. Vielleicht sollte sie das nicht, aber sie tut es. Die Sache ist die, dass sie keinen Kaiserschnitt bekommen konnte, weil sie so eine seltene Blutgruppe hat und auf den Philippinen war. Wäre sie in London gewesen, wäre alles anders verlaufen. »Dumme Frau«, sagt sie, steht auf und verlässt den Tisch.

Dinge haben einen Grund. Ein Mädchen läuft vor einen Zug, weil zu früh zu viel auf seinen Schultern lastete. Eine Frau teilt ihre Last nicht, weil ein Mädchen vor einen Zug gelaufen ist. Eine Frau fühlt sich ihr Leben lang schuldig, weil sie keinen Kaiserschnitt bekommen konnte. Die Leute neigen dazu zu sagen, alles hat einen Grund, wenn sie den Grund nicht kennen. Auf jeden Fall bringt mich Winnie innerhalb von einer Minute zweimal zum Lachen, und die Gründe sind: Zuerst macht sie den Kühlschrank auf und sagt: »Ich beherberge dieses verflixte Ei seit Ewigkeiten, und es verschafft mir Albträume«, dann zeigt sie auf ein Foto von Matt Lucas in der Zeitung und sagt: »Der überlebt die Pandemie nicht.«

Ein Informationsblatt für ein Altenheim landet auf der Fußmatte. »Das kann in den Müll«, sagt sie energisch und geht zur Hintertür, um ein paar Krümel hinauszuwerfen. Als sie das tut, geht die Alarmanlage los. (Wir haben beide vergessen, sie auszuschalten.) Eine Minute später klingelt es an der Tür: Es ist ein Polizist, der zufällig vorbeikam.

»Ich habe den Alarm gehört. Ist etwas passiert?«

»Nein, Officer. Der Alarm geht los, wenn wir keinen Kaffee mehr haben.«

»Wohnen Sie hier, Sir?«

Nach dem Mittagessen (Brokkolisuppe) setze ich mich ins Wohnzimmer und lese *H wie Habicht*. Winnie sagt, sie schließt sich mir an. Sie sagt, es ist ewig her, dass sie sich hingesetzt und gelesen hat. Sie hat mein letztes Buch. (Ich habe ihr ein Exemplar gegeben, hauptsächlich um meine Behauptung zu untermauern, dass ich so etwas wie einen Job habe.) Sie liest vielleicht eine halbe Seite und schläft ein. Ein paar Minuten später wacht sie wieder auf, liest ein paar Zeilen, fragt, was ein TED-Talk ist, und schläft wieder ein. Nach ein paar Minischläfchen dieser Art pflügt sie durch einige weitere Seiten. Es ist schön, sie aus den Augenwinkeln zu beobachten – dunkelblaue Steppweste, türkiser Pullover, farbenfroher Schal, die Lesebrille nahe der Nasenspitze. »Wer hat Ihnen gesagt, dass eine Eule ein Lamm greifen und davontragen kann?«, fragt sie, ohne den Blick vom Buch zu heben. Das ist die ganze Resonanz, die ich von ihr bekomme. Da gab es mehr, als ich am Morgen eine Ladung Kohlen aus dem Schuppen gebracht habe. Ja, nun.

19. NOVEMBER Am Morgen. Ich schalte den Kessel ein, und als das Wasser kocht, gehe ich Kohlen aus dem Schuppen holen und versuche, der immer noch leicht orangefarbenen Glut von gestern neues Leben einzuhauchen. Ich trinke einen löslichen Kaffee und beschäftige mich mit einem Kreuzworträtsel, bis Winnie erscheint und mit ihr die minimale Chance auf einen Toast mit Marmelade. (Ich traue mich nicht, mich selbst zu bedienen. Noch nicht. Ich denke, es könnte Jahre dauern, bis ich so weit bin.) Sie kommt herein. Ich wünsche einen guten Morgen. Sie sagt: »Heute muss ich den Kuchen zu Arthur bringen, auch wenn es mich umbringt.«

Dann wärmt sie ihre Teekanne an, was heißt, dass sie sie mit kochendem Wasser füllt, es eine Minute drin lässt und wieder ausgießt. Anschließend kommt ein Beutel hinein, und die Kanne wird neu gefüllt. Nachdem sie dem Tee mindestens fünf Minuten gegeben hat, schenkt sie sich eine große Tasse ein (die Milch ist schon drin). Und dann vergisst sie meist, ihn zu trinken, weil sie von etwas abgelenkt wird, von etwas, das es zu tun gilt, einem Telefonanruf oder einer weiteren Taube draußen in der Stechpalme. So ist das nun mal.

Winnie ist mit dem Abendessen an der Reihe. Sie salzt den Lachs derartig, dass ich zu glauben geneigt bin, sie will ihn für Jahre konservieren und nicht in ein paar Minuten auf den Tisch bringen. Sie sagt (und reicht mir die Zitrone), dass ihre Mutter in Amerika einen Nervenzusammenbruch erlitten hat. Die Diplomatie lag ihr nicht, sagt Winnie, zu viel Stress, zu viele Dinnereinladungen und Empfänge, zu viele fremde Menschen. Das Ergebnis: New York brachte Winnies Dad den Orden vom heiligen Michael und heiligen George ein, ihrer Mum einen Nervenarzt. Wie gesagt, alles hat seinen Grund.

20. NOVEMBER   Ich bin im Wohnzimmer und probiere die Chaiselongue aus, als Winnie aus dem Co-op zurückkommt. Offenbar gab es ein kleines Theater. Der Geldautomat hat ihr Geld und eine Quittung ausgespuckt, aber nicht ihre Karte. Sie hat es der jungen Frau an der Kasse erklärt, die jemanden anrief, damit er kam und sich die Sache ansah. Allerdings fand Winnie dann die Karte in ihrem Portemonnaie wieder. »Ich will verdammt sein, wenn ich weiß, wie die da reingekommen ist«, sagt sie. »Ich muss sie blitzschnell zurückgesteckt haben. Ich bin zu effizient für mich selbst.« Und als würde ihr jetzt erst bewusst, was für ein unerwarteter Anblick das ist, ich auf der Chaiselongue, macht sie große Augen, lacht und sagt: »Ich denke, ich bringe Carlotta besser

ein paar Marzipankekse hinüber. Wie ich höre, hat sie keine zu große Freude am Lockdown.«

Und Carlotta (95, Österreicherin) bekommt ihre Kekse, aber erst einmal packt Winnie ihre Einkäufe aus. Drei halbe Pfund Butter wandern direkt in die Tiefkühltruhe (obwohl da, grob geschätzt, schon ein Kubikmeter konserviert liegt). Von Mr Spinnici kommen zwei Vollkornbrote. Und es gibt ein paar besondere Desserts für Arthur. So langsam entwickele ich eine Vorstellung davon, was für Winnie das Wesentliche ist.

Vorbereitungen fürs Abendessen. Ich habe meine Mühe, das Fleisch von ein paar Hühnerbeinen zu bekommen.

»Ah«, sagt Winnie, als sie mich kämpfen sieht. »Ein Albtraum, oder? Lassen Sie mich da besser mal ran. Ich kenne das von Truthähnen.«

Wie sich herausstellt, hat Winnie vor zwanzig Jahren einen Sommer lang auf einer Truthahnfarm gearbeitet. Den Sommer zuvor hatte sie in Italien verbracht, in der prunkvollen Villa des Vaters einer Freundin. Winnies Mutter hielt aber nicht viel von dieser Art Sommerfrische und meinte, es sei an der Zeit, dass ihre Tochter zurück auf den Boden käme – indem sie den Sommer auf dieser Truthahnfarm arbeitete.

»Die Mädchen aus der Gegend, die da mit auf der Farm waren, die waren das, was man unfein nennen würde. Sie haben mir alles beigebracht, was ich über Sex wissen musste, und noch eine Menge, was ich nicht wissen musste. Auf jeden Fall habe ich gelernt, wie man einen Truthahn zerlegt, und das seitdem auch jedes Jahr zu Weihnachten übernommen.«

21. NOVEMBER   Die Garage wurde entrümpelt. Stewart hat ein paar Männer geschickt, die weggeschafft haben, was er für nutzlos erklärt hat. Winnie hat die ganze Aktion beaufsichtigt und sagt, die Männer waren prima Jungs, auch wenn sie ihr das unspielbare Klavier hätten dalassen können, an dem sie seit 1984 nicht mehr gesessen hat.

»Die alte Badewanne ist auch weg, was mich ausgesprochen freut. Das Ding hatte einiges auf dem Kerbholz, nicht zuletzt einen Bandscheibenvorfall und einen gebrochenen Zeh. Aber viel von dem, was weggeschafft worden ist, war *nützlich*, zum Beispiel das Schaukelpferd ohne Kopf.« Sie zeigt mir ein paar Dinge, die sie vor der Entrümpelung bewahrt hat, darunter Holz von den Philippinen, das noch reifen soll, bevor es zu Möbeln verarbeitet wird. Und einen Helm aus dem Ersten Weltkrieg.

Nach dem Mittagessen bringe ich Kekse und den gereinigten Elektrorasierer zu Arthur und mache anschließend einen Ausflug auf den Common. Es regnet leicht, ich sitze auf meiner neuen Lieblingsbank und beobachte, was sich so tut. Eigentlich alles und gar nichts. Hunde ziehen an Leinen. Ein Mann schreit in sein Telefon, dass irgendwas nicht genug ist. Eine einsame Krähe tapst über den Weg, als machte sie einen Nachmittagsspaziergang, die Flügel sorgsam hinter den Rücken gelegt und ein Liedchen pfeifend. Der Regen hört kurz auf und fängt wieder an.

Die meisten Leute, die Winnie kannte, sind bereits tot, ein merkwürdiger Gedanke für mich. Wir essen eine Lasagne, und sie erzählt von einem Freund, dessen erste Frau im Yogaunterricht tot umgefallen ist (»eher zusammengeklappt«), die zweite dann auf den Stufen zu ihrem Haus. Sie sieht mich an. Ich lobe ihr Salatdressing. Sie sagt, es ist von Ron.

»Ron, dem Pfleger von Henry?«

»Genau.«

»Wann genau ist er noch mal gegangen?«

»Oh, vor etwa zehn Jahren.«

Beim Abwasch deutet sie auf die Rückseite eines Hauses jenseits des Gartens. »Da war ich mal«, sagt sie. »Ist lange her. Ich glaube, eine ihrer Katzen hatte sich in unseren Garten verirrt, und ich habe sie zurückgebracht. Wie auch immer, er wurde der Gouverneur der Bank of England, wenn ich mich recht erinnere.«

»Der Kater?«

»Wimbledon war früher ziemlich gemeinschaftsorientiert, ob Sie es glauben oder nicht. Nicht wie heute. Ich habe ständig Katzen zurückgebracht oder auf Kinder aufgepasst. Und es gab eine Vereinigung der Frauen Wimbledons, die ich die Mafia genannt habe. Wer dazugehörte, war sicher. Sie sind sogar lästige örtliche Ratsmitglieder losgeworden, und wenn man ihnen eine Adresse gab, patrouillierten sie durch die Straßen und klingelten bei Mitgliedern, um zu sehen, ob alles in Ordnung war. Im Moment geht so was natürlich nicht. Da kann einer sterbenskrank daliegen, und niemand erfährt davon. Verflixte Pandemie. Das neue Normal. Hey-ho.«

Beim Abtrocknen frage ich Winnie, wie sie die Lasagne fand.

»Hmm? Oh. Nun. Fraglos sättigend. Ziemlich schwer.«

»Auf einer Skala von eins bis zehn?«

»So etwas lässt sich nicht leicht messen.«

»Fünf?«

»Okay.«

23. NOVEMBER In fünf Wochen sind mir vier Fragen gestellt worden. Ich komme nach unten, sage: »Hallo, Winnie«, und sie sagt: »Schottische Witwen sind eine ganz schöne Plage.« Oder ich sage: »Alles gut, Winnie?«, und sie sagt: »Diese Caitlin Moran regt mich auf. Ich könnte sie um den Block jagen.« Mehr als einmal habe ich mich mehr wie ein Haushaltsgerät gefühlt als wie ein Mensch. Was jetzt keine Beschwerde oder Kritik sein soll, wie ich gleich hinzufügen möchte. Winnie hat keinen Grund, irgendwas auf mich zu geben. Was sie angeht, bin ich hier installiert worden, um Einbrecher abzuschrecken.

24. NOVEMBER Beim Abendessen reden wir über die Dinge vor unserer Nase. Der Esstisch stammt aus einem Secondhandladen in den Cotswolds, wo die Familie früher jeden Sommer ein altes Farm-Cottage gemietet hat. Sie packten die Kinder ein, gingen zum Fluss, fingen Libellen und suchten nach schönen Blumen (und manchmal auch Möbeln). Winnie und Henry erzählten den Kindern, was sie über die Natur wussten, zeigten ihnen, was sie liebten, was sie bewunderten und was sie bestaunten. Arthur war der Interessierte. Weniger in der Lage, sich über Flüsse zu schwingen oder Felder zu stürmen, fand er Zuflucht in der botanischen Erhabenheit.

»Der Tisch war, kurz gesagt, ein Schnäppchen«, sagt sie. »Ausgezeichnetes Holz. Mahagoni. Die Maserung ist bildschön, und man kann ihn ausziehen, für fünfzehn Personen, was zu Weihnachten sehr praktisch ist. Natürlich nicht in diesem Jahr.«

Einige Dinge stellen mehr dar, als sie eigentlich sind. Ihr Tisch gehört dazu. Sie schützt ihn vor allem Unbill. Und wie. Sie schimpft, wenn ich etwas daraufstelle, das wärmer als elf Grad ist. Zum Essen gibt es je zwei Platzdeckchen (übereinander), das ist die Vorschrift. Und wenn es sonnig ist, zieht sie das Rollo herunter, damit das Holz nicht ausbleicht, obwohl sie Licht liebt. Dieser Tisch ist für Winnie gleichbedeutend mit der Familie.

25. NOVEMBER   Ich wache auf und habe zwei Nachrichten auf meiner Mailbox, wobei die zweite der ersten noch eins draufsetzt, was Ton und Inhalt angeht. Gemeinsam lauten sie: »Ben. Winnie. Wo zum Teufel sind Sie? Aufwachen! Sie MÜSSEN Feuer machen. Sie KÖNNEN NICHT von mir erwarten, dass ich das mache. Kommen Sie. Raus aus dem Bett! Antreten. SOFORT!«

Ich bin wütend. Etwa vier Minuten lang. Dann denke ich daran, dass heute ein wichtiger Tag für Winnie ist (sie bringt Arthur ins Krankenhaus) und dass sie wahrscheinlich nicht viel geschlafen hat. Festzustellen, dass das Feuer nicht brennt und der Untermieter nicht da ist, müssen ein hilfreiches Ventil für ihre Aufregung sein.

Ich flitze nach unten, kehre die Asche raus, hole Kohlen und setze den Ofen wieder in Gang – alles heimlich, still und leise, weil ich noch nicht wieder in der Verfassung bin, gute Miene zu was auch immer zu machen. Ich denke, sie weiß, dass sie ein wenig übers Ziel hinausgeschossen ist, weil sie, als ich ein letztes Mal in den Kohlen stochere, hereinkommt, mir eine Hand auf die Schulter legt und sagt: »Danke. Vielen Dank. Wir haben heute eine Menge zu tun, das ist alles.«

Während ich mich noch über das »Wir« wundere, sagt sie: »Okay, wir machen uns besser auf.« Offenbar spürt sie etwas in meiner Reaktion, das nach Überraschung schmeckt, und erklärt, dass ich sie zu Arthur fahren werde, dann sie und ihn zum Krankenhaus, um sie am entsprechenden Eingang abzusetzen und mich an die mühsame Aufgabe zu machen, einen Parkplatz zu finden. Mir gelingt es, nichts Liebloses zu sagen. Stattdessen antworte ich mit einem Hollywoodlächeln und sage: »Aber natürlich, Winnie. Machen Sie sich fertig, und los gehts.«

Arthur bekommt eine Botox-Injektion, um den Speichelfluss einzudämmen. Als wir zum Heim kommen, müssen wir uns beide auf das Virus testen lassen und eine halbe Stunde auf dem Parkplatz auf das Ergebnis warten, was Winnie eine halbe Stunde gibt, sich darüber zu beschweren, dass wir eine halbe Stunde warten müssen. Als es so weit ist, lege ich Arthurs »Rolli« (sein Gehgestell mit Rädern) in den Kofferraum und helfe ihm auf den Beifahrersitz. Ich frage, ob er das Radio anhaben möchte. Er antwortet damit, dass Soundso heute Morgen mal wieder seine Zeitung geklaut hat, was mir zeigt, dass er ganz der Sohn seiner Mutter ist.

Es ist das erste Mal seit Monaten, dass Arthur aus dem Heim kommt, weshalb er sich so auf die Welt draußen konzentriert, dass er die wenigen Fragen, die ich ihm stelle, nicht einmal hört. Ich setze Mutter und Sohn an der günstigsten Stelle ab und versuche, einen Parkplatz zu finden, wobei schnell offensichtlich wird, dass ich auch nicht den Hauch einer Chance habe. Also fahre ich nach Hause. Kaum sitze ich am Tisch, um ein wenig zu arbeiten, ruft Winnie an. Ich berichte ihr von der Parksituation und dass ich wieder zu Hause bin, da klingelt es an der Tür.

Es ist ein mittelalter Mann in einem Trainingsanzug. Bob Mustard, sagt er, ein Freund der Familie, und er fragt sich, ob Arthur da ist. Bob erklärt, ihm sei zu Ohren gekommen (das heißt, durch seine Mutter), dass Arthur für ein paar Stunden aus dem Knast ist. Ich erkläre, wie es steht. Er sagt, vielleicht fährt er hinunter zum Krankenhaus, und fragt, ob die Chance wohl größer ist reinzukommen, wenn er ein Priester-Outfit trägt. Da er meine Verwirrung spürt, beeilt er sich hinzuzufügen, dass er der Pfarrer im örtlichen Gefängnis ist. Während ich das alles zu verarbeiten versuche, geschehen zwei Dinge: Der Postbote kommt mit einem Päckchen, für das er eine Unterschrift braucht, und Winnie ruft wieder an.

»Ben«, sagte sie, »es sieht so aus …«

»Eine Sekunde, Winnie. Was ist jetzt, Bob?«

Bob springt in ein Taxi und sagt, er fährt zum Krankenhaus. Ich unterschreibe für das Päckchen.

»Winnie? Hören Sie. Bob Mustard kommt in seinem Priester-Outfit.«

»Das macht nichts. Wir müssen abgeholt werden.«

»Jetzt schon?«

»Ja.«

»Okay, ich bin unterwegs. Aber halten Sie nach dem Pfarrer Ausschau.«

Sie stehen vor dem Eingang und unterhalten sich. Wir bieten Bob an, ihn nach Hause zu bringen, aber er lässt sich nicht erweichen und nimmt wieder ein Taxi. Zurück in Windy Ridge, kommt Arthur gegen die Regeln mit rein. Winnie macht ihm ein paar Eier – die frischesten, die sie hat, was sie innerlich wohl kaum mit sich vereinbaren kann –, und ich werde Zeuge, wie sie in ein völlig anderes Betriebssystem schaltet. In Anwesenheit ihres Sohnes ist sie flink, belehrend, beharrlich und genau, kurz: eine Mutter.

Während der nächsten Stunde präsentiert sie Arthur eine ganze Reihe aufgewärmter Reste. Tapas, wenn man so will. Fisch-auflauf. Eine halbe Kartoffel. Eine Schüsselchen Apple Crumble. Eine Hirschbratwurst. Nachdem er etwa viertausend Kalorien verdrückt hat, geht Arthur nach oben (was dem Mann eine fürch-terliche Anstrengung abverlangt), um etwas Zeit in seinem alten Zimmer zu verbringen, wo er gleich einschläft. Winnie erzählt mir später, wie sie durch die Tür gelinst hat, und er lag schnar-chend mit einem Buch über dem Gesicht da.

»Ihm lief kaum Speichel aus dem Mund, was gut ist«, sagt sie.

»Was für ein Buch war es?«

»*Per Anhalter durch die Galaxis.*«

»27.«

»27 was?«

»Einfach nur 27. Die Bedeutung des Lebens, des Universums und des ganzen Rests. Das, was der Autor …«

»Ich glaube, Sie werden feststellen, es ist die 47.«[*]

27. NOVEMBER   Abends gibt es Curry. Winnie schneidet sich eine Banane auf ihres, was ein erstes Zeichen von Demenz sein könnte. Die Unterhaltung ist typisch unzusammenhängend. Es geht um Schweineschmalz, die Mertoner Ratsversammlung und eine Erinnerung an ihre Enkelin, wie sie einmal auf dem Boden unter dem Tisch eines örtlichen Restaurants geschlafen hat, in das Winnie so gerne mit Rebecca und Henry ging.

Beim Abwasch bitte ich sie um einen Zwischenbericht: »Denken Sie, es funktioniert, Winnie? Dass ich hier wohne?«

»Ich denke, Sie sind unglaublich duldsam«, sagt sie und gibt mir etwas, das womöglich einmal eine Pflaume war. »Könnten Sie mich von der befreien? Ich glaube, der wächst ein Bart.«

28. NOVEMBER   Als ich aufwache, ist es Viertel nach neun. Ups. Das könnte Ärger bedeuten. Das Feuer ist wahrscheinlich aus. Ich haste nach unten: Die Zeitung liegt auf der Fußmatte, was bedeutet, dass Winnie noch nicht unten war. Auf dem Rost liegt Gott sei Dank noch ausreichend Glut, die sich wiederbeleben lässt. In zehn Minuten wäre es wohl zu spät gewesen. Ich schiebe die Asche vom Rost, leere den Kasten und hole frische Kohlen.

---

[*] Es ist die 42.

Das Feuer braucht ein wenig Zuspruch – die Schlagzeilen von gestern, etwas Zunder –, aber es überlebt, stabilisiert sich und wächst. Winnie kommt, als das Wasser kocht. Ich tue so, als wäre ich schon seit Stunden auf.

»Guten Morgen, Winnie.«

»Bin steif wie ein Besenstiel heute Morgen. Wie war das Feuer?«

»Fantastisch. Ja. Kein Problem. So gut wie neu. Alles bestens. Es lodert.«

»Würden Sie freundlicherweise etwas zur Seite rücken, damit ich ans Telefon kann?«

Sie ruft Liz, die Friseurin, an. Sagt, sie kann nichts mehr sehen. Liz erklärt, dass es gegen das Gesetz wäre, wenn sie käme. Winnie sagt: »Aber ich *sehe* nichts.«

29. NOVEMBER   Weil die Marmelade zur Neige geht, bemühe ich mich um Alternativen. Heute Morgen frage ich, ob ich mir eine Banane ausleihen darf. Ihr gefällt die Vorstellung, dass sich jemand eine Banane ausleiht, sie muss lachen – das heißt, bis ich anfange, die Banane zu zerdrücken und auf meinem Toast zu verteilen, worauf sie die *Times* sinken lässt und sagt: »Großer Gott! Was machen Sie denn da? Haben Sie Skorbut?« Sie hat so etwas noch nie gesehen, ja nicht einmal davon gehört. Sie sagt, wenn sie ehrlich ist, findet sie es schon etwas kauzig und nicht unbedingt ästhetisch. Ich erwidere: »Und das sagt jemand, der sich fröhlich eine Banane übers Curry schnippelt.«

Auf der Titelseite der Zeitung steht ein Artikel über *The Crown*. Helena Bonham Carter, die Princess Margaret spielt, meint, es sollte klar herausgestellt werden, dass es sich nicht um eine Dokumentation handelt. Winnie sagt: »Ist irgendwer dumm genug, das für eine Dokumentation zu halten?«, um ihre Frage gleich selbst zu beantworten: »Vermutlich ja …« Sie sagt, Henrys Vater (der Kunstkritiker, den wir bereits kennengelernt haben) hatte eine ziemliche Schwäche für Margaret. Er fand sie ausgesprochen unterhaltsam und witzig.

»Ron hielt Princess Anne für vulgär«, sagt sie.

»Ron aus Simbabwe, der mit dem Salatdressing von vor zehn Jahren?«

»Genau der. Offenbar hatte er mal ein Hindernis bei einem Springreitturnier in Südafrika betreut.«

»Was man so macht.«

»Als Anne näher kam (zu Pferde), hatte sie offenbar das Gefühl, dass Ron im Weg war, und sagte auf sehr direkte Weise, dass er verschwinden solle, was mir nur zu verständlich erscheint.«

»Verstehe.«

»Jedenfalls kam eins zum anderen, und Ron war danach nicht mehr gut auf Anne zu sprechen.«

»Wollen Sie mal probieren?« (Den Bananentoast.)

»Nicht mal, wenn Ostern und Weihnachten auf einen Tag fielen.«

»Ich dachte, Sie sagten, Sie würden alles einmal probieren.«

»Ja, aber es gibt alles, und es gibt das da.«

Ich entdecke einen riesigen Kürbis in der Vorratskammer. Er steht unter Quarantäne und ist voller Klebezettel. »NICHT wegwerfen!« »NICHT kompostieren!« »Die SAMEN laufen Amok!«

Ich mache einen langen Spaziergang. Ich habe Winnie gesagt, ich sei erst so gegen sieben zurück und sie solle mit dem Essen nicht auf mich warten. Um sieben dann klingelt mein Telefon.

»Ben. Der Fish Pie ist fertig. Wo sind Sie?«

»Etwa zwei Kilometer entfernt.«

»Warum?«

Warum? »Ich bin auf dem Nachhauseweg, Winnie.«

»Zu Hause zu bleiben könnte in Zukunft besser sein.«

»Für wen?«

»Können Sie noch ein paar Erbsen besorgen?«

Sie isst nicht gerne alleine. Das ist der Punkt. Sie hasst es. Aber ich kann unmöglich für den Rest meines Lebens jeden Abend mit Winnie essen. (Oder?) Als ich zurückkomme, wärmt sie ein Glas Rotwein am Feuer an. Sie ist immer noch leicht verschnupft. Ich erinnere sie daran, dass ich gesagt hätte, ich sei vielleicht zum Abendessen nicht da. Sie sagt: »Ja, aber ich habe einen Fish Pie gemacht und gehofft, dass Sie lügen.« Es ist fast neun, als wir uns an den Tisch setzen.

»Sie hätten schon essen sollen, Winnie.«

»Das sagen Sie so, aber ich fürchte, ich bin nicht allzu gut darin, allein zu Abend zu essen. Wie auch immer, cheers, alles Gute, auf Ihre Gesundheit.«

»Und auf Ihre.«

»Dann erzählen Sie mal. Was ist zwei Kilometer entfernt so los?«

»Sie würden nicht glauben, was für Preise im Dorf verlangt werden. Zwei Pfund vierzig für gelbe Zucchini. Pro Stück.«

»Bei Bayley & Sage?«

»Sage & Bayley.«

»Da werden Sie mich niemals antreffen. Ich bin überrascht, dass die nicht auch noch Eintritt verlangen.«

30. NOVEMBER   Ich gehe zum Common, setze mich auf eine kalte Bank und sehe das Laternenlicht auf dem Teich, die laublosen Bäume und einen Hund, der herumgetragen wird wie ein Laib Brot. Ich schnappe einen Satz auf: »Aber du kannst Sussex nicht verstehen, wenn du Kent nicht kennst.« Wir befinden uns in

Wimbledon, und man kann nicht sicher sein, ob sie über Countys oder Herzöge reden. Der Gedanke gefällt mir dennoch, schließlich ist es logisch: Verstehen entsteht in Zusammenhängen, ist vergleichend. Setzen wir für Sussex und Kent einfach mal hell und dunkel, glücklich und traurig ein.

Zum Essen wird eine Ratatouille wiederbelebt, der Aufkleber sagt 2001. Winnie langt kräftig zu und erzählt, dass sie heute Arthur besucht und unterwegs eine Mutter mit einem Kind in einem Buggy gesehen hat, die ganz vertieft in ihr Handy war.

»Man muss mit seinem Kind *reden*«, sagt sie. »Man muss mit ihm teilen, was man weiß.«

»Was, wenn man nichts weiß?«

»Auch dann sollte man mit seinem Kind reden. Vielleicht lernt man ja was dabei.«

»Ich weiß noch, dass ich meinen Neffen alle möglichen Sachen gefragt habe – über den Mond, über Wasserhähne, das Gras –, worauf er mir auch eine Frage gestellt hat.«

»Und die war?«

»›Du weißt nicht sehr viel, oder?‹«

»Eine berechtigte Frage.«

»Autsch.«

»Was haben Sie neulich noch gefragt? ›Was ist eine Konifere?‹«

»In meinem Garten gab es keine Bäume, Winnie.«

»Und in meinem keine Ägypter, trotzdem weiß ich etwas über sie.«

»Ich lasse auf meine Unschuld nichts kommen.«

»So ein Unsinn. Sie sollten wissen, was eine verdammte Konifere ist.« (Es ist das erste Mal, dass ich sie fluchen höre.) »Und jetzt, was halten wir von einem Nachtisch?«

1941

Im Alter von fünf Jahren lebt Winnie weitgehend gegen ihren Willen in Oxford. Sie geht in eine koedukative Schule, wo sie mehr mit den Jungs als mit den Mädchen zusammen ist. Unter ihren Mitschülern hat sie sich den Ruf erworben, Wörter zu ihrem Vorteil einzusetzen, einschließlich einiger lateinischer. Winnie ist äußerst gesellig. Wenn sie auch manchmal allein mit einem Buch im Luftschutzbunker sitzt, den ihr Vater in den Garten gebaut hat, ist sie doch meist lieber mit anderen zusammen (selbst wenn sie die nicht so sehr mag). Wie es aussieht, ist ihr ältester Bruder Thomas ihr bester Freund (er ist jetzt dreizehn und auf einer Marineakademie), eng gefolgt von Eeyore, dem Hund. Wenn sie schon nicht König werden kann, wenn sie groß ist, will sie doch wenigstens Kammerzofe werden. Sie hat eine Art, in einen Fotoapparat zu blicken, als wäre er ein wenig ein Ärgernis, und sie mag Marmelade, aber keinen Honig. Den kann sie nicht ausstehen. Und da ist noch etwas, was Winnie angeht: Sie hat ihren eigenen Kopf.

3

Sage nie, du weißt wirklich alles über ein menschliches Herz

1. DEZEMBER Ihr Daumen ist violett. Sie denkt, es könnten die Johannisbeeren sein, mit denen sie herumhantiert hat, doch es ist ein Bluterguss, ein schlimmer Bluterguss. Sie nimmt an, falls ich recht habe und es tatsächlich einer ist, dass sie ihn sich beim Aufziehen der Uhr zugezogen hat, die sie wieder auf Stand bringen wollte. Ich sage, sie soll die Uhr vielleicht ruhig etwas nachgehen lassen.

Es ist Henrys Geburtstag. Er wäre heute achtundachtzig geworden. Sein Lieblingskuchen war ein Orange Drizzle. Ich habe bereits vor Tagen meine Bereitschaft kundgetan, einen zu backen, doch Winnie war nicht sicher, ob ich dazu in der Lage bin, und hat gestern Abend ein großes Stück in der Tiefkühltruhe gefunden, das anlässlich seines Sechsundsiebzigsten gebacken wurde. Leider hat ihm das Auftauen nicht gutgetan: Es ist nur mehr ein pampiger Klumpen, und so stellt sich heraus, dass ich doch einen backen oder es zumindest versuchen werde. Winnie sagt, ich muss unbedingt das Rezept befolgen: »sklavisch«. Sie sagt: »Nach Gefühl geht bei einem Orange Drizzle gar nichts.«

Eine Karte für Henry landet auf der Matte. Ich bringe sie in die Küche, wo Winnie noch versucht, ihren Bluterguss mit Seifenwasser zu behandeln. Sie öffnet den Umschlag mit einem Messer. Die Karte kommt von seiner früheren Sekretärin. »Auf eine Sekretärin kann man bauen«, sagt Winnie. Zwei Rosen sind auf der Karte zu sehen, Winnie steckt sie zurück in den Umschlag. Und holt sie wieder heraus. »Nein, ich denke, wir stellen sie auf. Um die Stimmung zu heben.«[*]

Von meinem Hocker in der Küche aus sehe ich zum ersten Mal eine kleine Skulptur, die überm Fuß der Treppe von der Decke hängt. Es sind zwei Figuren, die sich offenbar nicht ohne Schwierigkeiten aneinander festhalten: Sie vollführt einen Salto, wie es scheint, während er sich darunter verzweifelt an sie klammert.

»Die haben wir, solange ich zurückdenken kann«, sagt sie.

»Was machen die beiden? Fallen sie?«

»Nein, sie tanzen.«

Ich stehe in einem Flecken Sonne und sehe nach Süden. Winnie hebt ein paar Dinge unter den Kompost. Es scheint einen Trick zu geben. Wie sie so dasteht, könnte sie auch ein Floß den Ganges hinunter oder eine Gondel durch Venedig steuern. Als sie fertig ist, kommt sie auf die Terrasse und zeigt mir ihre Hyazinthen. Eine sieht nicht sehr glücklich aus, weil sie nicht tief genug eingepflanzt wurde. »Die Zwiebeln müssen richtig gesetzt werden, sonst bekommen sie nicht genug Nährstoffe. Ist die Zwiebel weder drin noch draußen, haben die Ärmsten kaum eine Chance.« Das erinnert mich an meine Kindheit, und ich überlege, ob sie sich den Daumen nicht beim Aufziehen der Uhr, sondern beim

---

[*] Am Abend steckte die Karte wieder im Umschlag, der bei den anderen Dingen auf dem Stuhl in der Diele landete, bei denen Winnie sich nicht entscheiden kann, wie sie sie recyceln soll.

Pflanzen der Zwiebeln verletzt hat. Ich frage sie nach einer wuchernden dunkelgrünen, blätterreichen Pflanze, die den Großteil des Beetes zu beherrschen scheint.

»Acanthus«, sagt sie. »Ein winterfestes Immergrün. Die alten Griechen haben damit ihre Eingangshallen geschmückt.«

»Ich dachte, es wäre Salat.«

»Wenn sie mir den servieren würden, wäre es wahrscheinlich mein letzter.«

»Ich merks mir.«

Wir gehen zum Maulbeerbaum, ganz so, als bewegten wir uns durch ein Museum. Von dem hat sie früher anständig Früchte geerntet, erklärt Winnie, aber jetzt kommt sie nicht mehr an sie heran, weil das verdammte Ding zu groß geworden ist.

»Haben sie gut geschmeckt?«

»Ganz und gar nicht schlecht. Fast wie große Himbeeren. Aber, Junge, die Flecken, die sie gemacht haben. Ich habe beim Pflücken immer Henrys Hemden getragen.«

»Wie klug von Ihnen.«

»Am Ende waren sie rosa.«

»Der arme Henry.«

»Ja, der arme Henry.«

Als ich vom Einkaufen zurückkomme, tut sie so, als wolle sie die Zufahrt »in Ordnung« bringen. Sie zeigt mit dem Besen auf die Stufen zur Haustür und beklagt ausgiebig, dass die untere kaputt ist.

»Wie ist das passiert?«

»Die Zeit.«

»Ah. Das Riff, auf das eines Tages all unsere zerbrechlichen mystischen Schiffe auflaufen.«

»Und zu viel benutzt.«

»*Too much commotion*, würde Ed Sheeran sagen.«

»Ganz zu schweigen von einigen Tritten Arthurs.«

»Mich stört so eine Stufe nicht.«

»Widersprechen Sie nicht. Das macht mich nervös.«

»Die Japaner haben diese Vorstellung, oder doch zumindest einige von ihnen, dass etwas Zerbrochenes durch sein Zerbrochensein umso schöner ist. Durch die Risse und so weiter.«

»Sollen sie doch glücklich werden mit ihren Rissen.«

Winnie sagt, sie lässt mich mit dem Orangenkuchen machen, sie möchte jetzt das Messing polieren. Doch als sie sieht, wie das Mich-machen-Lassen aussieht, ändert sie ihre Meinung. Sie misstraut schon dem Rezept, das ich online gefunden habe.

»Ich kann einfach nicht glauben, dass alles gleichzeitig hineinzugeben und dann auf Start zu drücken funktioniert.«

»Warum nicht?«

»Ich fürchte, dass dabei ein ziemlich ledriger Kuchen herauskommt.«

»Okay …«

»Was Henry nie gemocht hat. Lassen Sie mich mal sehen, was ich hier oben habe.«

Sie holt ein Kochbuch vom Kühlschrank, das um die Zeit herausgekommen ist, als Benjamin Franklin angefangen hat, mit der Elektrizität herumzumachen.

»Da haben wir's doch«, sagt sie. »Das ist, was man einen Klassiker nennt.«

»Klingt vielversprechend.«

»Nun, es hat die Zeiten überdauert.«

»Und sich gegen Mechanisierung, Aufklärung und so weiter durchgesetzt.«

»Geben Sie dem Alten einfach mal eine Chance, ja?«

Ich vermenge gleiche Teile Butter und Zucker in einer Schüssel. Dann soll ich die Butter schaumig rühren. Als ich es versuche, heißt es: »Genau so! Immer weiter! Ihr Arm macht das schon!« Sie fügt zwei Eier hinzu und bittet um einen Esslöffel – »das ist ein Dessertlöffel, mein Lieber« –, den sie dazu benutzt, nach und nach das Mehl hinzuzufügen, während sie mir sagt, ich soll umschichten und quirlen und unterheben, unterheben, unterheben! Ich versuche, dem Folge zu leisten. »Nicht einfach immer nur im Kreis! Sie müssen ihn *heben*, HEBEN, in EINER Bewegung!« Ich gebe mein Bestes.

»Nein, nicht die Schüssel anheben, Himmel noch mal! Also gut, geben Sie her. Und jetzt passen Sie auf. Und während Sie aufpassen, schenken Sie all den Frauen in Ihrem Leben, die das für Sie getan haben, einen Gedanken. Wie meinen Sie das, dass die das nicht getan hätten? Was, niemals? Unsinn. Sie erinnern sich nur nicht daran. Das ist eine Sache, die mich am Muttersein immer aufgeregt hat – man setzt Himmel und Erde in Bewegung, und dann erinnert sich niemand daran. Und jetzt die Orangenschale, genau so, und den Saft – langsam!«

Wir geben die Mischung in die Form (nachdem wir die mit einem alten Buttereinwickelpapier eingefettet haben, was erklärt, weswegen sie etwa fünfzig solche alten Papiere in ihrem Kühlschrank aufbewahrt) und die Form dann in den Backofen. Winnie leckt den Rührlöffel ab – wieder und wieder. Ich kann kaum hinsehen. Es ist in gewisser Weise das Unpassendste, was ich sie je habe tun sehen.

»Der muss nicht mehr gespült werden«, sagt sie, lächelt und tippt sich an die Nase, als offenbarte sie mir ein großes Geheimnis, das mich im Leben noch weit bringen wird.

Ich bringe Steaks und Gemüse vom Vortag auf den Tisch. Um ihrem Essen reichlich Zeit zu geben, kalt zu werden (und sich selbst Grund zur Beschwerde), sucht sich Winnie gerade diesen Moment aus, um in Gedenken an Henrys Ehrentag sorgfältig ein paar Blumen in einer Vase zu arrangieren. Ich frage nach seinem letzten Geburtstag, aber sie erinnert sich nicht daran, nicht im Einzelnen, es waren nur noch drei Wochen bis zu seinem Tod.

An Henrys Achtzigstem, an *den* kann sie sich erinnern. Es war eine große Feier mit vielen Gästen, die das Wohnzimmer füllten, dann die Terrasse und schließlich bis auf den Rasen standen. Obwohl es Winter war, öffneten sie die Terrassentüren, es gab Musik und nicht nur Beethoven. Tatsächlich denkt Winnie, dass jemand vielleicht sogar ein Rolling-Stones-Lied aufgelegt hat. Und Henry war mittendrin. Er liebte es, Gäste im Haus zu haben. Sie beide liebten es. Winnie kann sich nichts Schlimmeres als ein leeres Haus vorstellen. Doch, sie kann es: Ein Haus mit nur einer Person darin. Sie steckt vier Kerzen an. Sagt: »Für meinen innigst Geliebten.« Und dann sieht sie mich an und fragt, ob ich das Steak vielleicht etwas länger in der Pfanne hätte lassen können.

Ich wasche ab. Sie passt auf.

»Henry wäre achtundachtzig geworden«, sagt sie.

»Das sagten Sie. Zwei dicke Damen.«[*]

Sie versteht den Verweis nicht, also erkläre ich ihn.

»Bingo stand bei uns nicht auf dem Plan«, sagt sie.

»Das tut mir leid.«

»Tut es das?«

»Das ist ein toller Sport. Erfordert absolut null Training.«

»Wir wären im Traum nicht hingegangen.«

---

[*] Im Bingo in England nennt man die zwei Achter von 88 »two fat ladies«.

»Die Menschen wachsen unterschiedlich auf, nehme ich an.«

»Und wie.«

»Sie haben unterschiedliche Dinge um sich herum – oder eben nicht um sich herum.«

»Üben Sie sich darin, das Offensichtliche festzustellen? Ist es das, was hier passiert?«

»So entwickeln sie Geschmack an unterschiedlichen Vergnügungen.«

»Entwickeln Sie da einen Gedankengang?«

»Ich glaube, ich habe erst mit vierundzwanzig mein erstes Stück klassische Musik gehört, kannte aber alle Bingo-Ansagen. Was bereitet Ihnen Vergnügen, Winnie?«

»Dieser Tage nicht viel, fürchte ich.«

»Verständlich.«

»Henry war mein Vergnügen. Und meine Sicherheit.«

Sie blickt in den Garten hinaus. Ich sage jetzt nicht »wehmütig«. Ihr Ausdruck ist nicht wehmütig. Tatsächlich glaube ich, sie hat einen Fuchs im Visier.

»Und er war leidenschaftlich. *Sehr* leidenschaftlich.«

Ich würde diesen Gedanken gerne im Ansatz ersticken, aber Henrys leidenschaftliche Natur ruft eine Erinnerung hervor. Das Setting: Oxford in den frühen Fünfzigern. Der Kontext: Sie und Henry haben angefangen, miteinander auszugehen, aber sind noch kein festes Paar.

»Wir waren auf dieser Party«, sagt sie, »und da war ein Mädchen, ein Mädchen, das auch keine feste Beziehung mit Henry hatte, wenn Sie verstehen, was ich meine. Jedenfalls war sie beachtlich und hatte absolut *gigantische* Brüste. Sie reichten praktisch bis nach Cambridge und waren Herz und Seele der ganzen Party. Henry entgingen sie nicht. Nun, ich hätte die verdammten Dinger am liebsten *platzen* lassen.«

»Warum?«

»Weil ich ernsthaft Angst hatte, dass sie zwischen uns kommen könnten.«

»Das Bild wird mir jetzt etwas zu verwirrend, Winnie.«

»Und da habe ich es begriffen.«

»Was begriffen?«

»Gott – dass ich auf ihn setze. Dass ich mich *entschlossen* hatte.«

Jetzt blickt sie wehmütig in den Garten. »Wir hatten so einen *Spaß*«, sagt sie, wickelt den Rest des Orangenkuchens in Folie und trägt ihn hinunter in die Kühltruhe.

2. DEZEMBER   Das Ende des Lockdowns. Ein Freudenschrei. Oder dann doch keiner, da wir als eine große Familie nahtlos in ein Stufensystem von Einschränkungen gehen. Trotzdem, es klingt wie ein Schritt in die richtige Richtung, und das feiere ich damit, dass ich ein Stück Zucker in meinen Kaffee gebe und mir einen großzügigen Klecks Orangenmarmelade genehmige (als die Chefin mir den Rücken zuwendet).

Winnie hat die Zeitung vor der Nase. Sie liest einen Artikel über die Coronapässe. Sie findet den Gedanken amüsant (wie sie, um ehrlich zu sein, die meisten Ideen amüsant findet, ausgenommen entrahmte Milch, Burger und Demenz). Sie versucht sich vorzustellen, wie eine Welt mit Coronapass aussehen könnte. »Die kriegen alle Jetlag, wenn sie zu Tesco gehen«, sagt sie leicht rätselhaft. Ich sage ihr, dass meine Oma nicht mal sicher ist, ob sie sich impfen lassen soll, geschweige denn, sich einen Pass besorgen.

»Darf ich fragen, warum?«

»Sie befürchtet, es könnte ihrer Fruchtbarkeit schaden.«

Das bringt sie ziemlich zum Lachen.

Eine Stunde später. Sie macht Kuba, dem Gärtner, ein Sandwich, und ich sehe, dass sie das Brot buttert, *bevor* sie die Scheiben vom Laib schneidet, wenn Sie sich das vorstellen können. So etwas habe ich noch nie gesehen. Sie serviert das Sandwich zusammen mit einer Kanne Tee unter einer Wärmehaube und bittet mich, ihr mit einer großen Tasse zu folgen: »Nicht die!«

Ich koche wieder ein Curry mit Schweineschulter und Kürbis. Winnie schnipselt etwa zwei Bananen auf ihres und gibt fast einen ganzen Joghurt darüber – sie tut also alles, um es von seinem Urzustand zu befreien oder, wie sie sich ausdrückt, »um das verdammte Zeug abzumildern«. Wir reden hauptsächlich über den Krieg. Den zweiten. Den Zweiten Weltkrieg. Sie sagt, ihr Bruder hatte eine Waffe bei der Hintertür, für den Fall, dass ein Deutscher im Garten landen sollte. Ich deute an, dass den Deutschen vielleicht eine Tasse Tee lieber gewesen wäre als ein Schlag ins Gesicht.

Ihr Dad war im Finanzministerium und arbeitete daran, wie die Kriegsaufwendungen zu bezahlen waren. Und ihre Mum hat für die Truppe gestrickt: Socken und Fäustlinge und solche Sachen.

»Damals hat man seine Kleidung selbst gemacht. Alle haben das getan. Meine Mum noch bis weit in die Siebziger. Ich weiß noch, wie sie sich ein wirklich elegantes Kleid für eine Gartenparty im Buck Palace genäht hat.«

»Sie war auf einer Gartenparty im Buckingham Palace?«

»Denken Sie, sie hätte die Einladung ablehnen sollen?«

»Nein, ich meine ... Hat sie mit der Queen geredet?«

»Kurz.«

»Was hat sie gesagt?«

»Nichts.«

»Die Queen hat nichts gesagt?«

»Meine Mutter.«

»Oh.«

»Sie wollte es der Queen leicht machen und dachte, die beste Möglichkeit sei, nichts zu sagen.«

»Verstehe.«

»Ich habe allerdings etwas gesagt.«

»Zur Queen?«

»Ich wurde gefragt – das war bei einer anderen Gelegenheit, Jahre später –, wie es sei, Präsidentin der Harrow School zu sein.«

»Sie waren …«

»Nein, Henry. Also sagte ich zu Ihrer Majestät: ›Er ist Henry, ich bin Winnie.‹«

»Und was hat sie darauf gesagt?«

»Nichts.«

»Ende der Unterhaltung?«

»Ende der Unterhaltung.«

Winnie ist, falls Sie sich das fragen, weder für die Monarchie noch Republikanerin. Sie kümmert sich um die ganze Geschichte nicht mehr, als sie es verdient, was heißt, nicht sehr. Ich biete ihr an, mit meinem Laptop *The Crown* für sie zu streamen und im Wohnzimmer gleichsam ein kleines Kino einzurichten, mit dem Computer auf ein paar Büchern, die wiederum auf einem Stuhl liegen, sodass sie sich die Serie von ihrem Lieblingssessel aus ansehen kann.

»Ich nehme an, ich könnte mal reinschauen.«

3. DEZEMBER   Ich mag Winnies Angewohnheit, Gespräche aus dem Zusammenhang gerissen zu beginnen – wenn das denn möglich ist. Während Gespräche üblicherweise mit einer Frage losgehen – »Wie gehts?«, »Wie schätzen Sie Chelseas Chancen

ein?« –, neigt Winnie dazu, mit einer Aussage anzufangen, die annimmt, dass man mit dem Thema vertraut ist: »So ist der Mertoner Gemeinderat.« Ein anderes besonderes Merkmal ihres Konversationsstils ist die Länge des Fazits. Sie redet immer weiter (und weiter), selbst wenn man längst aus dem Haus und ein Stück die Straße hinunter ist. Da man nicht unhöflich sein will, versucht man allerdings, noch aus einem Kilometer Entfernung weiter zuzuhören. Ich kann die Male schon nicht mehr zählen, da ich Winnie eine gute Nacht gewünscht habe und sie mir auch, und dann bin ich halb die Treppe hinauf und höre, wie sie unser Gespräch wieder aufnimmt und so was sagt wie: »Vielen Dank für das Abendessen. Das war richtig gut. Haben wir eigentlich noch Brot?« Ich schwöre, einige der nettesten, liebsten Dinge, die Winnie sagt, werden von den Leuten, die eine halbe Minute vorher noch mit ihr gesprochen haben, nicht mehr gehört.

Vielleicht fange ich auch damit an. Rede weiter, wenn alle weg sind, oder fast weg sind. Vielleicht warte ich, bis ich die Tür zugemacht habe und sie abgefahren ist, bevor ich sage: »Ich liebe dich, Mum. Du bist außergewöhnlich. Ich wünschte, ich wäre auch nur halb so positiv wie du. Ich ertrage den Gedanken an ein Leben ohne dich nicht«, und so weiter.

Ich nutze meine wiedergewonnene Freiheit, um mit einem Freund, der allein lebt, an einem Pub-Quiz teilzunehmen. Am Ende fehlt uns ein Punkt (Notiz an mich selbst: Ein Tennisplatz ist keine vier Quadratmeter groß), aber wir gewinnen eine Flasche Wein für den besten Mannschaftsnamen: »Ein Schottisches Ei und zehn große Stella bitte.«*

---

* Das wird all denen nichts sagen, die nicht mit den Feinheiten der Lockdown-Beschränkungen 2020 in England vertraut sind. Kurz gesagt, war im

4.DEZEMBER 8:15 Uhr. Ich bringe meinen Wecker zum Schweigen und genieße kurz den halb bewussten Zustand, das langsame, verschlafene Dazwischen – die »Betweenity«, wie Horace Walpole es nannte –, stehe dann auf, schlüpfe in meine Pantoffeln und gehe zur Melodie von »A Day in the Life« von den Beatles nach unten: *Woke up, fell out of, dragged a comb across my head …* Schließe die Haustür auf, nehme die Zeitung, lege sie auf den Küchentisch und werfe einen Blick auf die Titelseite: Bewohner von Pflegeheimen sollen besucht werden können, und der Bürgermeister von Liverpool hat ein Paar Handschellen verpasst bekommen. Ich schüre das Feuer, leere den Aschekasten (in den Eimer an der Nordseite des Hauses, wenn Sie es genau wissen wollen) und hole neue Kohlen. Mache mir einen löslichen Kaffee, gebe einen Spritzer Milch hinein und blättere zu den Grafiken auf Seite sieben, die zeigen, welche neue Stufe der Eskalation die Fallzahlen mittlerweile erreicht haben. Winnie kommt gegen neun herunter.

»Guten Morgen, Winnie.«

»Ich bin erst eine Stunde auf und schon erledigt.«

Die Nachricht von den Pflegeheimbewohnern will ihr nicht recht gefallen.

»Ein Besuch auf dem Parkplatz bei wenigen Grad über null? Da kommen die Leute ja um.«

Später. Ich gehe zu einer Pop-up-Ausstellung in einer alten Filiale von Debenhams, wo Megan (meine Freundin) zwei Bilder hängen hat. Während ich etwas betrachte, das ein Frosch auf einem Skateboard zu sein scheint, ruft Winnie an, um zu fragen, ob sie

Gesetz verankert, dass man im Pub nur dann ein Bier bestellen konnte, wenn man dazu ein »vollständiges Essen« zu sich nahm. Als Michael Gove, unser Cabinet Minister, von Sky News gefragt wurde, was denn ein »vollständiges Essen« sei, sagte er, zum Beispiel ein Schottisches Ei.

das Ragout jetzt vom Herd nehmen soll. Die Frage bringt mich leicht aus der Fassung: Bevor ich aus dem Haus gegangen bin, habe ich das bereits gekochte Ragout herausgestellt und Winnie gesagt, sie soll es in der Mikrowelle aufwärmen, wenn sie möchte. Das heißt, es hat auf dem Herd nichts zu suchen.

»Ja, ich denke, schon, Winnie.«

»Da haben Sie wohl recht.«

Wir können einander kaum verstehen, und als ich auflege, denke ich, die Sache ist erledigt. Aber als ich eine Stunde später nach Hause komme, riecht es verbrannt. Ich gehe in die Küche.

»Es gab da ein Unglück«, sagt Winnie fröhlich.

Mir gelingt auch ohne Worte die Frage: »Ach, ja? Bitte erzähl mir mehr, Winnie, Liebes.«

»Die Sache ist die, ich hatte alles im Griff.«

»Höre ich da ein ›Aber‹?«

»Aber dann kam Grayson Perry im Fernsehen, und ich habe nicht damit gerechnet, dass das so spannend sein könnte.«

Sie nimmt den Topf und betrachtet die weitgehend verkohlte Masse darin.

»Es ist dieser Topf, verstehen Sie«, sagt sie und weist die Schuld schamlos von sich. »Er wird so fürchterlich *heiß*.«

Das Ragout ist von einer Schwärze, wie sie auf der Erde noch nicht gesehen wurde und schon gar nicht in einer Küche. Staunend lockere ich meine Zunge ausreichend, um anzudeuten, dass es wohl weniger der Topf war, sondern eher Perry, der den Schaden verursacht hat. Ich vermag den obersten Teil des Ragouts zu retten. Die dünnste essbare Schicht. Ich frage Winnie, ob sie es möchte, vielleicht mit ein wenig frischer Pasta oder etwas anderem?

»O nein. Ich brauche nichts. Ich habe vorher schon was davon gegessen.«

5. DEZEMBER   Abends gibt es Würstchen. Wenn Winnie mit Kochen dran ist, gibt es entweder Eier, Fish Pie oder Würstchen. Nummer eins und zwei auf der Liste sind ziemlich harmlos, aber die Würstchen tun mir nicht gut. Zu Ende meiner Zeit in Wimbledon werden meine Arterien komplett mit ihnen verstopft sein, etwa so, als blockierte ein querliegender Öltanker den Suezkanal.[*]

Wo wir von Blockaden sprechen, Winnie erzählt mir beim Essen von ihrer Freundin Ellen, und insbesondere von ihrer Reise mit ihr nach Florenz, als sie achtzehn waren: vier Wochen gemeinsam in einem Zimmer in einem Hostel, während derer sie die historischen Museen der Stadt durchkämmten. Aber ihre lebendigste Erinnerung an die Reise ist das Bild von Ellen in der Badewanne, der Anblick ihrer Brüste, die wie gigantische Seerosenblätter an der Oberfläche trieben und Winnie sich hysterisch lachend auf dem Boden winden ließen. »Ich wusste nicht, dass sie schwimmen konnten!« Die Erzählung springt ein paar Jahre weiter (was wahrscheinlich gut ist). »Ellen hat dann einen ziemlich langweiligen Mann aus Oxford geheiratet. Humphrey. Sie zogen nach Paris. Da habe ich sie ein paarmal besucht, aber schon seit ewigen Jahren nicht mehr.«

Ich frage sie, warum nicht.

»Um die Wahrheit zu sagen, habe ich mich, seit es Henry schlechter ging, abgeschieden gefühlt, fast wie ein Alien, völlig aus der Bahn geworfen. Und ich bin nicht die Einzige. Vier Freundinnen von mir haben im letzten Jahr ihre Männer verloren.«

Ich schlage vor, dass sie sich treffen, ihre Klagen und ihre Trauer miteinander teilen und gemeinsam ihr Gleichgewicht wiederherzustellen versuchen.

---

[*] Das war das Hellsichtigste, was ich je gesagt oder geschrieben habe. Im März 2021 war es so weit.

»Das haben wir.«

»Was?«

»Uns getroffen, um uns gegenseitig Halt zu geben.«

»Ja?«

»Im Fitnesskurs jeden Dienstag.«

»Wann geht der wieder los?«

»Wer weiß? Offenbar stellen wir alle eine zu große Bedrohung dar. Aber ich stimme Ihnen zu, in gewisser Weise, ich könnte mehr tun, um Kontakt zu halten.«

Ich frage, ob sie sich ein Jahr nach Henrys Tod immer noch aus dem Gleichgewicht gebracht fühlt.

»Hin und wieder«, sagt sie.

Wir sehen ein wenig fern. Bob Ross malt auf BBC4 in weniger als einer halben Stunde eine Landschaft. Bob ist, soweit ich weiß, fast jeden Abend im Programm.

»Der Mann macht mich krank«, sagt Winnie.

»Wie denn das?«

»Er ist so *unbeschwert*.«

6. DEZEMBER   Als ich am Morgen nach unten komme, liegt eine Nachricht auf dem Tisch. Die Autorin fragt sich, ob jemand bereit sein könnte, »das Vogelhäuschen zu retten, das die gottlosen Eichhörnchen ruiniert haben«. Winnie mag keine Eichhörnchen. Sie klauen Walnüsse und Haselnüsse, und das tun sie schon, solange sie sich erinnern kann. In einem Jahr hat sie, nur um den Eichhörnchen eine unangenehme Überraschung zu bereiten, die noch unreifen Walnüsse gepflückt und eingelegt. Im Keller stehen immer noch siebzehn Gläser davon. Und es sind nicht allein die Eichhörnchen, für die Winnie wenig übrighat. Sie erträgt auch keine Möpse (oder andere Hunde, die wabbeln).

Keine Leute, die erst nach neun aufstehen, nasses Holz ins Feuer werfen oder über irgendetwas Baked Beans geben. Kein Hähnchen in Rotwein oder etwas anderes als Müsli oder Toast mit Marmelade zum Frühstück. Aber mehr noch als alles andere erträgt sie es nicht, sich zu *entspannen*.

Und doch, wenn es um größere Dinge geht, nicht einfach Hähnchen und Baked Beans, sondern um Geschlecht, Herkunft, Religion, Sexualität und so weiter, finden Sie keine tolerantere Fünfundachtzigjährige. Tatsächlich bin ich ziemlich sicher, dass sie sich lieber eine Gefängniszelle mit fünfzehn pansexuellen Heiden als mit einem Mops teilen würde. Ich sage all das, weil sie gerade aus der Kirche zurück ist und über den Pfarrer spottet. Er beeindruckt sie nicht. Kein bisschen. Sie sagt, es ging wieder alles um Hirten. Sie macht den Pfarrer nach, was reichlich Armschwenken und Trällern verlangt.

»Wie dem auch sei«, sagt sie, »ich gehe besser nach vorn und fege das Laub zusammen. Außer Carlotta und mir macht sich niemand mehr die Mühe. Carlotta übertreibt es aber. Steht mit ihrem Besen draußen und wartet, dass die Blätter fallen. Ich schwöre, sie poliert sogar ihre Pflanzen. Sie *funkeln*. Ich habe so etwas noch nie gesehen. Ich glaube, sie poliert noch ihren eigenen Grabstein, wenn es so weit ist.«

7. DEZEMBER   Mittag. Ich bin oben, arbeite und verpasse einen Anruf von Winnie. Nicht schlimm, sie hat eine Nachricht hinterlassen: »Ben. Winnie. Sie haben von einem spanischen Omelett gesprochen. Schlagen Sie das fürs Mittagessen vor? Oder habe ich Sie missverstanden? Ich weiß nicht, wo Sie gerade sind. Wäre schön, wenn ich es wüsste. Ich habe meine Schwierigkeiten, wenn Dinge einfach so *verschwinden*.«

Ich gehe nach unten. Sie ist in der Küche, wo sie für gewöhnlich anzutreffen ist. »Ah, der Mann. Ich habe eine kleine Auseinandersetzung mit dem Deckel dieses Suppentopfs.« Vom Omelett kein Wort, sie isst die Suppe und etwas Brot dazu. Winnie bittet mich, weniger Ingwerkekse zu essen, weil sie von einer weltweiten Ingwerknappheit gelesen hat. Ich blättere durch die Zeitung. Das Virus ist auf Seite vier zurückgestuft worden, eine noch nie da gewesene Degradierung. Darf man darauf hoffen, dass wir das Schlimmste hinter uns haben?

Wir kochen jeder für sich (Winnie mag meine vorgeschlagene Pasta nicht), treffen uns aber gegen sieben, um gemeinsam zu essen. Ich frage sie, ob wir eigentlich auf Chippendale-Stühlen sitzen, nachdem ich gerade etwas über Thomas Chippendale, seine Stühle und ihren außerordentlichen Wert gelesen habe, und sie sagt: »Wenn das Chippendales wären, würden sie nicht darauf sitzen, mein Lieber.«
»Verständlich.«
»Und ich auch nicht. Dann wären sie unten.«
»Wozu?«
»Um an Wert zuzulegen, mein Dummerchen.«

Ich baue meinen Laptop so auf, dass er für Winnie, die im Sessel sitzt, genau auf Augenhöhe ist, mache die Untertitel an, drehe den Ton hoch und sage ihr, sie kann *The Crown* jederzeit wieder ausschalten. Aber sie ist gleich voll drin. Ihre Nase berührt fast den Bildschirm. Was nicht heißt, dass sie keine Vorbehalte hat. Sie ist ziemlich sicher, dass König George VI. tatsächlich weitaus dünner war, und sie sagt, Clarence House sah auch nicht entfernt so aus. Fast rechne ich damit, dass sie bei den Nahaufnahmen der Krebslunge, die dem König gerade herausgeschnitten wurde, ebenfalls sagt, dass die original auch anders aussah.

Vor allem aber ruft die erste Folge alle möglichen Erinnerungen wach. Als Winston und Lady Churchill auftauchen, muss Winnie daran denken, wie Letztere ihr zugewinkt hat, wenn sie sich an Deck der *Queen Mary* begegneten. Als wir erfahren, wie schlecht es um die Lunge des Königs steht, erinnert sie sich, wie ihre Schwiegermutter am Ende ihres Lebens zu ihnen ins Haus kam und an einen Sauerstofftank angeschlossen wurde. Hinterher sagt Winnie: »Eine großartige Dokumentation. Wo ist meine Wärmflasche?«

8. DEZEMBER   Beinahe hätte ich mich gerade umgebracht. Winnie war unten und aß geräucherte Makrele und Weichkäse. Ich bin in Arthurs Zimmer auf einen Stuhl geklettert und habe versucht, die Deckenbeleuchtung instand zu setzen. Es freut mich, sagen zu können, dass ich noch nie etwas erlebt habe wie den Stromschlag, der mich daraufhin vom Stuhl geworfen hat. Für eine kurze Weile, vielleicht eine halbe Sekunde, war da eine ziemliche Menge Elektrizität in meinem Körper, und man kann durchaus sagen, dass ich keinen großen Gefallen daran fand. Mein Absturz vollzog sich weder ruhig noch elegant, allerdings hätte ein Stromtod diesem Kapitel meines Lebens ein feinsinniges Ende gesetzt. Ich bin dann hinunter in die Küche und habe es Winnie erzählt, die ihr Essen nicht unterbrach, sondern sich nur ausmalte, meinem Tagebuch einen letzten Eintrag hinzuzufügen: »Ich habe ihn nur gebeten, die Glühbirne auszutauschen!«

Ich sah sie an, wenig amüsiert, und wartete verzweifelt auf etwas Mitgefühl, Trost oder Liebe. Wobei ich ihr zugutehalten muss, dass ihr meine Gefühlslage nicht verborgen blieb und sie sich am Ende doch noch an etwas Trost und Liebe versuchte, indem sie sagte, ihr wäre nie in den Sinn gekommen, dass ich so töricht sein könnte, so etwas zu versuchen, ohne mich zu vergewissern, dass der Schalter aus war. Darauf erwiderte ich sinnge-mäß etwas wie: »Wobei ich sagen muss, Winnie, ich fühle mich gerade ziemlich lebendig.« Und sie: »Gut, denn wir brauchen Milch und etwas fürs Abendessen.«

Ich gehe zu Tesco und stehe immer noch leicht unter Schock. Ich packe in meinen Korb, was immer mir ins Auge fällt, ohne einen Gedanken an Preis oder Fettgehalt. Ein feudales Essen, um die mir gewährte Galgenfrist zu feiern. Hinterschinken in Ahorn-sirup, Kartoffelgratin und Schokocreme mit Orange, dazu eine kleine Flasche Brandy für meine Nerven. *Himmel noch mal, Ben, sei nie wieder so dumm wie vor einer Stunde.* Arthur kann seine Glühbirnen in Zukunft selbst wechseln.[*]

Wir fahren zu einem Haushalts- und Eisenwarenladen in Raynes Park. Winnie will einen Elektriker bestellen und beharrt darauf, dass das die beste Art ist, es zu tun. Ich könnte auch ohne den Ausflug leben, wenn ich ehrlich bin. Ich dachte, meine gerechte Dosis Schock für heute schon bekommen zu haben, doch dem ist offenbar nicht so. Nicht dass Winnie unfähig am Steuer wäre. Es ist vielmehr so, dass sie entschlossen scheint, so viele Kilome-ter wie nur möglich in den Abstecher zu packen. Und der Wahn-sinn hat Methode: Sie möchte der Batterie mal »etwas Leben« verschaffen und den Bremsen die Chance geben »zu glänzen«. (Gelegentlich vergisst sie, die Handbremse beim Parken anzuzie-

---

[*] Zu meiner Verteidigung: Die Verkabelung war wirklich heikel. Ein Stück Draht hing aus der Fassung oder wie immer das Teil heißt, in das die Birne geschraubt wird. Ich wusste nicht, was das war, dieser Draht. Er sah aus, als sollte er da nicht sein. Also habe ich mal daran gezogen. Wie man das so macht. Aus Neugier. Und hätte mich beinahe umgebracht. Das ist das Problem, wenn man in einem Haus wohnt, das im tiefen Mittelalter ge-baut, eingerichtet und elektrifiziert wurde.

hen, aber nur, wie man annehmen muss, um auch ihren Reflexen die Chance zu geben zu glänzen.)

Der Scheibenwischer läuft die ganze Zeit über auf Hochtouren, obwohl keine Wolke am Himmel zu sehen ist, aber vielleicht brauchen sie auch etwas Übung. Wie die Batterie. Winnie ist ganz sicher eine höfliche Fahrerin, das muss ich ihr zugestehen. Sie hat zu so gut wie jedem vorbeikommenden Wagen etwas zu sagen. (»Also diese Sonnenbrille war amüsant.« »Der hatte Flaum im Gesicht wie Sie.« »Haben Sie das gesehen, Ben? Das Baby hatte eine Maske auf.«) Und wenn ihr jemand den Vortritt lässt, demonstriert sie ihre Dankbarkeit, indem sie haarscharf an dessen Stoßstange vorbeifährt, ein halbes Dutzend Mal die Lichthupe betätigt und majestätisch zu ihm hinüberwinkt. All das tut sie, es sollte hinzugefügt werden, mit einer übergroßen barocken Sonnenbrille, einem geblümten Kopftuch und einer gepunkteten Gesichtsmaske. Als wir endlich zu unserem Laden kommen, sagen sie Winnie, sie solle im Internet nachsehen.

Ich baue das Heimkino ein weiteres Mal auf. Sie lässt sich tiefer in ihren Sessel sinken und fährt die Fußauflage hoch, bis sie fast waagerecht liegt. Dann verfolgen wir, wie der König stirbt und Elizabeth Königin wird, zur Enttäuschung ihres Mannes, der sich zufällig auf einer Safari befand und auf die geänderten Umstände hätte verzichten können. Während der Nachspann läuft, sagt Winnie: »Nein, ich muss sagen, mir gefällt ihre Maschine sehr. Ich muss den Dreh mit meiner herausbekommen, das muss ich wirklich. Ich habe ja keine Ahnung, was da draußen in der Welt vorgeht.« Nachdem ich den Großteil des Brandys getrunken habe und immer noch unter dem Einfluss von circa 1600 Volt stehe, sage ich: »Es gibt viele gute und schöne Dinge da draußen in der Welt, Winnie.« Und dann, als sie in der Küche und außer Hörweite ist, füge ich noch hinzu: »Und du gehörst für gewöhnlich dazu, meine Freundin.«

9. DEZEMBER   Ich mag es, morgens die kalte Luft einzuatmen, wenn ich die Asche hinausbringe und die Kohlen hole. Sie ist belebender als die zwei Tassen Kaffee, die ich gleich als Erstes trinke, während ich irgendwelche Artikel in der Zeitung überfliege. Es ist eine Art Hinhaltetaktik, der Kaffee und die Zeitung, wobei ich nicht recht zu sagen wüsste, was ich da eigentlich hinausschiebe.

Als ich jetzt meinen ersten Kaffee am Küchentisch trinke, kommt Winnie herein und schwingt ein Messer. Sie sagt, es ist ein japanisches und für besondere Gelegenheiten reserviert, was mich nicht unbedingt beruhigt. Wie sich herausstellt, will Winnie die Weihnachtskarten damit öffnen, die ständig eintrudeln. Sie schlitzt einen Umschlag auf und sagt: »Das Problem ist, dass sie ihre *Zunamen* nicht mit hinschreiben, was es schwer macht zu sagen, wer sie jeweils sind.« Sie öffnet einen weiteren Umschlag und sagt: »Ah, gut, wer das ist, weiß ich: June Mendoza. So viele Junes gibt es Gott sei Dank nicht.« So versucht sie, die Leute zu identifizieren, die ihr alles Gute wünschen.

Ich wende mich wieder der Zeitung zu, auf deren Titelseite ein Bild der ersten Person zu sehen ist, die geimpft wurde. Sie wirkt etwas aufgelöst. Ich zeige sie Winnie, die sagt: »Hoffen wir, dass das keine der Nebenwirkungen ist.«

Ich fahre ins Krankenhaus, um zu sehen, ob ich mir einen inneren Schaden zugefügt habe. Nennen Sie mich einen Hypochonder, aber eine flüchtige Lektüre im Internet hat mich zu der festen Überzeugung gebracht, dass ich meine Innereien komplett zerstört habe. Eine Schwester entfernt mir zur Ersteinschätzung mittels eines EKGs fünf Prozent meiner Körperhaare mit Wachs.

Sie hat keinerlei Zweifel am Ausgang des Ganzen. Ihr Verdikt ist, dass ich völlig gesund bin und in Zukunft etwas weniger ängstlich sein sollte.

»Wir haben uns als Kinder aus Spaß Stromstöße verpasst«, sagt sie.

»Warum?«

»Nun, wir hatten kein Netflix oder so.«

Ich bin nicht sicher, was ich mir von meinem Krankenhausbesuch erhofft habe, aber bestimmt nicht, mit der Frage aus der Notaufnahme zu kommen, ob der große Verdienst der Streamingdienste ist, eine ganze Generation davor zu bewahren, sich selbst zu verletzen.

Sie sagt, sie möchte nur eine halbe Profiterole, hat dann aber bereits fast zwei verspeist, bevor der Vorspann vorbei ist (dafür, dass sie so gegen alles Schwere ist, kann sie ganz schön was wegstecken). Wir sehen uns *The Crown* an. Als George VI. (in einem Rückblick) sagt: »Liebe. Das ist das Größte überhaupt«, sehe ich sie an und erwarte einen vielsagenden Gesichtsausdruck, aber sie ist eingeschlafen.

11. DEZEMBER   Im Radio läuft *Desert Island Discs*.

»Wer moderiert das dieser Tage?«, fragt sie.

»Lauren Laverne.«

»Kenne ich nicht.«

»Wen kennen Sie denn?«

»Roy Plomley.«

»Wann war das? Damals im neunzehnten Jahrhundert?«

»Ich würde Ihnen mein Frühstück an den Kopf werfen, wenn ich nicht so sparsam wäre.«

»Was wäre Ihr Luxusgegenstand?«

»Ein sicheres Haus, in das kein Ungeziefer kommt.«

»Selbst auf einer hypothetischen Insel ist Ihre größte Sorge die Sicherheit?«

»Ja. Und Ihrer?«

»Mein Luxusgegenstand?«

»Ja.«

»Das ist eine schwere Frage. Die Antwort sagt ganz schön viel über einen Charakter aus, oder?«

»Nun kommen Sie schon. Es wäre ein Flaschenöffner, richtig?«

14. DEZEMBER   Frühstücksgespräche: Ich erwähne eine Nachricht über die BBC, die zu viele linke Comedians haben soll, und Winnie sagt: »Mir war nicht bewusst, dass die BBC *überhaupt* Comedians hat.« Und nach dem Frühstück: Sie sagt, sie hatte gerade einen Streit mit Rebecca wegen eines von Arthurs liebsten Kleidungsstücken, eines herrlichen Pullovers in einem ergreifenden Königsblau, den Winnie nicht mit ins Pflegeheim geben will, weil die da alles bis zur Unkenntlichkeit verkochen. Rebecca hat sich den Pullover vor vierzehn Tagen ausgeliehen, um auf dem Nachhauseweg nicht zu frieren. Winnie hat es erlaubt, wünschte jetzt jedoch, sie hätte es nicht – hat es tatsächlich sofort bereut. Heute Morgen hat sie Rebecca angerufen, damit sie das gute Stück zurückbringt. Rebecca sagte, sie kommt am Wochenende. Winnie sagte, sie hätte ihn gar nicht erst ausleihen dürfen und Rebecca solle ihn gleich wieder herbringen. Rebecca sagte, Winnie hat es doch erlaubt. Winnie sagte, so was gilt nicht auf ewig. Daraufhin hat Rebecca aufgelegt und Winnie das Telefon angestarrt, als wäre es die Inkarnation alles Bösen.

»Hey-ho?«, schlage ich vor.

Sie schüttelt den Kopf: »Diesmal nicht, fürchte ich.«

Ich habe es etwas eilig, aus dem Haus zu kommen.

»Okay, wir sehen uns heute Nachmittag, Winnie.«

»Ah, könnten Sie was zum Mittagessen mitbringen?«

»Aber ich komme erst ...«

»Nur ein Stück Käse und etwas Schinken. Sie wissen schon, für eine Brotzeit.«

»Woran ist eigentlich Ihr letzter Sklave gestorben?«

»An Cholera, um die Wahrheit zu sagen.«

Die Zehn-Uhr-Nachrichten: Wie es scheint, hat sich London seit dem Ende des landesweiten Lockdowns vor ein paar Wochen alles andere als gut benommen und steigt von Mittwoch an auf Platz drei der nationalen Coronavirus-Meisterschaften auf, was heißt, alles wird wieder zugemacht, und wer kann, sollte zu Hause bleiben. Großartig.

17. DEZEMBER   Sie schiebt die Marmelade über den Tisch und zeigt auf die Titelseite der *Times*, auf der steht, dass die Alten an Weihnachten ihre Familie meiden sollten.

»Interessiert mich nicht«, sagt sie.

»Hmm.«

»Aber man fragt sich schon, was ihnen als Nächstes einfällt.«

»Ich weiß. Ich weiß.« (Ich versuche, eine Beilage zu lesen.)

»Ich weiß kaum mehr, welches Jahrhundert wir haben, und habe keine Ahnung, wo meine Freundinnen sind. Es treibt mich noch in den Wahnsinn.«

»Es ist grauenvoll, Winnie.«

»Und die Eichhörnchen, die tun auch nichts, um mich zu besänftigen. Sie haben das Vogelhaus schon wieder zerlegt. Amerikaner sind das.«

»Wer?«

»Die Eichhörnchen. Amerikanische Importe. Aliens.«

»Ich habe mal jemanden kennengelernt, der sagte, eine Menge Briten würden Angst vor sich selbst bekommen, wenn sie wüssten, woraus sie bestehen.«

»Henry hielt sich für einen Wikinger.«

»Wurde er oft zum Berserker?«

»Wie bitte?«

»Das ist so etwas wie eine Untergruppe der Wikinger, so wild und gewaltlüstern, dass sie in Bäume beißen mussten, um ihre Aggression in Zaum zu halten.«

»Oh, das gefällt mir.«

»Das dachte ich mir.«

»Ich bin gestern bei Marks & Spencer beinahe zu einer Berserkerin geworden. Ich wollte Arthur ein paar Sachen kaufen, aber es war heillos. Je weiter in der Taille, desto kürzer die Beine. Die zielen auf eine Welt kleiner Fettsäcke.«

Sie schreibt etwas in ihr Tagebuch. Über die Tragödie M&S, und dass die Eichhörnchen Amerikaner sind. Mit dem falschen Fuß aufgestanden, denke ich. Das oder die Schlagzeile, dass man zu Weihnachten die Familie nicht zu sich holen soll, hat sie vor den Kopf gestoßen. Wobei ich denke, dass es einfach einer dieser Tage ist. Manchmal ist sie die fröhlichste und aufgeschlossenste Person, was ihre Standpunkte und Sichtweisen angeht, dann wieder ist einfach alles nicht richtig. Es steckt kein Vorsatz dahinter. Es ist etwas, das sie nicht unter Kontrolle hat. Es gibt schlicht einige Dinge im Leben – Trauer, Schmerz, Ärger, Ungerechtigkeit –, die still und grundsätzlich am Frohsinn nagen. Winnie ist von Natur aus ein heiterer Mensch, hat aber einige Schläge einstecken müssen. So sehe ich sie.

»Sollen wir gehen und nach einer Weihnachtsbeleuchtung suchen?«, frage ich.

»Wenn Sie fahren und nichts dagegen haben, hinterher noch bei Lidl reinzusehen, kommen wir zusammen«, sagt sie.

Auf unserem Weg hinaus treffen wir Carlotta.

»Ist das dein junger Mann?«, fragt sie Winnie, nachdem sie ihr Gesicht bei meinem Anblick bedeckt hat. (Gestern hat ein Mann es ähnlich gemacht – er hat sein Gesicht mit einem Brief bedeckt, den er aufgeben wollte. Ich werfe es ihm nicht vor. Nicht angesichts der Angst, die die Leute haben. Ich sorge mich, wie sich das Verhältnis zwischen den Generationen entwickeln und die unbeabsichtigten langfristigen Folgen von alldem aussehen werden, wenn der Gedanke, dass alle unter vierzig eine biologische Bedrohung darstellen, Teil der gesellschaftlichen Überlieferung wird.) Wie auch immer. Zurück zu Carlotta. Lassen wir sie nicht warten. Sie sagt, sie hat einiges über Wolken gelesen. »Ich habe Stunden um Stunden damit verbracht, alles über sie in Erfahrung zu bringen, ihre Namen und Unterarten, und jetzt frage ich mich nur: Reicht es nicht, sie anzusehen und zu sagen, wie schön sie sind?« Sie zeigt zum Himmel hinauf. »Das da ist eine Stratus, eine Stratocumulus. Sie wird gleich schon weg sein. Die Sonne wird durchbrechen.«

Ich sage zu Carlotta, wann immer sie bei etwas Hilfe braucht, soll sie es mich wissen lassen, und ich schicke Winnie zu ihr, was Winnie zum Lachen bringt, Carlotta nicht.

»Das Aufmachen von allem ist das Problem.«

»Wem sagst du das?«, sagt Winnie.

»Vor allem die Weinflaschen. Das war ein echtes Problem. Aber ich habe jetzt was, das mir dabei hilft.«

»Wie heißt er?«, frage ich.

Carlotta antwortet nicht. Stattdessen nickt sie gelassen ablehnend und sieht mich gleichzeitig neugierig an (was nicht einfach

ist). Und dann sagt sie: »Denken Sie dran, die Wolken zu genießen. Aber passen Sie auf die Laternen auf.« Die Bemerkung erinnert mich an all die Titelseiten all der Zeitungen, die seit März
2020 erschienen sind. Warum, kann ich nicht genau sagen, aber
so ist es.[*]

Vom Einkaufen zurück, setzen wir uns, und es gibt Mince Pies
und Tee. Oder besser gesagt, ich setze mich. Sie nicht. Einer dieser Tage. Die Lady findet keine Ruhe. Selbst wenn sie es wollte.
Sie muss Karten aufgeben, die Waschmaschine beladen, die Zeitung durchsehen und Arthur den *Spectator* bringen. Ich muss
sie nicht erst fragen, warum er die Zeitschrift nicht direkt bekommt. Es wäre nur eine weitere Feder, die aus ihrem Mutter-
gefieder gerupft wird. Ich frage sie, wie es Arthur in letzter Zeit
geht. »Er hat die Nase voll«, sagt Winnie. »Er will da raus, sich
rumtreiben und sehen, was die Leute so machen. Das ist nicht
viel verlangt.«

Im Moment herrscht im Haus eine traurige Stimmung, und es
wird eher schlimmer. Henrys Tod jährt sich bald, was durch
das nahende Weihnachtsfest noch komplizierter und schmerz-
licher wird, gar nicht zu reden vom Virus und den verschiedenen Belastungen und Einschränkungen, die es mit sich bringt.
Vor zwei Wochen noch hätte Winnie meinen Anblick, wie ich
Weihnachtsplätzchen zu backen versuche, lustig gefunden, aber
jetzt sorgt sie sich wegen des Durcheinanders, das ich veran-
stalte, und meint, es ist zu spät für mich, noch backen zu lernen.

---

[*] Es ist wohl die Aufforderung, etwas zu tun, was gut für einen ist, einem
potenziell aber auch schadet: zu Hause bleiben, niemanden treffen und so
weiter …

Sie geht ein paar Karten einwerfen und zu Arthur und sagt, ich soll alles wieder aufgeräumt haben, bis sie zurückkommt.

Während des Essens tauschen wir unter Missachtung der von der Regierung erlassenen Regeln unsere Steaks. Ihres ist ein bisschen zäh, meines nicht. Sie nennt das eine großzügige Geste von mir. Ich sage, wenn es um Ethik und solche Dinge geht, versuche ich, mich immer so zu verhalten, als sähe mir meine Großmutter zu, was schwierig sein kann, wenn ich mit Megan zusammen bin. Winnie schenkt sich ein zweites Glas Wein ein und trinkt es mehr oder weniger in einem Zug aus. »Das wird mich einschlafen lassen«, sagt sie.

18. DEZEMBER   Sie ist bereits auf ihrem Posten, als ich am Morgen nach unten komme.

»Gut geschlafen, Winnie?«

»Ich war um vier schon auf.«

»Warum um Himmels willen?«

»Ich habe an all die Dinge gedacht, die noch zu tun sind.«

»Sie müssen lernen, sich zu entspannen.«

»Niemand kann sich in der Woche vor Weihnachten entspannen.«

»Doch, Winnie. Ich verspreche es Ihnen. Sehen Sie nur mich an.«

»Aber Sie müssen auch niemanden *versorgen*.«

»Gehen Sie nicht zu Rebecca?«

»Nun, wer weiß. Das könnte sich alles noch ändern. Besser, man ist vorbereitet, *nur für den Fall*.«

»Für welchen Fall?«

Sie sieht mich an. Verärgert. Und geht aus dem Zimmer.

Es kommen immer mehr Weihnachtskarten. Sie landen auf der Fußmatte. Ihre Zahl steigert sich exponentiell, warnen Statistiker. Eine schöne kommt von Winnies Freundin Wilma aus Holland, die ihre Tochter und die Enkelkinder seit achtzehn Monaten nicht gesehen hat. Wilma hat gehört, dass Winnie »einen jungen Mann« bei sich wohnen hat, und deutet an, dass auch sie selbst nichts gegen einen hätte, sich aber aus Gründen des Anstands mit Rubens, ihrem Hund, begnügen muss. Es gibt auch eine Karte von Henrys jüngerer Schwester, die allein lebt und in diesem Jahr ihre Tochter verloren hat.

»Ist sie einsam?«

»Was denken Sie?«

»Könnten Sie sie besuchen?«

»Man kann nicht so einfach nach fünfzehn Jahren wieder bei jemandem anklopfen.«

»Warum haben Sie aufgehört?«

»Weil Henry einen Schlaganfall hatte. Darum. Und dann noch einen. Reicht das als Grund?«

»Rufen Sie sie an.«

Winnie antwortet, indem sie die Karten nimmt und sagt, es ist kein Platz mehr für sie und dass sie in die Schublade kommen.

Megan kommt zu einer Art Vorweihnachtsessen. Ich schiebe das Hähnchen in den Ofen, während Winnie draußen im Garten ist, um ein Gespräch darüber zu vermeiden. Ein paar Minuten später kommt sie herein und fragt nach.

»Haben Sie es in Speck gewickelt?«

»Was denn, um es warm zu halten?«

Sie sieht mich an, und ihr Blick sagt: *Bist du so dumm, oder willst du mich auf den Arm nehmen, denn ich weiß es wirklich nicht.* »Um es *saftig* zu halten, Sie Kretin.«

»Ah.«

»Niemand mag ein Paar trockene Brüste.«

Ich gebe den Speck dazu.

»Nicht so! Speckstreifen gehen *mit* der Faser.«

»Warum?«

»Weil.«

»Weil was?«

»Weil …«, sie nimmt mir die Speckstreifen ab und zieht das Hähnchen zu sich herüber, »… es so gemacht wird.«

»Was ein wunderbarer Grund ist, uralten Sitten folgen. Wie Enthauptungen beispielsweise, um jemanden zu Sinnen zu bringen.«

Sie nimmt das in Speck gewickelte Hähnchen, sieht mich an, lächelt sarkastisch und sagt: »Würden Sie mir die Tür aufmachen?« Und ehrlicherweise muss gesagt werden, dass sie lacht, als ich die Hintertür öffne.

Es herrscht Ruhe an der Hähnchenfront, bis es ums Zerlegen geht. Winnie sieht mir mit der Hand vor dem Mund zu. Und um fair zu sein, sie hat recht – ich verstehe kaum etwas davon. Laut Winnie, die jetzt beide Hände vor dem Mund hat, zerlege ich das Hähnchen weniger, als dass ich es zersäbele. Winnie übernimmt und zeigt mir während der nächsten halben Stunde, in der alles andere kalt wird, ganz genau, wie man es macht, was zunächst einmal heißt, dass man sich vergewissert, wer was möchte. Anschließend werden die Extremitäten entfernt, indem man die Bänder durchtrennt, »die Bänder, mein Junge, die Bänder, *niemals* die Knochen, Himmelherrgott noch mal«, dann wird die Brust sorgfältig herausgelöst, von außen nach innen, als spielte man sehr langsam eine Geige, und zu guter Letzt kommen die einzelnen Teile oder Stücke auf die wartenden Teller (die vorgewärmt sein müssen), und das mit der Sorgfalt und Vorsicht eines Gehirnchirurgen. Ich schwöre bei Gott, als sie endlich drei Portionen verteilt hat, ist meine Geduld mürber als das Hähnchen. Wir setzen uns und ziehen Knallbonbons auf. Winnie kugelt sich dabei fast den Arm aus.

Um die Stimmung zu heben und etwas festliche Wärme hervorzurufen, frage ich nach den bisherigen Weihnachtsfesten. Und mein Plan geht auf. Zuerst sagt Winnie: »Wir hatten grundsätzlich immer um die fünfundzwanzig Personen mit an diesem Tisch. In diesem Jahr wird es, wenn wir Glück haben, eine sein.« Und dann sagt sie: »Als ich jung war, habe ich jahrelang immer einen einzelnen Strumpf zu Weihnachten bekommen. Den zweiten gab es im Jahr danach. Das sollte uns Genügsamkeit lehren.«

Megan wird auf dem Sofa von Traurigkeit eingeholt. Ihr Großvater hat Krebs im fortgeschrittenen Stadium. Es kann nicht mehr viel für ihn getan werden, und so lässt sich auch kaum etwas gegen Megans Niedergeschlagenheit tun. Es gibt einfach Dinge, die so stur wie unveränderlich traurig sind. Winnie ruft aus dem Keller herauf. Eine Glühbirne ist kaputt. Ich soll nachsehen, ob eine Sicherung rausgeflogen ist.

19. DEZEMBER   Ich versuche, die Vorderseite des Hauses mit den Lichterketten zu schmücken, die wir vor ein paar Tagen gekauft haben. Winnie schickt mich eine Leiter rauf, damit ich sie durch die ausgedörrte Glyzinie über der Garage flechte. Als es geschafft ist, trete ich ein Stück zurück, um mein Werk zu betrachten.

»Besser als nichts«, sage ich.

»Ich bin nicht sicher, ob ich dem zustimme«, sagt Winnie.

20. DEZEMBER   Tage nachdem er verkündet hat, es wäre un-
menschlich, Weihnachten zu kippen, tut Boris genau das. Ein
»Zu-Hause-bleiben-Befehl« wird erteilt oder wieder erteilt, weil
in Kent eine neue Variante des Virus entdeckt wurde (bei einem
Mann, der mit seinem Hund draußen war). Also kein Familientreffen für mich in Portsmouth. Winnie will nicht zu Hause bleiben. Sie hat vor, zu Rebecca zu gehen, was nur zu verständlich
ist. Vielleicht hole ich mir ein Curry. Oder eine Pizza. Oder ich
besorge einen wirklich kleinen Truthahn und esse ihn ohne jedes Gemüse, wie ein Tudor. Die Welt liegt mir zu Füßen.

Ich mache ein Curry mit den Hähnchenresten, gebe ein Stück
Butter hinzu, einen Klecks Sahne und ein *Deal* Salz, um Winnies
Gaumen zu entsprechen.* Beim Essen sehen wir Michael Palin
zu, der sich an seine Reise durch den Himalaja erinnert.

»Der Bursche, der früher hinter uns wohnte, hat ein herrliches
Buch über diesen Teil der Welt geschrieben: *Ein Spaziergang im
Hindukusch* oder so ähnlich.«

»Eric Newby?«

»Genau. Netter Kerl. Hat uns einen Abend eingeladen und
große Gläser Whisky eingeschenkt. Henry und ich sind nach
Hause gewankt!« Dann taucht Joanna Lumley auf (im Fernsehen,
nicht im Wohnzimmer), und Winnie sagt: »Nun, *die* ist eine Nummer für sich. Hat natürlich auf der anderen Straßenseite gewohnt.
Rebecca hat sie einmal nackt am Klavier gesehen.«

Und dann kommt der Dalai-Lama, und ich sage: »Und der hat
auch zwei Türen weiter gewohnt, stimmts?«

---

* Ein Deal ist ein altes britisches Maß für Feuerholz. Es entspricht einem
Volumen von 2,13 m × 1,83 m × 5 cm – was Ihnen eine Vorstellung davon geben sollte, wie sehr Winnie Salz mag.

21. DEZEMBER   Ich gucke *Bargain Hunt.** Winnie bringt ein Bild aus der Zeitung. Ein Gemälde von Joseph Wright aus Derby, das eine Gruppe Menschen zeigt, die ein wissenschaftliches Experiment bestaunen. Das Thema ist die Aufklärung, ihr unsteter Fortschritt, ihre Spannungen, blinden Flecken und so weiter. Ihr gefällt der Einsatz von Licht und Schatten und wie das eine das andere verstärkt. Sie bittet mich, den Zeitungsausschnitt für Megan aufzubewahren, wenn sie das nächste Mal kommt, und geht zurück in die Küche, um den Klempner anzurufen. Winnie ist ein aufmerksamer Mensch, sieht etwas, denkt, jemand könnte es mögen, und legt es für ihn oder sie beiseite. Sie zeigt nicht immer Interesse oder Dankbarkeit, wenn man es von ihr erwarten könnte (zum Beispiel, als Megan ihr eine Zeichnung gegeben hat, die sie von Ellen im Bad gemacht hatte, warf Winnie nur einen eher flüchtigen Blick darauf und gab sie an mich weiter, damit ich mich darum kümmerte), hebt aber sorgsam einen Artikel oder ein Foto auf, von dem sie denkt, es könnte jemanden interessieren.

Ihre Wärme zeigt sich immer wieder auf seltsame Weise, aus ausgefallenen Blickwinkeln und in unerwarteten Momenten. Und offen gestanden wäre man versucht, ihr auch zu vergeben, wenn sie sich nicht zeigen würde, zu welcher Zeit und in welcher Situation auch immer: Ich kann mir nicht mal vorstellen, wie es sein muss, jemanden zu verlieren, den man geliebt und mit dem man sechzig Jahre zusammengelebt hat. Der Schlag muss gigantisch sein, es muss sich unerträglich, unmöglich anfühlen, und es besteht kein Zweifel, sie hat da ziemlich was auf dem Teller – und wenn das so ist, emotional, dann ist es sicher schwer zu sehen, woran andere zu knabbern haben.

---

* Ein britisches Fernsehprogramm, in dem die Kandidaten Antiquitäten kaufen und versteigern müssen.

Und zu Henry, oder besser: zum fehlenden Henry, kommt noch Arthur. Praktisch gesehen, hat sie auch ihn verloren. Nicht ans Jenseits, aber an die Pandemie. Sie kann ihn nicht besuchen, und er kann sie nicht besuchen. Sie kann nicht die Mutter sein, die sie ist. *Sie kann etwas, das sie ist, nicht sein.* Dennoch denkt sie unermüdlich an ihn, an sein Wohlergehen und seine Bedürfnisse. Arthur ist eine geradezu seismische Kraft, die Winnies emotionale Energie abzieht. Und wenn man Henry und Arthur zusammenzählt, beginnt man zu verstehen, wie Winnies Vorrat an Sorge, Mitgefühl und Offenheit jeden Tag für diese beiden Menschen draufgeht, von denen einer lebt, der andere nicht mehr.

Winnie hat ein großes Herz, aber es scheint nur zwei Türen zu haben, eine für Henry, eine für Arthur. Natürlich gibt es noch ein paar weitere, kleinere, die mit anderen wichtigen Menschen zu tun haben, mit Rebecca, Stewart, Carlotta, den Enkelkindern, aber die gehen schnell zu, wenn Stewart anruft, Rebecca zu Besuch kommt oder Abigail nach der Schule vorbeischaut. Ein vielsagendes Beispiel dafür war, wie Stewart hier nach Henrys Tod zu Beginn der Pandemie mit Frau und Kindern einzog und Winnie es nicht akzeptieren konnte, dass an Arthurs Zimmer etwas geändert wurde. Sie konnte ihrem Enkel nicht erlauben, das Zimmer zu seinem zu machen. Nichts durfte verrückt, nichts entfernt werden, und so kann es nicht lange gedauert haben, bis die Situation unerträglich wurde. Winnies Hingabe (an die Vergangenheit, an Arthur, daran, wie alles einmal *war*) machte jede Veränderung unmöglich. Stewart und die Seinen zogen nach sechs Monaten des Familienexperiments wieder aus.

Es setzt sich fort: Ein durchgestandenes Trauma lastet auf ihr, das andere trifft sie jeden Tag neu. Der tatsächliche Verlust Henrys und der praktische Verlust Arthurs haben ihre Welt auf den Kopf gestellt. Sie ist aus der Bahn geworfen. Und doch stehe ich hier und habe das Gefühl, sie könnte mir mehr Fragen stellen, fühle mich zu wenig gewertschätzt. Verrückt! Lächerlich! Ich denke daran, wie ich zu Megan gesagt habe: »Sie hat keinen Fetzen Neugier in sich! Sie mag mich nicht! Sie ist unfreundlich!«

Es ist unfair, eine Person zu bewerten, ihren Charakter, ein Urteil über sie zu fällen, wenn sie sich in einem Zustand stiller, ständiger, unkalkulierbarer Trauer befindet. Darauf will ich hinaus, das will ich sagen. Winnie weiß nicht, wer ich bin. Okay. Wie auch immer. Sie weiß dieser Tage kaum, wer *sie selbst* ist. Oder härter formuliert: Ich bin ihr egal, weil ihr andere so wichtig sind.

Beim Abendessen reden wir über Oxford. Winnie ist als Kleinkind dort hingekommen, weil ihr Vater die Familie verständlicherweise aus der Schusslinie haben wollte. Winnie ging in eine Schule, The Dragon, zu deren Absolventen (bekannt als die Old Dragons, was es in vielen Fällen gut trifft, wie ich denke) John Betjeman, Alain de Botton, Lady Antonia Fraser, Hugh Gaitskell, Hugh Laurie, Emma Watson, Jack Whitehall und der dritte Baron Tweedsmuir gehören, was heißt, wir können getrost annehmen, dass nicht viele der Drachen ein kostenloses Schulessen brauchten. Sie sagt, sie war nicht schlecht in der Schule, aber nicht gut genug für eines der örtlichen Colleges. Stattdessen ging sie auf die Ruskin School of Art. Henry, der ein paar Jahre älter war, begann da gerade sein Examen am Queen's College, während ihr Bruder Jacob – ein Freund von Henry, seit sich die beiden beim Wehrdienst in Deutschland kennengelernt hatten – am Magdalen Altphilologie studierte. Henry hatte mit Physik angefangen und war dann zu PPE* gewechselt.

---

* Philosophy, Politics, Economy – der klassische Studiengang für Regierungsämter ... Oder eben: Personal Protective Equipment (Persönliches Schutzequipment).

Als ich sage: »PPE? Was, Hände waschen, Masken, Abstand halten und so weiter?«, starrt mich Winnie eine Weile an, bevor sie das Thema komplett wechselt und auf Megans Zeichnung von Ellen im Bad deutet (die ich auf der Kommode hinter ein Foto von Winnies Eltern gesteckt habe) und sagt, als sähe sie das Bild zum ersten Mal: »Ich muss sagen, es war sehr süß von Megan, das zu tun. Auch wenn sie Ellens Figur nicht getroffen hat.« Was Winnies Komplimente betrifft, so ist es ein ganz typisches – drei Wochen zu spät, aber qualifiziert.

Wir sehen uns eine weitere Folge von *The Crown* an, in der ein Maler namens Sutherland zu Winston Churchill kommt, um ein Porträt von ihm anzufertigen. Churchill will ein schmeichelhaftes Bild, aber Sutherland bleibt bei der Wahrheit. Churchill verbrennt das Ergebnis. Als er es tut, nickt Winnie zustimmend.

22. DEZEMBER   Sie hat Marmelade auf den Lippen und liest einen Artikel über Gräser. Darin steht, dass die Pampasgraswedel, von denen Winnie reichlich im Garten hat, pro Stück achtundzwanzig Pfund wert sind. Winnie fängt mit einem Eifer an zu rechnen, den ich bei ihr noch nicht erlebt habe, und stellt fest, dass sie auf Wedeln im Wert von tausendfünfhundert Pfund sitzt. Sie schickt mich mit einer Schere nach draußen, damit ich einen Armvoll schneide, den sie im Vorratsraum lagern will. Während ich ihrem Wunsch Folge leiste, amüsiere ich mich mit einem Stoßgebet: *Lieber Gott, erlaube nicht, dass Winnie erfährt, wie viel ihre Nieren wert sind, sonst lagert sie sofort eine hinten in der Küche ein.* Übrigens will sie die Wedel drinnen haben, weil sie sich gegen Unternehmer wappnen will, die über den Zaun klettern und sich bedienen könnten, nachdem auch sie den Artikel in der *Times* gelesen haben.

Ihr Frühstück findet durch einen Anruf von Arthur ein vorzeitiges Ende: Er ist in der Nacht gestürzt. Es ist nichts passiert, er will es nur sagen. Winnies Muttermechanismen brechen sich sofort Bahn. Sie muss ihn sehen. Verlangt einen Termin. Besteht darauf, mit dem Leiter des Heims zu sprechen – der Winnies Wunsch nachgibt und mittags im Garten vorschlägt. Arthur bekräftigt, dass er okay ist, wirklich, und bittet Winnie dann, einen Nachtisch mitzubringen und vielleicht G. K. Chestertons *What's Wrong With the World?*

Ich gehe nach Waterloo, um eine Freundin zu treffen, Camilla. Über den Common und Putney Heath mit Helen Macdonalds *H wie Habicht* im Ohr.* Das Buch handelt hauptsächlich von Trauer und Falknerei. Die Autorin hat ihren Vater verloren und leidet, sie ist *bereaved*. Sie erklärt uns, dass das Wort aus dem Altenglischen kommt und besagt, dass man einen Verlust erlitten hat, beraubt wurde und sich entleert fühlt. Sie zeigt uns, wie Dinge ihren Sinn verlieren: Man sieht einen Brief auf der Fußmatte liegen und kann, wenn auch nur für eine Sekunde, nicht sagen, was er bedeutet, was er ist und besagt. Oder eine Leiter. Ein Messer. Oder wenn das Telefon klingelt. Das Verstehen verzögert sich, da alles in bedeutungsschwangere Lücken fällt. Die Autorin sagt, dass sie sich an eine Welt zu klammern versucht, die es nicht mehr gibt.

Ich umgehe den tiefsten Matsch, klettere über umgefallene Bäume, begegne verschiedenen Leuten, darunter einem jungen Mädchen, das mit seinem Roller durch ein Stück Sumpf zu fahren

* Die »Habichtäugigen« unter Ihnen möchten womöglich wissen, warum ich einem Buch lausche, das ich zuvor gelesen habe. Die Wahrheit ist, dass ich mich mitunter völlig dekadent verhalte: Ich habe mir beides aus der Bibliothek ausgeliehen.

versucht. Ich setze mich auf eine Bank und checke mein Telefon. Eine neue Sprachnachricht: »Ben. Winnie. Sind Sie hier? Arthur wird überleben. An was denken wir zum Abendessen? Freue mich, von Ihnen zu hören.« Ich komme nach Putney, an den Fluss, folge ihm nach Norden, nach Osten, nach Süden, nach Norden. Es ist dunkel und still. London bleibt zu Hause, eingesperrt durch ein mutierendes Virus. Ich sehe Menschen in ihren auf den Fluss blickenden Wohnungen. Menschen, die sich in ihren Küchen fit halten, in ihren Wohnzimmern Kniebeugen machen, Ausfallschritte in ihren Arbeitszimmern. Helens Worte klingen in meinen Ohren. Sie sind hilfreich. Sie schaffen Verständnis. Die Eltern meines Vaters sind gestorben, bevor ich mich kümmern konnte, die meiner Mutter leben noch. Ich brauche die Trauer von anderen, um zu begreifen. Wobei ich mir einer Sache ziemlich sicher bin: Seit ihr erster Sohn geboren wurde, ist die Trauer Teil von Winnie. Sie hat öfter als nur einmal gesagt, es sei alles ihre Schuld.

Ich komme an mein Ziel und setze mich mit Camilla an den Fluss. Als ich gegen zehn nach Hause komme, ist das Feuer aus.

23. DEZEMBER   Meine Schwester kommt zu Besuch. Sie hat eine Besprechung in Mayfair und parkt in der Einfahrt. (Winnie hat nichts dagegen, signalisiert das Auto doch, dass Leute im Haus sind, und schreckt so Einbrecher ab.) Sie gibt mir eine Tasche mit einem Geschenk von ihr, dazu etwas Käse, Kekse und Rotwein von Mum für den ersten Weihnachtstag.

»Das ist nett von Ihrer Mutter«, sagt Winnie.

»Ja. Ich habe gesagt, sie soll mir nichts schenken, aber sie konnte nicht anders. Sie ist ein bisschen wie Sie, wenn Sie Arthur einen Joghurt bringen.«

»Ich wage zu sagen, dass Arthur eine Flasche Rotwein vorziehen würde.«

»Es ist ein Mutterinstinkt, oder?«

»Nicht alle Mütter tun das. Ich kenne eine ganze Reihe, die nicht daran denken würden, Käse nach Wimbledon zu schicken.«

Ihr Toast springt aus dem Toaster. Sie fängt ihn auf und inspiziert ihn. Eine Sekunde lang denke ich, sie hat vergessen, wofür er ist. Sie muss zu dem Schluss kommen, dass er leicht verbrannt ist, weil sie ihn vor mich hinlegt und sagt: »Hier. Für Sie. Ich toaste mir noch einen.«

Während sie ihren isst, ruft sie Stewart wegen der Heizbeihilfe an. Sie ist nicht sicher, sie bekommen zu haben. Er kann nicht reden, sagt er, er fährt ins Krankenhaus, praktisch in diesem Moment. Er hat schlimme Leibschmerzen und muss sich krümmen, während er spricht.

»Aber natürlich, Schatz. Fahr. Sofort. Die Heizbeihilfe ist nicht wichtig. Ich kümmere mich darum, sieh zu, dass mit dir alles in Ordnung kommt. Das musst du. Jetzt. Los doch, Schatz. Fährst du? Wenn ja, denke dran, dass die Hammersmith Bridge gesperrt ist. Offenbar hält sie dem Verkehr nicht mehr stand. Was eine Schande ist, es ist so eine hübsche Brücke, besonders nachts, wenn sie beleuchtet ist. Nein, fahr schon. Unbedingt. Dein Großvater hatte fürchterliche Magenprobleme. Hat es immer auf die Umweltverschmutzung geschoben. Wie geht es den Kindern? Stewart? Bist du noch dran? Nein, ganz richtig. Beeil dich. Sie sollen nachsehen, was ist. Ruf an, wenn du kannst.«

Stewart meldet sich. Es ist nur eine Infektion. Er hat ein Antibiotikum bekommen. Am besten sagen wir das Essen morgen ab, okay? Am Telefon sagt sie, wie schade, danach, dass es ihr nichts ausmacht, weil sie sich nicht direkt darauf gefreut hat, ihrer Erzfeindin Jane gegenüberzutreten, deren Mutterinstinkte im letzten Sommer mit ihren kollidiert sind. Ich traue mich zu fragen, ob sie schon einmal daran gedacht hat, hinter sich zu lassen, was im letzten Sommer war. Sie sagt dazu nichts, sieht aus dem Fenster und beschließt dann, Arthur ein paar Mince Pies zu bringen.

Sie verlässt das Haus und ist zwanzig Minuten später schon wieder da, weil sie vergessen hat, die Mince Pies mitzunehmen. Ich sage, dass es Schlimmeres gibt, als ein paar Mince Pies zu vergessen, aber sie ist wütend auf sich, und das über alle Maßen. »Ich dumme, dumme, dumme, dumme, dumme, dumme Frau«, lautet ihr Urteil. Dann, bevor sie wieder geht, ruft Carlotta an, um zu fragen, welchen Tag wir haben, was Winnies Laune beträchtlich hebt.

»Ich habe doch gesagt, dass man Schlimmeres vergessen kann, Winnie.«

»Eins zu null für Sie.«

»Geht es Carlotta sonst gut?«

»Nicht wirklich. Eigentlich wollte sie über Weihnachten nach Österreich, aber jetzt kann sie nicht, weil die Briten wegen Kent nirgends hindürfen.«

»Das stinkt ihr, oder?«

»Sie kocht vor Wut. Sie denkt sogar dran, Grün zu wählen. Ich habe sie noch nie so schimpfen hören. Im Übrigen hat sie mit Yoga angefangen.«

»Gute Güte.«

»Offenbar macht sie es auf der Toilette.«

24. DEZEMBER   Das Feuer ist über Nacht ausgegangen. Ich verbringe eine Stunde auf dem Boden davor und sehe zu, wie es sich müht, wieder richtig zu brennen. Ich helfe mit der *Times* nach und füttere die zaghaften Kohlen mit Nachrichten über ansteigende Infektionszahlen, ansteigende Krankenhauseinwei-

sungen, ansteigende Todesfälle. Mein Dad schickt eine Nachricht: Würde Winnie einen Blaumeisenkasten mögen? Ich frage sie, und sie würde. Ich frage, warum so ein Kasten nur für Blaumeisen ist. Sie sagt, sie brauchen die Sicherheit.

Henry ist vor einem Jahr gestorben. Sie setzt seinen Hut auf, zieht seinen Mantel an. Sie ist so eingepackt, dass sie sich kaum bewegen kann. Sie sagt, sie wirft eine letzte Weihnachtskarte ein, und bleibt eine Stunde weg. Als sie zurückkommt, sehe ich mir gerade an, wie Fanny Cradock im Fernsehen in fünfzehn Minuten einen Weihnachtskuchen zaubert. Sie ist großartig. So versiert und geschickt wie jeder andere TV-Koch, aber dreimal so trocken, so witzig und so energisch. Nicht alles wird immer besser. Manchmal waren Dinge früher besser.

Ich hole eine Kochbox. Wir öffnen den Wein und essen den Käse von Mum, den ich liebe. Winnie denkt jedoch, er schmeckt wie etwas, das »kurz vorm Kippen« steht, was schon etwas absurd klingt von einer Frau, die achtzehn Jahre alte Eier isst. Wir reden hauptsächlich darüber, dass Henry jetzt seit einem Jahr nicht mehr ist. Ich erzähle ihr, was mir einmal jemand in Italien erklärt hat: dass Trauer fruchtbar ist, weil sie eine Perspektive und ein Gefühl für Maßstäbe schafft. Winnie sagt, das ist Schwachsinn. Sie sagt, Verlust schafft Angst vor Verlust. Sie sagt auch, dass sie die Spareribs mag.

Sie geht schlafen. Ich nicht. Ich setze mich in den Sessel und trinke den Rotwein. Er macht mich weder glücklich noch traurig, nur unsicher, was ich bin (was, je nachdem, wo man angefangen hat, nicht das Schlechteste ist). Ich gehe nach draußen. Die Nacht ist ruhig. Ein Fuchs sieht mich und huscht weg. Ein Licht geht aus, ein anderes an. Ich sitze auf der alten Schaukel und bewege mich gedankenverloren vor und zurück, wie ein

Kind. Die Symbolik ist verblüffend. Und wie jedes echte Symbol ist auch dieses zufällig. Und unklar. Bin ich hier das Kind? Um Mitternacht bekomme ich eine Nachricht. Von meiner Mum. Eine Träne läuft mir über die Wange.

25. DEZEMBER Ich öffne mein Schlafzimmerfenster und kann nur Vogelgesang hören, kein fernes Auto- oder Zuggeräusch. Ich leere den Aschenkasten, hole Kohlen und schüre das Feuer. Dann gibt es draußen einen Kaffee, in der Sonne. Ich rufe meinen Dad an. Der Meisenkasten ist fertig. Wir vergessen beide, uns frohe Weihnachten zu wünschen. Winnie kommt nach unten und isst ihr Müsli und ihren Toast und sagt, ihr ist gerade aufgefallen, dass mein Haar einem Haselnussbaum ähnelt. Sie ruft Arthur an. Er sagt, es ist ruhig. Es ist nur wenig Personal da, und er hat hauptsächlich mit dem Buchhalter geredet. Winnie wechselt zu Radio 3 (ich wusste nicht, dass sie weiß, wie das geht), um Weihnachtslieder zu hören. Sie sagt, in Yorkshire sind ein paar Schneeflocken gefallen, und die BBC spricht von einer weißen Weihnacht. Ich sage, das ist so, als würde man mich einen Vegetarier nennen, weil ich zweimal in der Woche Erbsen esse. Ich öffne die Geschenke von meiner Mum und meiner Schwester, einen Mantel und ein Hemd. Beides ist sehr schön, aber meine Familie unterschätzt mich. Ich passe nicht mehr in ein »Slim Fit«-Medium. Als ich das meiner Mum sage, nimmt sie es persönlich, als wäre es mein Fehler. Winnie denkt, Arthur würde beides problemlos passen.

Unser Taxi soll um 12:15 Uhr kommen. (Winnie gefiel der Gedanke nicht, sich allein bringen zu lassen, und so habe ich zugestimmt, das Gesetz zu brechen und mit ihr zum Dinner zu Rebecca zu fahren.) Um 12 Uhr, oder etwas später, sagt Winnie, dass wir Brandybutter machen müssen.

»Was?«

»Brandybutter. Ohne sind die Mince Pies *gar nichts.*«

Selten habe ich jemanden erlebt, der in kürzerer Zeit und mit weniger Grund von relativer Ruhe in völlige Hektik wechselt. Sie wirft alle nötigen Zutaten in eine Schüssel und ruft: »Jetzt rühren, rühren, rühren!« Ich bekomme Butter und Zucker gut vermischt, verliere dabei nur alles Gefühl im Handgelenk.

»Können Sie den Rest übernehmen, Winnie? Ich brauche eine Dusche.«

»Eine Dusche?«

»Ja.«

»Sie können jetzt nicht duschen. Das kommt nicht infrage. Das Taxi ist gleich da, und wir müssen die *Brandybutter* fertig machen.«

Aber ich bin schon halb die Treppe hinauf, verbringe zweieinhalb Minuten unter der heißen Dusche und sage die ganze Zeit: »Jetzt rühren, rühren, rühren!«

Sie ist erschöpft. Das ist es. Sie ist gestresst. Weil es zu ihrer Tochter geht, weil Arthur allein und Henry nicht hier ist. Es waltet eine tiefe Unruhe in ihr und bestimmt ihre Gedanken. »Nein!«, ruft sie, als der Taxifahrer die Straße hinunterfährt. »Nein, nein, nein! Obenherum! Kehren Sie sofort um!« Ich erkläre Winnie, dass sein Telefon die schnellste Verbindung herausgesucht hat. »Erzählen Sie mir nichts von seinem Telefon! Ich wohne seit fünfzig Jahren hier! Da unten ist der ganze Verkehr. Umdrehen!«

Aber da unten ist kaum Verkehr, und innerhalb kürzester Zeit haben wir Wimbledon hinter uns gelassen und fahren Richtung Wandsworth. Es geht ruhig dahin. Der Fahrer sieht Winnie im Rückspiegel an, erlaubt sich ein kleines Lächeln (was man trotz der Maske erkennen kann) und sagt: »Nächstes Jahr fahren wir obenherum, okay?«

Als wir ankommen, kann sich Winnie nicht erinnern, welches Haus es ist. Der Fahrer weiß es, doch Winnie besteht darauf, dass er sich täuscht, ist sich dann aber doch nicht mehr so sicher. Sie sagt, sie war seit Jahren nicht mehr hier. Wir werden von Abigail, 18, hereingelassen, Victoria, 21, bietet uns einen roten Schaumwein an, und Rebecca, 51, sieht nach dem verblichenen Truthahn, 18 Monate.

Gerne würde ich von nachfolgenden fröhlichen fünf Stunden berichten. Wirklich. Aber das sind sie nicht. Es ist wie in einem Stück von Pinter, die Atmosphäre ist angespannt und von einer alles einfärbenden Traurigkeit bestimmt. Normalerweise wird, wenn ein Fremder zu Gast ist, etwas unternommen, um Momente des Unbehagens aufzulösen – hier aber nicht. Ich habe das Gefühl, eine Rolle als Richter zugewiesen bekommen zu haben, zusehen und zuhören zu sollen, um anschließend das Maß an Verunsicherung und Wut zu bestimmen. Ich habe Mitleid mit Winnie, die kaum ein Wort sagt, abgesehen davon, dass sie, ohne dass es gewünscht würde, anbietet zu erläutern, wie man den Truthahn zerlegt. Sie wäre womöglich besser nicht hier. Ich kann es kaum verstehen, weil ich *weiß*, dass es Rebecca wichtig ist und auch Abigail. Aber an diesem Tisch herrscht Eiseskälte.

Winnie bekommt ein Geschenk. Sie öffnet es. Es ist von Rebecca, ein Schal. Sie sieht ihn an, und ihr erster Gedanke ist, Rebecca zu fragen, ob sie das Geschenkpapier zurückhaben möchte. (Was Rebecca bejaht.) Weitere Geschenke gibt es nicht. Winnie ist, bis auf die Brandybutter, mit leeren Händen gekommen. Wir ziehen an Knallbonbons. Ich setze meine Papierkrone auf. Ich erzähle meinen Witz. Es ist schrecklich. Alle machen *Tz-tz-tz*.

Als ich beim Abwasch helfe, dankt mir Rebecca – lieb und verständnisvoll –, dass ich mitgekommen bin und das Ganze aufgelockert habe. Sollte das der Fall gewesen sein, mag ich mir gar nicht erst vorstellen, wie es ohne mich gewesen wäre. Ich wollte eigentlich schon nach meinem Mince Pie zur Begrüßung wieder gehen. Ich weiß, es mag unglaublich undankbar klingen, aber so ist es. Ich wollte aufstehen, den Anwesenden zuprosten und mich den Abwesenden zugesellen.

Gegen 5 Uhr wird Winnie gefragt, ob sie wieder nach Hause möchte. Ich bin so froh wie traurig, als sie Ja sagt. Rebecca bestellt ein Taxi. Winnie steht draußen auf dem Bürgersteig. Ich umarme Rebecca und achte darauf, einen Meter mit meinem Mund von ihr wegzubleiben. Als wir wieder zu Hause sind, steigt mir etwas in die Nase.

»Winnie, diese Tasche riecht unglaublich nach Truthahn.«

Sie klopft sich seitlich gegen die Nase. »Ein Bein«, sagt sie. »Und was für eins. Das sind zwei volle Mahlzeiten für uns.«

Ich gehe zum Common und drehe Runden um den Teich. Einerseits, um den Truthahn und die Brotsoße zu verdauen, andererseits aber auch, um ein paar Anrufe zu machen. Bei meiner Mutter, meinen Großeltern, meinen Geschwistern, meinen Freunden und Freundinnen. Es ist so ruhig, so still, so friedlich. Das Dämmerlicht auf der dunklen Wasseroberfläche hält meinen Blick fest. Heute Morgen waren hier tausend Leute, jetzt ist außer mir keine Menschenseele da. Was für ein seltsames Verhältnis zur Dunkelheit wir haben.

Es ist etwa 7 Uhr, als ich zurückkomme. Winnie sieht sich eine Parodie auf *Die roten Schuhe* an, sagt, es ist ungeheuer witzig, absolut brillant. Es geht um ein Mädchen, das nicht aufhören kann zu tanzen. Ich bin seltsam schockiert darüber, dass ihr so ein Film auf BBC 2 so gefallen kann, weit besser – so macht es zumindest den Anschein – als die eigene Familie.

Ich helfe ihr, ihr Bett frisch zu beziehen. Ihr Schlafzimmer ist voller Fotos: von ihren Brüdern, ihrem Mann, ihren Kindern und ihren Enkeln. Es ist ein Schrein für die Familie, für all die Menschen, die ihr am wichtigsten sind. Ich deute auf Abigail, Victoria und Rebecca in jüngeren Jahren, und sie spricht lange und voller Liebe von ihnen. Ein Satz von Henry James kommt mir in den Sinn: »Sage nie, du weißt wirklich alles über ein menschliches Herz.« Oder über eine Familie, könnte ich hinzufügen.

26. DEZEMBER   Frühstück. Winnie isst ihren Toast mit Marmelade, ich Truthahn und Eier. (Winnie kann kaum hinsehen.) Ich frage sie, ob sie früher am zweiten Weihnachtstag etwas Spezielles gemacht haben, mit der Familie, den Kindern.

»Nun, zuerst mal habe ich eingesammelt und geglättet, was immer an Geschenkpapier nicht zerrissen war, und dann sind wir auf dem Common spazieren gegangen, manchmal auch nur ich mit den Kindern, und Henry ist gejoggt. Er hat dann seine Runden gedreht und uns beim Vorbeikommen zugewunken. Es gab *immer* Schnee. Und auf dem Teich sind wir Schlittschuh gelaufen. Das war herrlich. Da konnte man völlig drin aufgehen.«[*]

27. DEZEMBER   Ein wunderbares Unwetter hat die ganze Nacht hindurch etliche Instrumente gespielt. Der Kohlenschuppen wurde überschwemmt, und das Feuer ist aus. Für alle, die Omen mögen, gibt es gleich eine ganze Reihe.

---

[*] Nicht viel später habe ich geträumt, dass Winnie auf dem Teich Schlittschuh lief. Ewig. Sie lief und lief und lief, irgendwie außerhalb von Raum und Zeit. Dann plötzlich blieb sie stehen, blickte aufs Eis unter sich und sah mein Gesicht unter der Oberfläche. Ein Telefonanruf hat mich aus dem Schlaf gerissen: Ob ich die Mülltonnen rausgestellt habe?

Winnie macht mir einen Toast. Fragt nicht, tut es einfach. Ich weiß, was sie denkt: Solidarität im Ungemach. Sie macht sogar ein neues Glas Marmelade auf, ein Geschenk von Stewart, der seine eigene produziert. Ich eröffne ihr, dass sie womöglich für ein paar Tage auf die Zentralheizung zurückgreifen muss. Sie sieht mich an, als hätte ich sie gerade gebeten, ihre Unterwäsche in Champagner zu waschen. Wenn sie die Scheibe Toast wieder aus mir herausholen könnte, sie würde es tun.

»In dem Fall sehen Sie besser mal nach, was wir an trockenem Holz im Keller haben.«

Ich putze mein Bad. Wasche ein paar Dinge. Backe eine Quiche. Räume meinen Mail-Eingang auf. *Ich beschäftige mich.* Das ist es, was ich tue. Weil, wenn ich mich hinsetze, einfach so, und mir Raum zum Nachdenken gebe, kann ich der Frage nicht mehr ausweichen: Was mache ich hier eigentlich? Was soll das? Was machen die Leute überhaupt? Ich kann es keine Depression nennen, aber es grenzt an eine sehr beharrliche Traurigkeit. Ermüdung. Apathie. Etwas von allem. Vielleicht sind wir alle im Kern leicht depressiv. Und die am wenigsten depressiven die, die den Gedanken erfolgreich verdrängen, ihn im Zaum halten, sich beschäftigen. Nein, das ist Unsinn. Weihnachten macht das mit uns. Wie Freitagabende, die sind psychologisch auch schwierig. Man denkt, das Gras dahinten, da drüben, überall sonst ist grüner. Hätten wir Oktober oder März, würde ich mich nicht so fühlen. Da würde ich das Leben nehmen, wie es ist – kalt, dunkel, trübe –, und mich um Dinge kümmern, die Ablenkung versprechen, Unterhaltung, Erfüllung. Nur zu Weihnachten scheint das Zuhause ein ganz besonderes Ding. Aber das hier ist mein Zuhause. Und so gehe ich wieder zum Common, drehe im Sonnenuntergang Runden um den Teich und lausche dem Buch über den Habicht. Den Mond sehe ich erst, als die Sonne untergegangen ist.

28. DEZEMBER   Immer wenn sie in der Küche herummacht – das Silber putzt, Dinge verräumt oder am Telefon zur örtlichen Verwaltung durchzudringen versucht –, stellt sie den Fernseher an. Gelegentlich hält sie dann bei dem, was sie gerade tut, inne und sagt Dinge wie: »Henrys Dad war wie Captain Mainwaring in *Dad's Army**. Absolut entschlossen, Disziplin durchzusetzen. Er hatte fünf Kinder, Henry war das älteste. Eins der Mädchen hat den langweiligsten Mann der gesamten Christenheit geheiratet, wobei sie ihre Entscheidung damit entschuldigt hat, dass er in finanzieller Hinsicht bestens ausgestattet war.«

Und dann wendet sie sich wieder dem Dessert zu, das sie für Arthur macht, schreibt etwas in ihr Tagebuch oder tut so, als wäre sie eine Vogelscheuche, bis sich die nächste Gelegenheit bietet, auf den Fernseher zu zeigen und eine Geschichte zu erzählen: »Henrys Großtante hatte auch so ein Gesicht. Man konnte darin ablesen, was für ein Wetter es gab. Sie hat uns auf den Philippinen besucht. Ist mit dem Schiff nach Malaysia und dann weiter nach Manila. Da war sie sechsundachtzig. Hat sich während der gesamten Überfahrt in ihrer Kabine eingeschlossen. Sie mochte die Ziegen nicht. Trotzdem, alle Achtung. Ich kenne Leute, die kaum allein aufs Klo wollen, ganz zu schweigen, auf die Philippinen.«

Und dann verlässt sie die Küche, geht nach oben oder in die Garage und redet weiter über die Großtante, die Ziegen oder landet unversehens bei Arthur. Winnie Carter: Man muss sie erleben, um es zu glauben.

* TV-Serie über die British Home Guard im Zweiten Weltkrieg.

29. DEZEMBER Margaret Keenan, 91, ist die Allererste im Universum (und in der Lage, sich gegenüber den Medien zu äußern), die eine zweite Impfung bekommt. Mir gefällt, dass ihr Name Ungeduld und Leidenschaft andeutet. Als ich das Winnie sage, präsentiert sie mir etwas, das ein Butternut-Kürbis sein soll. So einen habe ich noch nie gesehen. Er ist kaum zu identifizieren. Eingefallen, dahinschwindend, ein fauliger, zähflüssiger Schmier. Opfer einer Verwandlung, die ein Kobold erleidet, wenn er in Berührung mit Wasser kommt, so wie Steven Spielberg es sich vorstellt. Die Mutante eines Kürbisses. Sie gibt ihn mir.

»Noch zu retten?«, fragt sie.

Das Bild, das ich ihr zu Weihnachten geschenkt habe, lehnt an der Vase mitten auf dem Tisch. Sie mag das Kind, das in die Pfütze springt, und den Erwachsenen, der sich unter seinen Regenschirm duckt. Sie liest laut vor, was ich auf die Rückseite geschrieben habe: »Veilchen sind rot, Rosen sind blau, ich bin halb verrückt, genau wie Sie auch.« Ich frage sie (ohne zu wissen, warum), ob Henrys Familie nett zu ihr war, als sie zusammengefunden hatten. Das war sie, sagt Winnie. Sehr sogar. Sie sagt, wenn irgendjemand frostig war, sei es ihre eigene Mutter gewesen. Ihre Mutter war offenbar eine sehr skeptische Person, was sich nach dem Tod ihres achtzehnjährigen Sohnes noch verstärkt hatte. Der Verlust veränderte sie und erfüllte sie mit der ständigen Furcht, ihren überlebenden Kindern könnte ebenfalls etwas zustoßen.

»Sie wollte mich einfach nicht verlieren. Noch ein Kind. Es hätte auch Pythagoras sein können, der da um mich warb, sie hätte immer noch Gründe gefunden, ihm zu misstrauen.«

Angst als ein Ausdruck von Liebe.

Sie geht etwa um halb zehn schlafen. Ich bleibe mit einer Tasse Kräutertee im Wohnzimmer und sehe mir die Nachrichten und Fußball-Highlights an. Etwa eine Stunde später ruft sie von oben: »Ben? Ich denke, Sie sollten jetzt auch zu Bett gehen. Wir haben morgen früh eine sehr wichtige Verabredung. Ich möchte nicht, dass Sie den Rest vom Wein noch trinken. Ben?«

Ich muss lachen. Lachen, um nicht zu weinen. Sie sorgt sich wegen der Kohle, die bereits um 7 Uhr angeliefert werden soll. Weil die Kohle Feuer bedeutet, Wärme und die wiederum Sicherheit und Zuhause. Ich schalte den Fernseher aus und trinke den letzten Schluck Tee.

»Eine gute Idee, Winnie«, rufe ich. »Sie haben ganz recht.« Im Übrigen steht nur noch ein Spiel aus, ein alter Champion gegen einen wenig erfolgreichen Newcomer, und ich kenne bereits das Ergebnis: eins zu eins.

30. DEZEMBER Ich kann kaum schlafen. Ich habe Sorge, bewusst wie unterbewusst, nicht rechtzeitig für die Kohlenlieferung aufzuwachen. An zwei Träume, die ich hatte, kann ich mich erinnern. Im ersten war ich in eine Art Unfall verwickelt, und ein ziviler Erste-Hilfe-Leistender musste mir die gesamte Haut vom Gesicht ziehen. Im zweiten bin ich nachmittags aufgewacht und musste die unzensierte Empörung Winnies über mich ergehen lassen. Ehrlich gesagt, gefällt mir der erste besser.

Mein Wecker klingelt um 6:45 Uhr, aber ich bin längst wach. Es ist kalt – kälter denn je. Ich ziehe Schicht über Schicht an und gehe nach unten in die Küche, wo, wie sie gesagt hat, der Schlüssel für das Seitentor sein soll. (Es muss geöffnet werden, damit der Lieferant Zugang zum Schuppen hat.) Vor mir liegen etwa hundert unbeschriftete Schlüssel, und ich fühle mich wie Indiana Jones, der unter Dutzenden Schalen und Kelchen den Heiligen

Gral identifizieren muss. Ich wähle mit Bedacht, und beim fünften Versuch öffnet sich das Tor. Ich schaffe alles mögliche Geäst und Laub beiseite, das vom Sturm Bella zusammengefegt wurde, und gehe zurück nach drinnen, schalte den Kessel ein und lese die Zeitung.

Offenbar kann der Impfstoff aus Oxford in einem normalen Kühlschrank aufbewahrt werden, was gut ist, aber gewisse Risiken mit sich bringt, zum Beispiel, dass Winnie sich daranmachen könnte, das Zeugs zu horten. Vom Küchentisch aus sehe ich, wie sich die Morgendämmerung ankündigt. Schwache, in die Höhe (oder nach unten, wie ich annehme) sich reckende rosa Streifen künden von der aufgehenden Sonne.

Und ich sehe die Ankunft der Kohle. Denn hier kommt unser Mann. Das Schrillen der Türglocke klingt seltsam um diese Uhrzeit, ein Schrei in einem Museum.

»Ja, bitte?«

»Habe Ihre Kohle da, Kumpel.«

»Soll ich mit anpacken?«

»Ne. Ich kippe sie auf die Einfahrt, okay?«

»Hmm?«

»Auf die Einfahrt?«

»Also, die Sache ist die: Die Dame des Hauses erwartet wohl, dass die Kohlen von der Seite hinten in den Schuppen gebracht wird.«

Er lacht wissend. »Darauf wette ich. Madam schickt Sie vor, weil sie weiß genau, säckeweise nach hinten gebracht, das macht fünfzig Pfund extra. Das geht jedes Mal so.«

»Ja?«

»Yup!«

»Verstehe. Und wie geht es jedes Mal aus?«

»Ich schaffe die Kohlen nach hinten und kriege nichts dafür.«

Ich biete ihm Hilfe an, eine Taschenlampe, Kaffee, Toast. Er lehnt alles ab und braucht eine halbe Stunde, alles in den Schuppen zu schleppen – ohne für die Zeit etwas zu bekommen, da er offensichtlich selbstständig ist und pauschal pro Lieferung bezahlt wird. Er ist ein stoischer Charakter und trotz der Kälte, der Schwierigkeiten und aller Mühsal allein am Steuer, auf der Straße, durch und durch gutmütig. Etwa zur Hälfte seiner Schlepperei gehe ich hinaus, um ihm zuzureden und zuzusehen.

»Sind Sie sicher, dass Sie keinen Tee wollen?«

»Ne, das passt schon.«

»Sicher?«

»Ich habe eine Thermosflasche dabei.«

»Einen Rolo-Joghurt?«

»Das sind jetzt zehn Säcke. Fehlen nur noch zehn weitere. Habs gleich.«

Ich bin ein bisschen wütend auf Winnie. Eigentlich ist sie eine nette, anständige Frau – ich hoffe, das wird klar –, aber in diesem Moment würde ich sie gerne selbst hinten in den Schuppen schaffen. Stell dir vor, zweimal im Jahr jemanden so über den Tisch zu ziehen, und das seit Gott weiß wie lange schon. Und da ist sie und steckt den Kopf aus der Tür, als Patrick nach getaner Arbeit zurück in sein Führerhaus steigt. Sie hat ihren Morgenmantel an und macht einen unbeschwerten Eindruck wie eine Politikstudentin, die Gras rauchend die Nacht durchgemacht und Woody Guthrie gehört hat.

»Waren es zwanzig Säcke?«, fragt sie.

»Ein guten Tag, Mylady.«

»Waren es zwanzig?«

»So ist es. Fünfhundert Kilo. Eingesackt, ausgekippt und bereit, verheizt zu werden.«

»Ausgezeichnet.«

»Aber Sie schulden ihm fünfzig Pfund.«

»Hmm?«

»Für die Schlepperei. Das sind fünfzig Pfund zusätzlich.«

»Nur über meine Leiche.«

»Ist das richtig so?«

»1983 hat ein Mann namens Tony einen Präzedenzfall geschaffen. Ich habe ihn gefragt, ob es einen Preisaufschlag gibt, und er hat sich seitlich an die Nase getippt und gesagt, mit einer Tasse Tee und etwas Hilfe sei alles abgegolten. Also fürchte ich, die haben sich das selbst so ausgesucht.«

»Wo es ums Aussuchen geht. Ich würde gerne …«

»Sie gehen nirgendshin, ehe das Feuer brennt.«

Es ist nicht leicht, dass Feuer anzubekommen. Um mehr Anfeuerholz zu haben, trägt sie ein paar alte Bilderrahmen in den Garten und fängt an, sie mit einem Hammer zu zertrümmern. Es ist ein ziemlicher Anblick. Winnie in Henrys übergroßem Anorak, wie sie auf das Holz einschlägt, eine Pause einlegt, um zu Luft zu kommen, lächelt und eine Grimasse zieht. Ich biete an, ihr zu helfen, aber sie lehnt ab und sagt, es kann sehr befriedigend sein, wenn man sich vorstellt, statt auf das Holz auf andere Dinge einzuschlagen.

»Ich hoffe, Sie stellen sich nicht vor, auf mich einzuschlagen.«

»Oh, da würde ich nicht diesen Hammer nehmen. Das ist unser bester.«

Ich gehe. Über Nacht. Sie bedankt sich dafür, dass ich über Weihnachten da war. Ich sage, es waren ungewohnte, aber schöne Weihnachten. Sie sagt, das freut sie. Ich verspüre den Wunsch, sie in den Arm zu nehmen, und sie sagt, ich soll doch noch ein Brot unten aus der Kühltruhe holen, bevor ich gehe.

1945

Winnie steht neben ihrer Mutter in der Küche und sieht zu, wie die einen großen Topf Marmelade kocht. Es ist kein alltäglicher Moment: Den rationierten Zucker haben sie sorgfältig zusammengespart. Ein Kricketball kommt ungebeten durchs Fenster geflogen und landet mitten im Marmeladentopf. Winnies Mutter flucht dreimal, und es werden die einzigen drei Male sein, die Winnie ihre Mutter fluchen hört. Winnie kann beim besten Willen nicht glauben, mit welcher Frechheit ihr Bruder auf das Fluchen der Mutter, ihren eisernen Blick und erhobenen Finger mit einem einfachen (vor Selbstvertrauen strotzenden) »Wie war der?« antwortet.

4

Jenseits der Grenze ihrer Neugier

1. JANUAR 2021   »Guten Morgen, Winnie. Ein frohes neues Jahr.«

»Ihnen auch.«

»Ich habe einen Vorsatz gefasst.«

»Sich zu rasieren?«

»Esperanto zu lernen.«

»Davon trinken Sie doch jeden Morgen schon zwei Tassen.«

»Was?«

»Ein Scherz.«

»Und Sie? Irgendwelche guten Vorsätze?«

»Überleben.«

»Keine Chance.«

»Wobei, vergessen Sie das. Ich will *geimpft* werden. Das will ich. So sehr wie möglich. Dann kann ich vielleicht zu Arthur und da mal richtig aufräumen.«

2. JANUAR   Kein zu heftiger Start ins neue Jahr. Gestern ist praktisch nichts passiert, und heute bin ich gegen zehn aufgestanden und habe zum Frühstück einen Kakao getrunken. Neben Esperanto sollte ich auch Polnisch, Spanisch und Französisch lernen, mehr kochen und mehr Sport treiben, lieben Menschen

Briefe schreiben und wenigsten drei Stunden täglich lesen. Stattdessen stehe ich nur in meiner Hose da, verfolge die Nachrichten und trinke löslichen Kaffee. Komm schon, Aitken, komm in die Gänge. Wobei, zieh dir erst mal ein Paar Socken an. Das wäre ein Anfang.

Auf den Common, um zu meditieren und das französische Passé composé zu lernen. Auf dem Rückweg versuche ich, ein anderer Mensch zu sein, kaufe geräucherte Makrelenfilets (im Angebot), Wildreis und eine ballaststoffreiche Suppe. Winnie ist nicht zu Hause, als ich zurückkomme. Sie kommt eine Stunde später. Sie war mit Arthur im Krankenhaus.

»Er hat sich heute Morgen den Kopf aufgeschlagen«, sagt sie. »Er ist aufgestanden, um sich einen Tee zu kochen, dann ist irgendwas passiert, er ist gestürzt und auf dem Hinterkopf gelandet, ist wieder hoch, hat seinen Tee fertig gekocht und mit ins Bett genommen. Währenddessen ist das Blut aus seinem Kopf geströmt. Ich wage gar nicht dran zu denken, wie sein Kissen aussieht. Eine Stunde später haben sie ihn schlafend gefunden und mich angerufen, damit ich ihn ins St. George's bringe. Sechzehn Stiche. Auszumachen schien es ihm nichts. Wer schon so oft gestürzt ist wie Arthur, beklagt sich nicht mehr darüber. Aber sein Mittagessen hat er verpasst, der Ärmste. Apropos …«

3. JANUAR   Als ich am Morgen nach unten komme, steht das Feuer kurz davor zu verlöschen. Der Großteil des »Jahresrückblicks« von gestern wird für sein Wiederaufleben geopfert. Ich sitze davor, rede ihm gut zu und dränge die kurzlebigen Flammen des brennenden Papiers, auf ein kleines Scheit Holz überzugreifen. Ist das geschafft, haben die Kohlen eine Chance. Das brennende Holz ist nicht halb so unterhaltsam wie das brennende Papier, aber am Ende weit nützlicher.

Während ich noch so dahocke, entdecke ich einen hölzernen Fisch unter dem alten Klavier. Es ist ein seltsames Ding, wie ein Schaukelpferd, aber eben kein Pferd, sondern ein Fisch. Ein Schaukelfisch also, wenn man so will. Ich habe ihn noch nie gesehen. Aber ich sitze auch nie so lange hier unten. Das bringt neue Perspektiven. Als das Feuer endlich in Gang gekommen ist, gehe ich zu meinem Lieblingsplatz bei der Terrassentür, dessen Rollo von zwei hölzernen Wäscheklammern auf halber Höhe gehalten wird. Etwas an den beiden immergrünen Nadelbäumen im Garten lässt mich nachdenken: *Ein paar lange Monate noch. Niedrige Temperaturen, wenig Sonne, starke Beschränkungen.* Ich seufze. Es könnte schlimmer sein. Ein totaler Lockdown.

Winnie kommt herein. Sie kommt morgens immer voll angezogen nach unten (was mich erleichtert), bereit für das, was der Tag bereithält. Heute trägt sie eine Thermoweste, einen Schal, Turnschuhe und hat die Handtasche um. Sie sieht mich, und in ihren Augen liegt Übermut. Wahrscheinlich wird sie mich fragen, ob ich mit dem Midlife-Work-out-Programm angefangen habe, das sie mir aus der Zeitung ausgeschnitten hat.

»Sehen Sie sich nur Ihre Haare an!«, sagt sie fröhlich. »Die reichen fast bis zur Decke.« Und um ihre Aussage zu illustrieren, mimt sie ein Monster (mich), das einem Gebüsch am Common entsteigt. Es ist ein bittersüßes Schauspiel. Ich versuche, mich amüsiert zu zeigen, aber sie sieht, dass ich hin- und hergerissen bin. »Oh, nur ein bisschen Spaß«, sagt sie, tut mit einer Handbewegung alles ab und wendet sich in Richtung Küche. Ich halte sie auf.

»Winnie, was ist das für ein Fisch? Dadrunter?«

»Wissen Sie, ich habe nicht die leiseste Ahnung.«

»Ich probiere ihn später vielleicht einmal aus.«

»Würde es Ihnen etwas ausmachen, das auf der Einfahrt zu tun? Ich könnte Carlotta einladen.«

Ich gehe ins Wimbledon Village und komme mit einem Rinderfilet zurück, offenbar vom besten Stück. Auf der Packung steht, bei hoher Temperatur zehn Minuten anbraten und dann dreißig bei niedrigerer.

»Ah«, sagt Winnie. »Das ignorieren wir am besten. So ein Filet wird langsam gegart. Geschmort. Das braucht wenigstens vier Stunden.«

»Aber da steht vierzig Minuten, Winnie, genau wie im Rezept, das ich aus dem Internet habe. Ich würde sagen, da herrscht ein Konsens.«

»Konsens ersetzt nicht Führungsstärke.«

»Was bedeutet?«

»Was bedeutet, dass weder das Internet noch ein Stück Verpackung die nötige *Lebens*erfahrung haben.«

»Dagegen lässt sich nichts sagen.«

»Also geben wir ihm vier Stunden und sehen dann mal.«

Ist das eine Generationensache? Dass ich einer Anleitung folgen will und sie ihrer Intuition? Werden wir schlechter darin, nach Gefühl zu entscheiden, und besser darin, Anweisungen zu folgen? Würde ich mich sklavisch und gedankenlos Richtlinien, Schlagzeilen, Anleitungen, Anreizen, Anweisungen und Vorschriften unterwerfen, wenn ich genauso gut reflektiert und unabhängig entscheiden könnte, was das Richtige für *mich* ist? Einfach ausgedrückt: Handle ich nach Gefühl oder Vorschrift? Ich nehme an, es ist eher Letzteres und dass es so nicht sein sollte. Ich nehme an, ich sollte mehr wie Winnie sein. Nämlich: meinem Bauchgefühl trauen. Mich auf hart erarbeitetes Wissen verlassen statt auf eine Aufschrift auf einer Packung. Wir folgen beide unserer eigenen Wahrheit. Darauf will ich hinaus. Genau, wie wir einen unterschiedlichen Sinn für Humor haben, unterschiedliche Ziele und eine unterschiedliche Vorstellung davon, was richtig ist, zweifelhaft, gut und der beste Weg, ein Rinderfilet zuzubereiten. Wir müssen – dringend – auf unsere Sinne hören.[*]

Es ist Nachmittag. Ich jogge über den Common, versuche, mich zu verirren, und setze mir ein Nichtweiterwissen zum Ziel. Es ist entspannend. Ich suche verschlungene Wege und enge, verborgene Pfade aus, und die neuen Ansichten, die damit einhergehen, verschaffen mir eine angenehme Spannung, eine erfrischende Verlorenheit und sanfte Erregung. Und all das Neue mindert auch mein Schmerzempfinden. Ich denke nicht an meine Beine, mein Keuchen und an die Milchsäure, die sich in meinen Muskeln sammelt, weil ich mit den Gedanken bei dem bin, was vor mir ist und unter mir. Ich bin erfolgreich – ich verirre mich. Zurückzufinden ist dann nicht mehr so entspannend.

In letzter Zeit wird es schwerer, dieses generationsübergreifende Big Brother mit nur zwei Teilnehmenden. Die Wirklichkeit holt mich ein. Ich lebe mit einer fünfundachtzigjährigen Frau zusammen, die mir in zweieinhalb Monaten drei Fragen gestellt hat. Ich habe es bereits gesagt und entschuldige mich, dass ich mich wiederhole: Ich befinde mich außerhalb ihrer Gedanken- und Gefühlswelt, hinter dem Zaun ihrer Neugier, und weiß, es sollte mir nichts ausmachen, doch das tut es. Du gibst jemandem mehr als jedem anderen in deinem Leben (Zeit, Aufmerksamkeit, Unter-

[*] Wir haben dem Fleisch vier Stunden gegeben und uns gleich gewünscht, wir hätten es nicht. Es war nur noch ein Schatten seiner selbst, und am Ende haben wir uns ein koreanisches Take-away geholt, das Winnie *derb* nannte.

stützung, Zuneigung), und doch ist vollkommen klar, dass du dieser Person ihrerseits so was von völlig schnurz bist. Ich jammere nicht. Teile es nur mit. Stellen Sie sich nur einen Moment lang vor, Winnie und ich hätten uns bei einer seltsamen Art von Blind Date getroffen. Ich glaube nicht, dass einer von uns auch nur eine Sekunde an einer Wiederholung interessiert gewesen wäre, nicht zuletzt, da mir Winnie nicht eine Frage gestellt hätte. Siehe unten.

»Hallo.«

»Tut mir leid, ich bin zu spät.«

»Ist schon gut, Winnie.«

»Ich war bei Marks & Spencer und habe nach einer Hose für Arthur gesehen.«

»Wollen Sie was trinken?«

»Sicher nicht. Gänzlich unerfreuliche Sache. Der arme Junge ist dazu verdammt, die nächsten zehn Jahre in seiner Unterwäsche herumzulaufen.«

»Hmm.«

»Aber wenn ich drüber nachdenke, ich nehme ein großes Glas billigen Rotwein. Haben Sie die Barfrau gesehen?«

»Was ist mit ihr?«

»Sie könnte die *Lusitania* versenken.«

»Die was?«

»Wenn sie nicht schon längst gesunken wäre, natürlich.«

»Was machen Sie so, Winnie?«

»Überleben, mein Junge, überleben.«

»Hobbys?«

»Mir Sorgen machen.«

»Ist das ein Hobby?«

»Und Toast mit Marmelade.« Sie nimmt einen Schluck Wein. Dann noch einen. »Schmeckt wie Seebarsch.« Und noch einen Schluck. »Den schicke ich zurück.«

Und manchmal, wenn ich wirklich gelangweilt bin, was dieser Tage ständig der Fall ist, stelle ich mir vor, wie es wäre, wenn wir verheiratet wären. Wäre ich, sagen wir, 1936 geboren, und wir wären zynischerweise miteinander verbunden worden, weil ich ein Herzog oder wir beide protestantischen Glaubens oder so gewesen wären. Ich bin ziemlich sicher, wir hätten uns noch vor Verlassen der Kirche wieder scheiden lassen. Ich glaube nicht, dass ich mich mit ihrer Leidenschaft fürs Aufbewahren, ihrer übermäßigen Pedanterie in der Küche und ihrer Sturheit hätte anfreunden können. Während sie wohl ihrerseits meine unglaublichen Wissenslücken und meine Ähnlichkeit mit einem Neandertaler nicht ertragen hätte. Das Band der Ehe hätte so einer Fehlverbindung nicht standgehalten.

Und doch, es ist, wie es ist. Wir sind praktisch verheiratet. In der Rückschau war der erste Monat noch ausreichend bizarr, neu und amüsant, um schnell zu vergehen und als angenehm gelten zu können, die nachfolgenden jedoch fallen zunehmend ab. Ich weiß, man muss den Kontext sehen. Ich weiß, wir bilden eine extrem außergewöhnliche Lebensgemeinschaft und dass sie verloren und voller Trauer ist. Ich weiß, es ist falsch und albern von mir, von unserm Arrangement Spaß zu erwarten, und gut und richtig, Winnie Halt und Bodenhaftung zu geben und die Rolle des Sündenbocks zu übernehmen, wenn es ihr hilft, zu sich zu finden. Ich weiß das alles. Aber ich weiß auch, dass ich nicht perfekt bin und sie auch nicht, ich im Spektrum von Großmut und Herzlichkeit eher im Mittelfeld rangiere und sie nicht weit davon entfernt ist. Wir sind »two lost souls in a fishbowl« (um Pink Floyd zu zitieren), und es ist niemand da, der das Wasser wechseln würde.

Ich schalte David Attenborough für sie ein, *Perfect Planet*, da ich annehme, es könnte ihr gefallen. Ich gehe in die Küche, um abzuwaschen, und habe den ersten Teller noch nicht gespült, als sie mich zurück ins Wohnzimmer ruft: »Ben! Kommen Sie! Otter im Schnee!« Ich würdige die Otter, kehre zu meinem Abwasch zurück und bin noch keinen Teller weiter, als sie in die Küche gelaufen kommt und zum Telefon greift.

»Ich muss Arthur sagen, er soll ebenfalls einschalten ...« Arthur nimmt nicht ab, aber sie hinterlässt eine nette Nachricht, eine warmherzige sogar, was eher Seltenheitswert hat. »Ich hoffe, du hörst mich rechtzeitig und kannst dich mit einschalten. Ich hoffe, du fühlst dich schon besser. Was für ein scheußliches Pech gestern. Aber sie haben dich wieder zusammengeflickt, das ist die Hauptsache. Scheußlich auch, dass du jetzt zehn Tage in Quarantäne bleiben musst. Das Ganze ist so verflixt unnötig. Aber sieh dir die Biber an, wenn du kannst, Schatz, die sind wirklich wundervoll im Schnee. Ich habe heute immer wieder an dich gedacht. Ich vermisse dich und sehe dich hoffentlich bald wieder. Gott segne dich. Bin mit meinen Gedanken bei dir. Bye.«

Der Abwasch ist fertig, und ich sehe mir die zweite Hälfte mit an. Ich mag die Landleguane. Wir sehen ein Weibchen, das in einen Vulkan steigt, um seine Eier zu legen. Das ist nicht ungefährlich, doch die Temperatur der Vulkanasche ist ideal fürs Ausbrüten. Winnie hält es für eine gute Idee und denkt, dass es weit praktischer ist, die Eier an einer entsprechend warmen Stelle zu legen und darauf zu warten, dass sie außerhalb des Körpers ausgebrütet werden, was der Mutter den fürchterlichen Ärger erspart, etwas sehr Großes aus etwas winzig Kleinem hervorzubringen.

Und auch die kleinen Flamingos sind hinreißend. Erst können sie nicht fliegen (verständlicherweise), weshalb sie durch reichlich ätzenden mineralischen Matsch zu waten haben, um zu ihren am Ufer wartenden Müttern zu finden. Das Waten lässt sie zu leichter Beute für Marabus werden, die eher wie pessimistische Juristen aussehen als wie gnadenlose Raubtiere. Ihre leicht lächerliche Erscheinung macht den kleinen, im Matsch stecken bleibenden Flamingos das Leben auch nicht leichter. Zuzusehen, wie die Kleinsten und Schwächsten von den Marabus gepackt werden, tut weh. Es wird viel darüber geredet – und das mit Recht –, wie wir Menschen Tiere behandeln, weniger darüber, wie Tiere miteinander umgehen. Dieser Marabu sollte sich mal selbst sehen. Ich bin überzeugt, er würde sich ein paar Gedanken machen.

Am Ende kommen die Gnus. Wir sehen eine Mutter, die ein ziemlich großes Junges mit einer Unbekümmertheit zur Welt bringt, als täte sie das jeden zweiten Nachmittag. Als das Kälbchen aus ihr raus ist, dreht sie sich um, guckt das Bündel an und scheint nicht die geringste Ahnung zu haben, wo es herkommen mag, so verdutzt wirkt sie. Anfangs weigert sie sich, ihr Junges zu säugen. Erst einmal muss es lernen – und sie es ihm beibringen –, zu stehen, zu gehen, dann zu trotten und schließlich zu rennen. Dann erst erlaubt sie ihm zu trinken. Das ist strenge Mutterliebe: Sie weiß, wenn das Kleine nicht weglaufen kann, wird es nicht überleben – dann würde es zum Brunch für die Hyänen. Winnie hat genug gesehen. Sie steht auf und sagt: »Ich muss Arthurs neue Hose um zehn Zentimeter kürzen.«

4. JANUAR   In der Zeitung steht eine interessante Schlagzeile über den Anstieg heimlicher Brustverkleinerungen während der Pandemie. Winnie bemerkt dazu zwei Dinge: 1) dass sie den Trend gut versteht, gefallen große Brüste doch niemandem außer Männern, die Cartoons mögen, und 2) dass »heimliche Brustverklei-

nerung« wie ein ausgefallenes französisches Gericht klingt, dessen Name schlecht übersetzt wurde.

Sie hat ihre Weihnachtskarten eingesammelt. Sie liegen in einem Stapel auf dem Tisch. Ich sehe sie durch. (Winnie hat gesagt, ich darf.) Einige folgen den gängigen Standards: »Liebe Winnie und Familie. Frohe Weihnachten und alles Gute, Laura und Alan«. Einige erwähnen mich: »Freuen uns sehr, von deinem neuen Arrangement zu hören. Gut gemacht. Würdest du Peter und mich in deinem Testament bitte mit ihm bedenken?« Einige kommen auf Henry und finden tröstende Worte und so weiter. Aber der Großteil liest sich etwa so: »Liebe Winnie. Ich hoffe, dir gelingt ein Anflug von Freude zu Weihnachten, trotz allem. Es war ein völlig schreckliches Jahr. Ich erkenne die Welt nicht wieder. Habe Liz und die Enkelkinder seit dem letzten Jahr nicht gesehen. Ich glaube nicht mal, dass ich seit dem Sommer in der Stadt war, und da auch nur um ein Fieberthermometer zu kaufen. Beten wir dafür, dass das nächste Jahr besser wird. Ich glaube nicht, dass ich diese Isolation noch viel länger aushalte.« Und es gibt eine sehr bewegende Karte von einer Frau, die ihr Augenlicht weitgehend verloren hat und sich für ihre Handschrift entschuldigt. Sie schreibt: »Fast das ganze Jahr im Haus festzusitzen wäre vielleicht erträglich gewesen, wäre ich in der Lage gewesen zu lesen.«

Es ist ein fauler Nachmittag. Um drei beschließe ich, mich hinzusetzen und mir einen Film anzusehen: *Maria Stewart, Königin von Schottland*, mit Vanessa Redgrave als Mary Stewart und Glenda Jackson als Elizabeth I. Wegen der Werbung dauert er etwa vier Tage, was, um fair zu sein, nichts gegen das ist, was Mary erleiden musste. Winnie ist auch da und kürzt Arthurs Hose. Wie bereits gesagt, sollen es zehn Zentimeter weniger werden, aber wenn sie in dem Tempo weitermacht, ist sie erst fertig, wenn es so warm ist, dass sie gleich Shorts draus hätte machen können. Das heißt, vielleicht wäre es, wenn die Shorts dann fertig wären, auch schon wieder Winter. Dann ginge das Ganze von vorne los. Was Winnie wahrscheinlich zupasskommen würde.

Etwa nach einer halben Stunde, das Feuer flackert lebhaft und warm, wird Winnie plötzlich von einer fixen Idee angefallen: Sie fängt an, auf sich zu schimpfen, weil sie heute noch nichts Rechtes geschafft hat.

»Winnie«, sage ich ernsthaft, »Sie dürfen sich auch einfach mal entspannen. Also hören Sie auf zu schimpfen und nähen Sie weiter.«

»Ja, Sir.«

»Jetzt kommt sowieso *Pointless*.«

»Was ist das denn?«

»Ein Quiz.«

»Ach du liebe Güte.«

»Haben Sie Lust?«

»Ich habe mir so was noch nie angesehen.«

»Wollen Sie es nicht zumindest mal probieren?«

»Okay.«

Doch da klingelt das Telefon, und sie ist aus dem Schneider. Es ist Arthur. Er weint. Er sagt, er hat Hunger und dass sie ihm nicht genug zu essen geben. Er sagt, die Portionen sind für Achtzig- und Neunzigjährige und nicht für Menschen in ihren Sechzigern mit Zerebralparese. (Wegen seiner Krankheit verbrennt Arthur praktisch nonstop Kalorien.)

»Ich dachte, das wäre denen bewusst?«, sagt Winnie. »Soll ich dir etwas Butterstollen bringen und bei der Gelegenheit auch gleich mal mit der Küche reden?«

Und noch bevor Arthur »Ja danke« sagt, schlüpft sie bereits in ihre Schuhe.

Auf BBC2 läuft eine Sendung über Fake News, ihr folgen die Nachrichten, und ich hoffe, inständig, dass sie fake sind: Huw Edwards sagt, morgen früh beginnt ein neuer Lockdown wegen des starken Anstiegs einer neuen Variante. Der Auslauf ist begrenzt auf einen Spaziergang von 75 Meter Länge im Umkreis von 200 Metern um das eigene Haus, immer vorausgesetzt, man hat eines. Es ist nach Mitternacht, was heißt, es ist Sonntag, der 5. Januar, Epiphanias – Dreikönig.* Und das ist meine ganz persönliche Epiphanie: Ich werde fortan wesentlich mehr Zeit mit Winnie verbringen.

5. JANUAR   Ich bin im Wohnzimmer. Sie ist in der Küche und telefoniert mit Stewart. »Stew, da bist du ja. Ich bin froh, dass ich dich erwische. Du musst kommen und dir den Trockner ansehen. Er spinnt. Ich weiß, es ist nicht erlaubt, aber ich dachte, du könntest dir eine Strumpfmütze überziehen oder so. Überlege es dir. Übrigens, hast du gesehen, dass sie in Putney einen neuen John Lewis aufgemacht haben? Hast du nicht? Aber ja, du hast völlig recht, alle Läden zu meiden. Ich mache es im Prinzip ja auch so. Natürlich gibt es viele Dinge, die ich besorgen gehen *könnte*, aber man *kann es* nun mal einfach nicht mehr. Also dann. Alles Liebe. Ich muss jetzt. Ich gehe nur eben … nur eben rüber, um Arthur seine Hose zu bringen. Ja, genau, das ist richtig. Alles Liebe, Schatz, pass auf dich auf, ich muss.« Sie legt auf und läuft zur Treppe, weil sie überzeugt ist, ich bin oben. »Ben! Ben! Ich bin nur schnell bei Morrison's. Ich will sehen, ob sie etwas Meringe haben.«

* In manchen Ländern wird das Dreikönigsfest am ersten Sonntag nach dem 1. Januar gefeiert.

7. JANUAR   »Ich habe einen Termin«, sagt Winnie.

»Oh?«

»Für die Impfung. Um vier im Nelson Center.«

»Wann?«

»Heute.«

»Heute?«

»Das sage ich doch.«

»Das ist ja wunderbar!«

»Ja, und es wurde verflixt noch mal Zeit.«

»Ich würde gern sehen, wie lange *Sie* gebraucht hätten, einen neuen Impfstoff zu entwickeln, zu erproben und auszuliefern, Winnie.«

»Würden Sie?«

»Nur zu gerne.«

»Ich mache mir wegen dem Parken Sorgen. Ich glaube, ich gehe zu Fuß. Das sind keine zwei Kilometer. Allerdings kann ich nicht sagen, dass mir die Aussicht gefällt, im Dunkeln zurücklaufen zu müssen.«

»Ich kann mitkommen, wenn Sie mögen.«

»Würde es Ihnen etwas ausmachen?«

»Ganz und gar nicht.«

»Also gut. Danke.«

Vor dem Eingang steht eine Traube Menschen. Ein freiwilliger Helfer gibt Winnie eine Nummer – 363 –, als stünden wir beim Schlachter in der Schlange. Wir werden in einen Warteraum gebeten. Winnie setzt sich auf einen Stuhl, ich stehe nicht weit von ihr. Ein auf seine Impfung wartender Mann liest Zeitung. Er scheint mir der Einzige, der hier ruhig und gelassen ist. Alle wirken aufgeregt und aufmerksam, ob erwartungsvoll oder ängstlich. Ich würde gern ihre Gedanken lesen können.

Der Mann mir gegenüber lässt seine Nummer fallen. Die 340 liegt auf dem Boden und ist damit vakant. Ich mache den Mann darauf aufmerksam und witzele, dass ich versucht war, sie an mich zu bringen und mich an seiner Stelle impfen zu lassen.

»Für einen Fünfer können Sie sie haben«, sagt er. Seine Frau, zweifellos leidgeprüft, schüttelt den Kopf und klopft ihm auf die Schulter. »Dummkopf«, sagt sie, »die ist mindestens einen Zehner wert.«

Winnie wird aufgerufen. Eine Schwester namens Trudy bittet sie, ein paar Schichten abzulegen. Ich bleibe nicht, um zu sehen, welche sie nimmt, sondern warte auf dem Flur, von wo ich Winnie hören kann, wie sie der Schwester alles über Arthur erzählt. Wie er sich verletzt hat, wie er kämpft und dass sein Rasierer nicht richtig will – was kaum eine Überraschung ist, stammt er doch noch von Henrys Vater.

Sie kommt heraus.

»Wie war es?«

»Hervorragend«, sagt sie.

»Wirklich?«

»Ich habe kaum etwas gespürt. So, wie man es sich wünscht.«

Wir werden in ein anderes Wartezimmer gebracht, wo wir noch fünfzehn Minuten bleiben sollen, bevor wir wieder gehen.

»Warum das jetzt wieder?«, sagt Winnie.

»Um zu sehen, ob Sie sterben«, sage ich.

Auf dem Nachhauseweg tragen wir unsere Masken, mehr der Wärme wegen als zum Schutz. Die Merton Hall Road hinauf und über die Eisenbahnbrücke. Ich bleibe auf der Brücke stehen und sehe einem Zug zu, der aus dem Bahnhof Wimbledon kommt. Er braust unter uns durch. Ich drehe mich und verfolge, wie er Richtung Südwesten fährt. Es ist dunkel. Die einzigen

Lichter sind die roten Rückleuchten des Zuges und ein grünes Signal ein Stück weiter, das ihm freie Fahrt gibt. Es ist kalt, Dunst sammelt sich um die Laternen. Winnie ist ein paar Schritte hinter mir. Dieser Moment, das Überqueren der Brücke, ist von einer drückenden Schwere. Die Dunkelheit, die Kälte und die roten, grünen und gelblichen Lichter. Und dazu jetzt das Geräusch von Winnie, die an mir vorbeigeht, über die Brücke. Das Geräusch von Winnie auf dem Weg nach Hause.

10. JANUAR   Ich kann meine Schuhe nicht finden. Ich habe sie an der Haustür stehen lassen. Winnie kann nicht sicher sagen, ob sie sie vielleicht weggeräumt hat. Ich suche überall und gehe sogar in den Keller, um zwischen Henrys Stiefeln, Halbschuhen und Flipflops zu suchen. Ich habe mich da unten noch nie richtig umgesehen. Der Keller ist riesig. Etwa sechs große Räume. In einem lagert alter Wein, in einem anderen altes Werkzeug. In einem dritten liegen Zeitschriften, Koffer, Lautsprecher und Eierschachteln. Im größten steht eine Tischtennisplatte. Wie toll, ich freue mich. Die Freude verfliegt, weil die einzige Person, gegen die ich spielen könnte, Winnie wäre. Wobei, ich sollte nicht einfach so unterstellen, dass sie dazu nicht in der Lage ist. Das wäre Altersdiskriminierung. Ich werde sie um ein Spiel bitten. Ich finde meine Schuhe, meine Füße stecken drin. Ist Senilität ansteckend?

11. JANUAR   Frühstück. In der Küche. Vorn auf der Zeitung ist ein Foto von zwei kleinen Kindern, die voller Freude durch den Wald spazieren. Darunter steht etwas in der Richtung, dass man sein Viertel auch fürs Sporttreiben am besten nicht mehr verlässt.

Ich zeige Winnie das Bild und tue so, als stünde da: »Zwei Kleinkinder mit einer Geldstrafe von zweihundert Pfund belegt, weil sie draußen Spaß haben.«

Sie schaltet schnell und kommt mit einer Alternative: »Winzige Drogenbosse auf der Flucht in Cumbria.«

An anderer Stelle in der Zeitung gibt es einen Artikel über das »Todesrisiko Hüftbruch«. Ich sage, vielleicht bekommt Winnie ja einen Anruf von der Regierung, die ihre Hüften einfordert, um so ihre Zukunft zu sichern. Es ist diese Art Morgen. Eine Mischung aus Angst, Entgeisterung und Verrücktheit. Ein ganz normaler Morgen also.

Sie geht zu Arthur und kommt aufgeregt zurück. Sein Rasierapparat. Er ist kaputt und muss repariert oder ersetzt werden. Dringend. Ich gehe zu Boots. Sie will ein bestimmtes Modell, einen Remington, aber den haben sie nicht, also bestelle ich ihn online und sage Winnie, er wird morgen geliefert.

13. JANUAR   Ich komme wie schon viele Mal vorher in meinen Joggingsachen nach unten.

»Gehen Sie Fußball spielen?«, sagt sie.

»Nein, ich gehe joggen.«

»Das habe ich Sie noch nie tun sehen«, sagt sie.

»Nein?«

Ich denke, dass die Kombination aus Stress, Trauer und ihren kreisenden Gedanken gewissen Dingen erlaubt, durch den Rost zu fallen. So stelle ich es mir gerne vor.

Wir sehen uns eine Folge von *The Crown* an, die mit einer langen Einstellung auf Prinz Philips leerem Bett endet und seiner Abwesenheit Ausdruck gibt, in mehr als einer Hinsicht. Was Winnie nicht entgeht. »Er sollte sich überlegen, wo er nicht ist«, sagt sie.

Sie steht auf. Betrachtet den Rücken des *Wine Buyer's Guide 1993*, auf dem mein Laptop steht, sagt, Henrys Schwager sei in den Weinimport gegangen, und Henry wollte absolut auf Stand bleiben. »Hat aber natürlich keine Seite gelesen, war viel zu beschäftigt. Wir haben einige verdammt wertvolle Flaschen unten im Keller, wissen Sie. Ich habe Kuba mittwochs immer eine gegeben, wenn er den Garten gemacht hat. Bis mir klar wurde, die waren um die dreihundert pro Flasche wert. Deshalb gebe ich ihm heute eine Dose Bier, wie Sie wissen, und nach einem Monat, da hat er mir gesagt: ›Mrs Carter. Ich möchte mich dafür bedanken, dass sie zu Bier gewechselt sind. Das mag ich viel, viel lieber.«

14. JANUAR   Ich wache um halb elf auf. Ups. Habe den Wecker völlig überhört. Mein erster Gedanke ist: Ist da genug auf meiner Habenseite, um mit einem blauen Auge davonzukommen? Wahrscheinlich nicht. Ich gehe nach unten in die Küche und versuche, mich so aufgeräumt zu geben wie nur möglich und nicht verlegen und kleinlaut.

»Ich habe doch glatt meinen Wecker nicht gehört!«

»Ich hatte schon gehofft, Sie wären tot.«

»Oh, beruhigen Sie sich.«

»Wenigstens hätten Sie dann eine anständige Entschuldigung.«

Sie sieht mich an. Der Blick ist neu. Sie guckt irgendwie auf mich herab, obwohl sie gerade mal eins fünfzig groß ist und sitzt und ich mit meinen eins achtzig stehe. Ich sehe nach dem Feuer. Es lodert.

»Das sieht gut aus.«

»Habe mir fast den Hals gebrochen beim Kohlenholen.«

»Das tut mir leid.«

»Die Asche habe ich zur Tonne hinausgeschafft, in der Hoffnung, dass noch genug Platz war.«

Unsinn. »Und?«

»Zum Glück für Sie gab es reichlich.«

»Sie hätten mich verflucht, wenn nicht.«

»Ich wäre zu Ihnen nach oben gekommen und hätte Ihnen eins über den Schädel gezogen.«

»Tut mir leid, Winnie.«

»Der Staubsauger ist frisch aufgeladen, falls Sie was wiedergutmachen wollen.«

Ich tue Buße, während sie noch einen Toast isst und weiter Zeitung liest. Die Küche kommt zuerst dran. Als ich den Staubsauger ausschalte, sagt sie: »Sind Sie zufällig Japaner?« Ich sehe sie fragend an, und sie liest vor: »»Ein Japaner hat eine riesige Anzahl Online-Follower gewonnen, indem er sich als Gesellschafter an Gelangweilte, Einsame und Bedürftige vermietet, der nichts tut. Unter dem Namen: ›Mietperson, die nichts tut‹. Shoji Morimoto, 35, hat Tausende Anfragen für seine Dienste erhalten, obwohl er keine besonderen persönlichen oder beruflichen Fähigkeiten vorweisen kann. In weniger als drei Jahren hat er Bücher veröffentlicht, einen Fernsehfilm inspiriert und 269 000 Follower auf Twitter gewonnen. ›Mieten Sie eine Person, die nichts tut‹, steht in seinem Online-Profil. ›Ich bin immer verfügbar und werde nichts anderes tun als essen, trinken und einfache Antworten geben.‹«

Sie sieht mich an. Ich sehe sie an: »Und warum lesen Sie mir das vor?«

»Sie sind enttarnt, Ben«, sagt sie.

»Ein Schock.«

»Oder sollte ich Shoji sagen?«

»Warum nicht.«

»Was haben Sie zu Ihrer Verteidigung zu sagen?«

Ich fordere kühl 10 000 Yen. Wir lachen beide. Sie wendet sich wieder der Zeitung zu. »Das hier ist witzig: ›Zirkus hat Ärger wegen Naziziegen‹.«

Das Telefon klingelt. Es ist Keith Lime. Er redet etwa fünf Minuten, bis Winnie begreift, wer er ist. »Ein Veteran«, erklärt sie mir, nachdem sie das Telefonat beendet hat. »Ein Freund von Henry. Hat eine im Alter von Rebecca geheiratet, wenn Sie das glauben können, etwa dreißig Jahre jünger. Eine richtige Aufsteigerin, sage ich Ihnen. Einmal war sie mit unten in Devon, im Cottage, und sie hatte ein riesengroßes Mobiltelefon dabei, um zu zeigen, wie wichtig sie war. Das Ding war etwa so groß wie ein Toaster.«

Ich denke: Es verrät schon einiges, womit Leute Dinge vergleichen.

15. JANUAR Winnie gibt mir ein paar alte Fotos. Da ist ein schönes von Arthur und ihr an dessen sechstem Geburtstag (wenn man nach den Kerzen geht). Sie sind im Garten. Freunde von ihm sind da, die meisten mit Piratenhüten. An der Leine hängt Wäsche. Im Hintergrund ist die alte (damals noch neue) Schaukel zu sehen. Rebecca guckt unsicher. Sehr unsicher. Stewart, der eindeutig wünschte, es wäre *sein* Geburtstag, wird von Mrs Wilson, dem Hausmädchen, gebändigt. Henry ist in Unterhemd und Sandalen. Winnie steht hinter Arthur, hat die Arme um ihn gelegt und hilft ihm, den Kuchen zu schneiden. Arthur blickt in die Kamera. Winnie ist unscharf, die Haare fallen ihr ins Gesicht und verdecken etwas von ihrem Lächeln.

Mein liebstes Foto aus dem Stapel aber zeigt die Kinder an einem Bach. Arthur steht in der Mitte und hält eine Flasche mit trübem Wasser hoch, in der wahrscheinlich Kaulquappen oder so sind. Rebecca sitzt auf den Steinen am Ufer. Sie blickt zu Arthur auf und scheint gerade etwas wie »Das sind nicht deine, Arthur, die gehören uns allen« zu sagen. Stewart sitzt in der Hocke auf der anderen Seite, sieht von den beiden weg, und sein

Ausdruck besagt unmissverständlich: *Was ist hier los? Was muss ich hier ertragen?*

Es geht auf und ab. Trauer verläuft nicht in einer geraden Linie. Wie das Wetter ständig wechselt, geht es mal gut, mal schlecht. So wie die Wolken manchmal schwer und tief hängen und dann wieder luftig hoch über uns dahinziehen. Wobei, Winnie leidet ständig, das ist so klar, wie es nur sein kann, aber mitunter ist sie abgelenkt. Ich habe angefangen, ihr Fallen zu stellen, Aufmerksamkeitsfallen. Ich sehe durch das Fernsehprogramm und schalte David Attenborough ein, oder ich mache etwas in der Küche, was immer ihre volle Beachtung findet. Und so kreisen ihre Gedanken für eine Weile nicht um Arthur, die Rechnung des Baumbeschneiders, die noch zu bezahlen ist, frisches Brot, das wir besorgen müssen, oder den Umstand, dass geliebte Menschen fort sind.

Sie lächelt, und sie lacht, doch ihr Lächeln und ihr Lachen sind nicht mehr als einzelne Punkte in einer Welt aus Worten, Worten, Worten, und die gehören Arthur und Henry und ihrem lebenslangen Gefühl von Schuld und Unsicherheit. Ihre anderen Kinder, Rebecca und Stewart, sind kein Grund zur Sorge und damit auch nicht Teil ihres Kampfes. Sie helfen ihr zu überleben.

Manchmal bin ich wütend auf sie. Etwa einmal die Woche, für vielleicht zehn Minuten, gelegentlich auch länger. Wenn sie mich grundlos angefahren oder dazu gebracht hat, irgendeine leicht lächerliche Aufgabe zu übernehmen (wie das Treppengeländer zu polieren), und dann auch noch stänkert, dass ich es nicht richtig mache. Aber dann geschieht es, dass sie ins Wohnzimmer geschlurft kommt, wo ich Tee trinke und die Nachrufe lese, und sie sagt, dass sie im Supermarkt Baked Beans gekauft hat, weil sie weiß, dass ich die gerne mag, und ich soll mich doch bitte bedienen, aber vorzugsweise, wenn sie nicht da ist. Und ich bin gerührt und fühle mich umsorgt, spüre, dass sie sich wegen mir Gedanken macht, und bin gezwungen, das Bild, das ich von ihr habe, über den Haufen zu werfen. Wir können nie ernsthaft meinen, wir wüssten, wie andere Menschen tatsächlich sind.

Wir wissen ja kaum über uns selbst Bescheid. Nicht wirklich. Wir denken es nur. Stellen Vermutungen auf. Die Welt besteht aus lauter Menschen, die Dinge denken und annehmen, denken und annehmen.

Ich sehe mir Snooker an, und sie hinterlässt eine Nachricht für Arthur. Er hat versucht, sich nass zu rasieren und sich dabei böse geschnitten. Sie gibt ihm einen Rat: »Ich fürchte, du musst die Stoppeln noch wachsen lassen, Schatz. Lass sie. Es ist nichts, wofür du dich schämen solltest. Gestern kam ein Päckchen, aber statt deines neuen Rasierapparats war es ein Buch für Ben. Wie dumm. Wir müssen einfach noch warten. Stör dich nicht an den Stoppeln. Sieh dir Ben an. Er ist eine einzige Stoppel, und es ist ihm offenbar völlig egal. Er versucht sich nicht mal zu rasieren. Möge er dir ein Beispiel sein. Wenn auch nur für den Moment. Du darfst dich nicht so verletzen. Das *geht* nicht.« Eine Pause. Sie atmet, füllt den Wasserkessel, nehme ich an, und fährt fort: »Und ich bin froh, dass du geimpft worden bist. Aber du musst ihnen wegen der Zweiten in den Ohren liegen.«

Sie kommt ins Wohnzimmer, einen Strauß Narzissen in der Hand.

»Das wäre doch nicht nötig gewesen, Winnie«, sage ich.

»Ist es auch nicht, glauben Sie mir. Die sind für den Tisch.«

»Der Glückliche.«

»Neunzig Pence der Strauß. Da konnte ich nicht widerstehen. Ich denke, sie könnten aus Chile sein, wie alles bei Lidl. Hier kommen sie auch bald heraus. Im Februar für gewöhnlich.«

»Noch im Winter?«

»O ja. Narzissen stört das nicht. Die wollen unbedingt blühen und sind zäh wie alte Stiefel. Ich weiß noch, wie ich in Oxford einmal über eine Riesenwiese gegangen bin – ich kann da nicht sehr alt gewesen sein –, und sie war dick mit Schnee bedeckt, aber überall steckten Narzissen die Köpfe heraus. Ich erinnere mich, dass ich es so komisch wie unglaublich schön fand.«

»Würden Sie mir Bescheid sagen, wenn die verschiedenen Blumen herauskommen?«

»Sie haben Augen, oder?«

»Ja, aber manchmal werden Dinge erst sichtbar, wenn man darauf hingewiesen wird.«

»Unsinn.«

»Ich schwöre, so ist es.«

»Die Blumen sind eine der Freuden des Frühlings. Meine Mutter hat mir ihre Namen noch vor dem Alphabet beigebracht.«

»Wir hatten keinen Garten.«

»Ein Fehler.«

»Ich werde es meiner Mutter sagen.«

»Ich mache Sie gerne auf die Blumen aufmerksam, unter einer Bedingung.«

»Und die wäre.«

»Sie hören auf, Ihre Tassen überall stehen zu lassen.«

16. JANUAR   Sie ruft aus der Küche herüber: »Hier läuft eine völlig verrückte Sendung. Die reine Nazipropaganda. Ich weiß nicht, wie die damit durchkommen. Die verbrennen Bücher, Himmel noch mal. Dümmer geht es nicht.«

Es läuft *Indiana Jones und der letzte Kreuzzug.*

Winnie hat den Großteil des Tages damit zugebracht, das Rasiererproblem zu lösen. Der, den ich bestellt habe, ist immer noch nicht gekommen, also hat sie einen älteren von Henry ausgegraben, aber der hat kein Ladegerät – keine »Schnur«, wie sie es nennt. Deshalb ist sie rüber zu Arthur, um seine »Schnur« zu holen und zu sehen, ob sie zu dem neuen (alten) Apparat passt.

Ich für meinen Teil habe mir den Morgen über Golf-Tutorials auf YouTube angesehen und bin dann zum Lesen nach unten gekommen. Warum ich zum Lesen nach unten gehe? Warum ich nicht in meinem Zimmer bleibe? Weil es zweifellos schöner ist – auf einer unterbewussten Ebene –, Dinge für sich zu tun, wenn jemand in der Nähe und man nicht allein ist. Ich sage jemand, meine aber Winnie. Sie vor allem. Denn sooft ich ihr schon eine Möhre an den Kopf werfen wollte (keine Sorge, unsere hier sind sehr weich), so sehr mag ich das alte Mädchen mittlerweile. Echt.

17. JANUAR   Ich kann Andrew Marr in der Küche sagen hören, dass es während der nächsten hundert Stunden zu einem Corona-Crescendo kommen wird, also zieht euch warm an, ihr alle. Winnie steckt den Kopf herein und sagt, ich soll mir die Ohren zuhalten, weil es zu einem Crescendo kommen wird. Sie macht einen Witz, aber ich weiß, wie sehr ihr das alles zu schaffen macht. Ich bemerke da eine Veränderung bei ihr, die mit den Verlautbarungen und Nachrichten zusammenhängt. Wenn es nicht um erhöhte Infektionszahlen geht, ist es ein Anstieg der Todesfälle. Wenn es keine Bedenken wegen der Impfstoffe sind, dann wegen neuer Virusvarianten. Die Regierung hat eine neue Achtsamkeitskampagne gestartet, die ein einziger Euphemismus ist. Dazu gehören Plakate wie: »Ein Kaffee darf kein Leben kosten«, mit dem Bild einer Warteschlange vor einem Café. Es wird nicht mehr

lange dauern, denke ich zynisch, und es heißt: »Rettet Leben: Hört auf zu atmen!«

18. JANUAR   Eine Nachricht von Amazon: Arthurs Rasierapparat ist verloren gegangen und wird nicht geliefert.

»Winnie.«

»Yup?«

»Ich habe eine Nachricht von Amazon.«

»Oh, kommt er?«

»Nein, sie haben ihn verloren.«

»Ich habe es *gewusst*.«

Es ist Blue Monday, der traurigste Tag des Jahres.[*] Winnie stellt ein paar frische Narzissen auf den Esstisch, mit winzigen kleinen Knospen wie Pistolenkugeln, und dann einen Schuh. Von Arthur. Die Sohle hängt nur noch an einem Faden. Seine Schuhe sind Spezialanfertigungen, die seine Gehweise unterstützen. Sie sind wie Keile mit einer Art Plateausohle. Im Moment behilft er sich mit Pantoffeln. Sie rauft sich die Haare. Ich suche nach Schustern in der Nähe und gehe zum nächsten, unten am Bahnhof. Der Mann streicht besonders starken Industriekleber auf die Sohle, dazu kommt ein Zauberspray, dann wird das Ganze in eine Zauberpresse gespannt. Und dann will er kein Geld.

»Nein, kommen Sie, wie viel?«, sage ich.

Und er: »Doch wirklich, das geht aufs Haus. Einen schönen Tag noch.«

Ein Held. Winnie ist begeistert. Sie ruft Arthur an und gibt mir das Telefon, damit ich bestätige, dass es Industriekleber ist und

[*] Der dritte Montag im Januar: vom britischen Psychologen Cliff Arnall zum traurigsten Tag des Jahres erklärt (errechnet).

der Schuster nichts wollte. Sie öffnet eine kleine Flasche verstaubten Champagner.

Eine Nachricht von Jane (Stewarts Frau), die schreibt, sie haben den Eindruck, dass Winnie in letzter Zeit am Telefon verwirrter klingt. Sie wollen sich versichern, dass es mit ihr nicht bergab geht. Ich antworte mit einer ehrlichen Einschätzung von Winnies Verhalten während der letzten paar Monate. Uff, kommt es zurück, also alles noch wie vorher.

BBC News: Huw Edwards. Bilder einer Leichenhalle, ein Sarg wird hineingebracht. Bilder eines Totengräbers, von einer Drohne gefilmt, wie er Erde aushebt und Platz für einen weiteren Toten schafft. Ich stelle mir vor, dass Carlotta es sieht. Meine Großeltern. Ist das die einzige Möglichkeit, die Leute zur Vorsicht anzuhalten? Die endlose Vorführung von Worst-Case-Szenarien? Anschließend kommt ein Beitrag zum harten Durchgreifen gegen öffentliches Fehlverhalten. Bilder eines Beamten, der vier Leuten, die den Fitnessfreiplatz im Hof ihres Wohnblocks nutzen, Strafen von zweihundert Pfund aufbrummt. Sportliche Aktivitäten in Zeiten einer Gesundheitskrise zu kriminalisieren scheint mir ein origineller Ansatz. Dann sehen wir ein Café, das geschlossen wird, weil die Besitzer erlaubt haben, dass sich draußen eine Schlange bildet. Was dabei rüberkommt, ist so etwas wie: *Guck dir unsere Bobbys an, sind sie nicht toll? Kriegen die Kriminellen beim Wickel, die hirnlosen Leute mit Blut an den Händen.* Bin ich ein Zyniker, der nicht glauben will, wie schlimm die Situation ist? Wahrscheinlich.

20. JANUAR   Sturm Christoph ist in der Stadt. Ich sage zu Winnie, dass er ursprünglich Christopher hieß, aber das »er« weggeblasen hat. Sie seufzt, hebt die Brauen und geht aus dem Haus,

um Arthur seinen verjüngten Schuh zu bringen. Zehn Sekunden später ist sie wieder da. Draußen in der Nässe lag ein Päckchen. Der Rasierer hat es doch noch geschafft. Sie legt ihn auf die Seite und will wieder gehen.

»Warum nehmen Sie ihn nicht mit zu Arthur?«

Sie sieht die Schachtel an, mich, die Schachtel.

»Hier hilft er keinem«, sage ich.

Sie schiebt die Lippen vor und lässt mit einem stummen Pfeifton Luft ab. »Ich probiere diese Dinge lieber erst aus ...«

Ich nehme das Päckchen und lege es in ihre Tasche. »Es ist der Richtige. Er wird seinen Zweck erfüllen. Geben Sie ihn Arthur, damit Ihr Sohn nicht wie ich aussieht.«

»Okay«, sagt sie. »Da haben Sie nicht unrecht.«

Sie geht. Zehn Sekunden später ist sie wieder da. »Würden Sie Arthur anrufen? Sagen Sie, er soll an den Empfang kommen, für ein zufälliges Zusammentreffen mit seiner Mutter.«

Die Narzissen auf dem Tisch. Gestern noch waren es nur Knospen, heute schon sind es leuchtend gelbe Trompeten, kräftig und perfekt. Schöner geht es nicht. Ich denke: *Was geschieht hier? Was? Wie können sie so ihre Natur ändern?* Winnie hat noch mehr Blumen gekauft, für die Diele. Poinsettien. Sie muss den Namen viermal sagen, bevor ich ihn richtig aussprechen kann.

Ich koche ein Rezept von Nigel Slater. Winnie mag es, nur den Kohl nicht, der, wie sie sagt, eine Frechheit ist. Sie schaltet den Fernseher ein. *The Repair Shop.*[*] Alle in der Werkstatt – Schmiede,

---

[*] Beliebte Sendung der BBC, in der Zuschauer lieb gewonnene beschädigte, nicht mehr funktionsfähige Erinnerungsstücke mitbringen, die dann ebenso liebevoll repariert und restauriert werden.

Schneider, Schreinerinnen und so weiter – wirken glücklich, kundig und erstaunlich pragmatisch. Ich sage zu Winnie, dass ich da keine zehn Minuten mithalten könnte.

»Zehn Minuten?«, sagt sie. »Sie müssten schon großes Glück haben, um überhaupt hineinzukommen.« Ein Vogelhaus wird zur Reparatur gebracht. Sie sagt: »Habe ich erzählt, dass eine Blaumeise in unseres gekommen ist? Sie war ziemlich misstrauisch. Hat sich die Sache angesehen und war auch schon wieder weg, kam zurück, flog wieder weg. Konnte sich wirklich nicht entscheiden. Es war witzig anzusehen. Hatte vielleicht Angst, in der Tür klemmen zu bleiben, um so den Rest ihrer Tage mit herausragendem Hintern zu verbringen. Fürchterlich peinlich. Aber dann ist sie hinein und ohne Problem wieder herausgekommen. Flog weg, um ihren Freundinnen davon zu berichten. Aber wir müssen das Häuschen höher hängen. Es ist zu niedrig, da holt sie die Katze.«

21. JANUAR   Zu Anfang hatten wir morgens beim Frühstück immer lange Unterhaltungen. Ich sage Unterhaltungen, aber eigentlich waren es Interviews, mit Winnie als Befragter. Ich habe versucht, sie möglichst schnell besser kennenzulernen, in der Hoffnung zu verstehen, wer sie heute ist. Und es hat funktioniert. Teilweise. Mittlerweile gibt es weniger solcher Befragungen. Ich versuche, weniger über die Zeit herauszufinden, als sie sieben war, vierzehn, einundzwanzig, über die Zeit der Rationierungen, Harold Wilson, den Charakter ihrer Mutter und ihre Erfahrungen im System der Privatschule. Ich nehme an, diese Art Fragen, die ganze Richtung der Befragungen war auf lange Sicht nicht aufrechtzuerhalten. Ich vermochte mein Interesse nicht fortdauernd hochzuhalten. Als ich in Windy Ridge einzog, wusste ich, ich wollte mehr über Winnies Leben erfahren, darüber, wie sie

die Welt sieht, und so hatte ich die Ermittlungen aufgenommen. Ich war nicht darauf eingestellt, geduldig zu sein, die Dinge sich natürlich entwickeln zu lassen – also langsam, Schritt für Schritt, organisch und eher beiläufig.

Aber jetzt bin ich es. Bereit, geduldig zu sein. Im Übrigen möchte wohl niemand jeden Morgen schon beim Frühstück aufgefordert werden, tief in seiner emotionalen Geschichte zu graben und über Liebe und Leid in seinem Leben zu berichten oder wie er die Umstellung aufs Dezimalsystem erlebt hat. Ich denke, ich bin zur Ruhe gekommen. Ich weiß, sie hat eine Vergangenheit, natürlich hat sie die, wie auch nicht? Sie ist herumgerannt, gefallen, zur Schule gegangen, hat sich zu benehmen gelernt, Französisch gelernt, einen Mann getroffen, sich verliebt, eine Abneigung für Leber und Pilze entwickelt, ist weggezogen, hat ein Kind bekommen, ist zurückgekommen, hat sich um das jüngere wie um das ältere Kind gekümmert, gekocht, geredet, eingekauft, gebaut, geplant, geweint und immer so weiter. Natürlich. Und alles das ist heute nicht weniger interessant für mich, aber es ist auf der Prioritätenliste ein Stück nach unten gerutscht. Ohne darüber nachzudenken, habe ich Kurs und Perspektive geändert. Jetzt sehe ich Winnie in der Gegenwart, Winnie, wie sie heute ist und reagiert. Und um ehrlich zu sein – und damit versuche ich nicht, ihre Geschichte herabzuwürdigen –, ziehe ich es vor, mich mit der Winnie von heute zu beschäftigen.

Wir reden den ganzen Tag über, beiläufig, in Ausbrüchen, über die Qualität des Salats, den Zustand der Milch, die Länge von Arthurs Bart und die Unsicherheit des Vogelhäuschens. Die Themen müssen nicht gesetzt oder beschlossen werden, sie kommen einfach auf, sind da, und der Dialog darüber, unsere Beziehung ist weniger aufwendig, weniger abgestimmt. Aber so gewöhnlich die Anlässe – der Salat, die Milch –, so gut können sie, auf Umwegen, zu Größerem führen, wie der Erinnerung daran, wie sie mit elf Jahren in Oxford überfallen wurde. Wir benehmen uns zunehmend, wie es Freunde tun könnten. Unsere Beziehung ist mittlerweile *gedankenloser*. Unsere Interaktionen sind gleichzeitig weniger tiefschürfend und doch irgendwie bedeutungsvoller.

Ein klarer Morgen, Sonne füllt das Haus. Es kommt als ein Schock. Ich fülle den Kohleneimer in meinen Pantoffeln, koche Kaffee und nehme die Zeitung. Joe Biden prangt auf der Titelseite. Er sieht frisch gewählt aus.

»Ist schon eine ziemliche Nummer, so einen Job mit achtundsiebzig anzutreten«, sage ich.

»Churchill hat es mit achtzig noch gemacht. Einen Toast?«

»Und aus dem Bad regiert. Ja, bitte.«

»Nun, vielleicht hätte er das nicht tun sollen«, sagt sie. »Um seine Gesundheit stand es nicht zum Besten. Er hat nicht gut auf sich aufgepasst. Er hat aus dem Vollen gelebt.«

»Deshalb hat er auch das Porträt verbrannt, das Graham Sutherland von ihm angefertigt hat. Er konnte den eigenen Anblick nicht ertragen.«

»Das können wir alle nicht. Wir sind zu weich. Wir verschließen die Augen vor uns.«

»Wahrheit ist Schönheit und Schönheit Wahrheit. Shelley.«

»Keats.«

»Es ist Shelley, Winnie.«

»Wenn Sie darauf bestehen ...«[*]

---

[*] Es ist Keats.

Ich betrachte das Gemälde über dem Feuer (ein abstraktes Inferno), das Gemälde über der Kommode (ein abstrakter Hahnenkampf), die Porzellanreiter auf dem Kaminsims, den Tukan, die Muscheln, den Sessel aus Manila und die Fotografien aus Dartmoor und Indien – alles ist hier versammelt, im Verein, die Beutestücke eines Lebens. Mir gefällt die Vorstellung, eines Tages bequem und ruhig ihm Lehnstuhl meinen Lebensabend zu verbringen und, von den Souvenirs meines Lebens umgeben, die Nachrichten zu verfolgen. Aber es gibt eine Zeit für solch einen Sessel, diese Art der Ruhe, in Kissen gebettete Reflexionen. Und die folgt auf die Zeit der Bewegung, des Suchens, des Aufnehmens und Beutemachens. Jahre über Jahre sammelt man Dinge für ein Festmahl, und erst spät kann man sich setzen und guten Gewissens essen. Ich bin noch nicht dazu bereit. Und offen gesagt bin ich auch nicht sicher, ob Winnie schon dazu bereit ist. Ich denke, das ist der Grund, warum sie raus ist, um nach Tulpenzwiebeln zu suchen.

23. JANUAR   Sie kommt mit einem ganzen Stapel Fotos nach unten und gibt sie mir, als wären sie nichts. Darunter sind einige, die ich besonders mag.

1) Winnie mit Arthur und Rebecca im Arm auf einem Bauplatz. Die drei nehmen etwa fünf Prozent des Bildes ein, was bedeutet, dass Henry, der das Foto gemacht hat, runde zehn Meter entfernt gestanden haben muss. Da wird ihr Haus gebaut, das auf der anderen Straßenseite, in das sie nie eingezogen sind.* Winnie und die Kinder stehen ganz rechts, dahinter sind Carlottas Haus und

---

* Windy Ridge sollte eigentlich nur eine Zwischenlösung sein, bis das neue Haus auf der anderen Straßenseite fertig war. Aber dann hat sich Winnie darin verliebt und wollte nicht umziehen.

ihr Vorgarten zu sehen. Den Großteil des Fotos aber – die verbleibenden drei Viertel – nimmt die Baustelle ein. Es ist eine interessante Komposition: Die Bedeutung des Hauses ist unübersehbar. Dazu ist es ein interessantes Familienporträt, gleichzeitig unvollständig und schroff, zartfühlend und vollständig. Weil Henry mit auf dem Bild *ist*, oder? Vielleicht können wir ihn nicht sehen, aber ohne ihn würde es dieses Foto nicht geben. Es ist seine Perspektive. Man könnte leicht schließen, dass sie die Familie klein macht und ihr das Haus, die Baustelle usw. voranstellt. Aber das Haus war *für* sie. Er wollte den Bau ihres Zuhauses festhalten und katalogisieren.

2) Winnie sitzt auf dem Sofa und sieht Arthur an, der wie ein Arzt gekleidet ist und mit einem Stethoskop ihren Rock inspiziert. Im Hintergrund hockt Rebecca auf dem Schoß ihres Onkels und bohrt sich in der Nase.

3) Ein Campingurlaub. In den frühen Sechzigern. Das Zelt (aus Armeebeständen, von Henrys Vater) ist aufgebaut, was Winnie und Arthur feiern, indem sie sich in den Eingang gestellt haben und in die Kamera winken. Es gibt noch andere Dinge – einen Petroleumkocher, zwei Töpfchen, die ins Bild ragende Haube eines Autos –, aber im Mittelpunkt stehen Mutter und Kind auf der Schwelle zu ihrem vorübergehenden Heim.

24. JANUAR   Schnee. Ich sehe die erste Flocke. Oder doch fast die erste. Schwierig zu sagen, wann es losgeht. Winnies erste Reaktion ist Freude, die zweite Sorge. »Wir brauchen Salz! Grobes Streusalz. Drei Beutel. Große. Billige. Sainsbury's wird offen haben. Und bringen Sie gleich auch ein großes Stück Schinken mit – damit kommt man lange hin. Und vielleicht ein Stück Rindfleisch, zum Wohlfühlen. Aber Sie müssen *sofort* los!«

Ich lasse liegen, womit ich gerade zugange bin (ein Ei-Sandwich), und ziehe los. Es geht nicht immer nur bergab. Ich muss kleine Schritte machen und mich vorbeugen. Bei Sainsbury's gibt es keine großen Beutel Streusalz, also muss ich vier Schachteln teures nachhaltig produziertes Biosalz kaufen. Dazu kommen das Rindfleisch, der Schinken und ein paar Narzissen in einem Topf für mein Zimmer (die ersten Blumen, die ich mir je selbst gekauft habe: Ich muss älter werden).

Als ich zurückkomme, gibt sie mir eine Schaufel und sagt, ich soll den Weg von den Stufen zum Haus bis zum Bürgersteig räumen und dann großzügig salzen. Was ich tue. Wobei mein Pfad nicht schnurgerade von A nach B führt, aber sie meint, das muss reichen. Ich beginne, das Salz auszustreuen.

»Nicht so viel!«, schimpft sie. Ich sehe sie an, und sie liest meinen Blick richtig. »Nein, Sie machen das gut, sehr gut, und ich bin Ihnen ungeheuer dankbar.«

Sie geht zur Straße hinunter, um drei kleine Kinder zur Rede zu stellen. Sie haben einen mächtigen Schneeball produziert und wollen ihn zum Spaß die Straße hinunterrollen lassen. Sie erklärt ihnen, dass ihr Ball tatsächlich kein Schnee- sondern ein *Eis*ball ist und einen Riesenschaden anrichten kann. Ihre Freundin Carlotta, sagt sie, ist einmal von einem solchen Ball umgeworfen worden und hat sich beide Hüften gebrochen, wozu schon einiges gehört. Sie bittet die Kinder, von ihrem gefährlichen Vorhaben abzulassen und *nach Hause* zu gehen. Die Kinder scheinen nicht nachgeben zu wollen. Winnie aber auch nicht. Eine Sackgasse. Ich mache ein Foto. Es gibt einen Kompromiss: Die Kinder stimmen zu, den Ball einen anderen Berg hinunterrollen zu lassen.

Ich gehe zum Common. Der Schnee liegt vier, fünf Zentimeter hoch und knirscht unter den Füßen. Auf dem Common herrscht ungewöhnlich viel Betrieb. Es freut mich zu sehen, dass die Schneemänner angemessen Abstand zueinander halten. Einige tragen sogar Masken. Die Stimmung – wie misst man die eigentlich? – ist gut. Der Schnee ist den Leuten willkommen, etwas Neues, das dankbar aufgenommen wird und die Gedanken an das Virus vorübergehend in den Hintergrund drängt. Gelbe Gummistiefel. Ein Hund mit Ohrenschützern. Ihr Ziel verfehlende Schneebälle, die arglose Köpfe treffen. Es ist eine herzerwärmende Szenerie, trotz der Kälte. Ich gehe nach Hause. Der Großteil des Schnees auf Straße und Bürgersteig ist bereits wieder verschwunden. Mein frei geräumter, mit Salz bestreuter Pfad zur Haustür nicht länger erkennbar. Sein Leben war von kurzer Dauer, und seine Natur bestand darin, dass auf ihm etwas fehlte.

25. JANUAR   Meine Mininarzissen erfreuen mich mit einem Lebenszeichen – einer einzelnen Blüte, die aufgebrochen ist, wenn man das denn so sagen kann. Ich drehe den Topf gelegentlich, damit sie gleichmäßig wachsen, und sie kriegen nicht zu viel Wasser, was ein ziemlich guter Rat war. Als ich nach unten komme, finde ich die Narzissen vom Esstisch in der Komposttonne wieder. Das war aber doch fraglos eine verfrühte Hinrichtung? Ich protestiere bei Winnie in der Küche, die einen frischen Strauß in der Vase arrangiert. Sie ist ohne Reue. Sie sagt, man kann und darf die alten nicht mit den frischen vermischen.

»Warum?«

»Weil die frischen die alten in ein paar Tagen jämmerlich aussehen lassen.«

»Sagen Sie.«

»Nein. Sagt die Wissenschaft.«

Winnie und ich sitzen vor ihrem Computer. Sie will ihre E-Mails checken. Ich schalte den Rechner ein und werde nach einem Passwort gefragt.

»Das Passwort, Winnie?«

»Hestia.«

»Was?«

»Eine mythische griechische Göttin.«

»Wie buchstabiert man die?«

Ich gebe das Passwort ein. Es ist nicht das richtige.

»Vielleicht kommen noch ein paar Zahlen ans Ende«, schlägt Winnie vor.

»Welche?«

»Fragen Sie mich nicht.«

»Okay.«

Ich richte ein neues Passwort ein. Was einigen Aufwand bedeutet. Zwei Codes, eine SMS, ein Anruf.

Als ich drin bin, rufe ich das E-Mail-Programm auf.

»Das Passwort, Winnie?«

»Hestia.«

»Die griechische Göttin?«

»Genau.«

Es ist das falsche Passwort.

Eine halbe Stunde später haben wir es dennoch geschafft. Winnie möchte eine E-Mail weiterleiten. Henry hat etwas Geld für ein Patenkind hinterlassen, das in einer Hütte in der Nähe von Galway wohnen soll.

»Das wird eine nette Überraschung. Ich glaube nicht, dass Samuel gewusst hat, dass Henry noch am Leben war, geschweige denn, dass er gestorben ist.«

Als Nächstes soll ich eine Futterröhre für Vögel bestellen. Ich gebe »Futterröhre Vögel« in die Suchmaschine ein und zeige ihr ein paar Modelle, wobei ich darauf achte, jeden Klick zu erklären, in der Hoffnung, dass ich das nicht noch mal machen muss. Sie trifft eine Entscheidung. Weiß, welche Röhre sie will. Super. Jetzt muss ich mich nur noch bei ihrem bevorzugten Online-Händler einloggen, um den Kauf zu tätigen ...

»Das Passwort, Winnie?«

»Hestia.«

26. JANUAR   Ich werde die Straße hinuntergeschickt, um sechs Pfund Zucker für ihre Orangenmarmelade zu holen. Ich kaufe den Zucker, drei kleine Joghurts für Arthur und grüne Bohnen für die Frau draußen, die Lebensmittel für Leute aus der Gegend in Not sammelt. Irgendwie habe ich dieser Tage mehr Raum in meinem Kopf, um zu sehen, was andere vielleicht mögen oder brauchen. Das ist sicher keine wirkliche Verwandlung, aber es hat sich etwas geändert. Ein Vorteil eines relativ gesetzten, nüchternen Geistes besteht darin, dass er sensibler und sich der Menschen um sich herum, der Dinge außerhalb seiner selbst bewusster ist.

Ich habe seit etwa einem Monat keinen Alkohol mehr getrunken. War abstinent. Und würde es nicht so nennen, wäre da nicht Winnie, die das Wort benutzt. Wobei wir ihr kaum dazu gratulieren können, dass sie mich vom Trinken abgehalten hätte. Praktisch jeden Abend »vergisst« sie aufs Neue, dass ich im Moment »abstinent« bin, und schenkt mir ein Glas Wein ein, das sie dann entweder selbst trinkt oder mit einem Trichter zurück in die Flasche befördert. Irgendwie tut es mir leid. Aus irgendeinem Grund mag sie nicht allein trinken. Sie hält es für ungebührlich. Oder traurig. Oder auch beides. Da mag sie recht haben.

Eine schöne Passage in meinem Buch, *Eines Menschen Herz* von William Boyd, einem Roman, der, einfach ausgedrückt, das Leben eines Mannes von der Wiege bis ins Grab nacherzählt, handelt von der Ohnmacht des Menschen im Angesicht seines Schicksals. Boyd schreibt, dass das Leben am Ende die Summe des Glücks und des Unglücks ist, das uns widerfährt. Und er erklärt mit Montaigne, dass uns am Ende nichts anderes übrig bleibt, als die Gesetze des Schicksals stumm zu erleiden. Schlicht und ergreifend. Ich zeige Winnie die Passage. Sie liest sie im Stehen. Und liest. Und liest. Ich muss sie bitten, mir das Buch zurückzugeben. Sie fragt, ob sie es haben kann, wenn ich damit fertig bin. Ich frage, ob ich es mir ansehen kann, wenn *sie* fertig ist. Augenblicke später entdeckt sie eine winzige Motte. Sie zerdrückt sie und sieht mich an. »Schicksal«, sagt sie. »Es geschieht einfach, kleine Motte.«

Die Futterröhre kommt an, dazu eine Waage. Erstere, um Finken, Grasmücken und so weiter anzuziehen und zu stärken, Letztere, um Zeit, Gerechtigkeit, Traurigkeit und Zucker abzuwiegen. Ich denke, Winnie bekrabbelt sich. Es geht ihr besser. Was nicht bedeuten soll, dass sie bester Laune und in Topform ist, sondern nur, dass sie okay zu sein scheint und es besser wird. Wie misst man so etwas? Sie hat gerade noch mal gefragt, ob sie mein Buch haben kann, wenn ich damit durch bin. Das ist eine Sache. Und sie hat eine halbe Minute oder so der ihr verfügbaren Zeit darauf verwendet, mir pantomimisch zu zeigen, wie ihr Ei am Morgen zerschellt ist, als sie es ins kochende Wasser hat fallen lassen. Das ist die andere Sache. Und sie will mit ihrem Computer klarkommen lernen. Will ihren Pass erneuern lassen. Sie kauft Blumen, eine Futterröhre für die Vögel und drei Kilo gemischten Blumensamen. Sie lacht mehr, und manchmal treffe ich sie in Henrys Sessel sitzend an, mit einer Tasse Tee und einem Buch oder einem Keks und der Fernbedienung. (Als ich eingezogen bin, hat sie sich dem Sessel nicht mal genähert.) Und worüber sie sich beklagt, ist alltäglicher geworden. Der Preis von Pasta oder der Teint von Paul Hollywood. Es ist nicht mehr so, soweit ich das sagen kann, dass sich die Welt wie auf den Kopf gestellt anfühlt oder sie das Gefühl hat, in einem Haus auf dem Grund des Ozeans zu wohnen.

Gerade als ich das alles denke, kommt sie ins Wohnzimmer, und ihre Miene ist ein einziges Unwetter. In ihrer Hand hält sie die Keksdose. »Habe ich nicht gesagt, Sie sollen sich bei den Ingwerkeksen zurückhalten? Sie lassen sich gehen, Ben. Wirklich.«

Ich biete ihr an, mit der Marmelade zu helfen. »Nein danke«, sagt sie ganz glücklich. »Das ist nichts für Novizen. Da muss man ziemlich pedantisch sein, denn wenn sie sich nicht richtig setzt, ist sie wenig attraktiv. Buchstäblich. Sie streichen sie sich auf den Toast, und ehe Sie sich versehen, ist sie fort.«

Ich mag es, wie sie sich ausdrückt. Es ist wohl das, was ich am meisten an Winnie mag – ihre Art, den Dingen Ausdruck zu geben. Ich frage mich: *Wie sehr sagt, wie wir Dinge ausdrücken, etwas darüber aus, wer wir sind?* Winnie hat einmal über eine vorbeigehende Frau gesagt: »Die hat eine größere Chance, durch die Zeit zu reisen, als aufrecht auf den Beinen zu bleiben mit den Absätzen.« Dass das Schlüsselwort am Ende kam, hat mir besonders gefallen. Also habe ich versucht, etwas Ähnliches zu formulieren: »Auf der Party hat sich Alan über mehrere Stunden hin etlichen Leuten gegenüber verblüffend anständig und unaufdringlich verhalten für einen mordlüsternen Psychopathen.«

Wie auch immer. Zurück zur Marmelade. Nachdem Winnie ihre Orangen ausgiebig pochiert hat, löffelt sie das Fleisch heraus, zerschneidet die Schale und entfernt Kerne und die weiße Haut. Nachdem das geschafft ist, gibt sie all das Gute in einen riesigen Kessel von cartoonhaften Ausmaßen. Ihre Schürze ist fleckig und voller weißer Orangenhautfitzel. Mit einem langen hölzernen Löffel rührt sie die Masse im Kessel um. Sie sagt, ich soll mal daran riechen. Ich gehe zu nahe heran, und ein heißer Spritzer trifft meine Augenbraue. Winnie meint, meine Reaktion ist ein bisschen zu dramatisch. Sie fügt noch etwas Wasser hinzu und dann den Zucker, etwa drei Pfund. Als sich die Kristalle aufgelöst haben, dreht sie die Hitze auf, bis die Marmelade »wallend« kocht.

»Wie kocht?«

»So nennt man das: wallend.«

»Und das heißt?«

»Dass es verdammt heiß ist. Sprudelnd heiß. Also treten Sie zurück, sonst erleiden Sie noch eine lebensgefährliche Verletzung.«

Am Ende des Ganzen hat sie eine verblüffende Ähnlichkeit mit Donald Trump.

27. JANUAR Ich trage meine Tasse Tee nach draußen, setze mich unter den Walnussbaum, entdecke ein paar sprießende Narzissen und denke: *Je vertrauter du mit etwas bist, desto stärker fällt es dir anderswo auf.* Wie es mit Überlegungen so geht, ist auch diese kaum originell oder besonders tiefschürfend, aber sie ist da. Bleibt zu überdenken, ob wir, mit je mehr wir vertraut sind, auch umso mehr bemerken. Blumen sind ein Beispiel, Trauer ist ein anderes. Obwohl die Sonne hinter der Esche steht, dringt sie doch zu mir durch, weil es Winter ist. Das ist

ein Vorteil dieser Jahreszeit, über den ich nie nachgedacht habe. Vielleicht haben sonnige Wintertage deshalb eine besondere Atmosphäre. Da gerät weniger in den Weg. Winnie kommt auf die Terrasse und sieht mich. »Ist das Ben oder ein Möbelstück?«

Sie hat gesagt, um halb sieben sei das Essen fertig und sie werde mich rufen. Um Viertel vor gehe ich in die Küche, um zu sehen, wie es steht. Der Backofen ist an – ein gutes Zeichen –, aber er ist voller Marmeladengläser: ein schlechtes Zeichen.

»Ist das unser Essen?«

»Was? Oh. Ja. Es wird Zeit, dass ich darüber nachdenke, oder?«

»Warum sind die Gläser dadrin?«

»Um sie zu sterilisieren.«

»Platzen die nicht?«

»Nein, das tun sie nicht.«

Eines zerspringt. Verpufft geradezu. Gott sei Dank war der Ofen geschlossen, sonst hätte es hier eine Szene wie in *König Ödipus* gegeben. Ich hole die Gläser aus dem Ofen und gebe die Würstchen hinein (in den Ofen, nicht in die Gläser), kümmere mich um Kartoffeln und Möhren, decke den Tisch, wärme die Teller vor und so weiter. Als alles fertig ist, möchte sie in der Küche essen und füllt gleichzeitig die Marmelade ab. Sie sagt, sie ist nicht glücklich damit, wie die Marmelade geworden ist, was man ihr allerdings kaum anmerkt, scheint sie doch in absoluter Hochstimmung. Ich sage, sie sollte täglich Orangenmarmelade kochen, wo es so ihre Laune hebt.

»Da wäre ich Dienstag schon tot«, sagt sie und leckt einen Teelöffel ab.

»Warum?«

»Weil Leidenschaft und Stress Federn desselben Vogels sind.«

Sie sieht, wie ich den Rücken dehne, die Arme hoch in die Luft recke und so weiter.

»So gehts«, sagt sie. »Eine gute Idee. Strecken Sie sich. Wir machen alles Mögliche in der Art unten im YMCA, für die Fitness.«

Und dann vollführt sie ein paar Sternsprünge, ziemlich schnell, sieht mich an, und ihr Ausdruck sagt: Solche Sachen – meinen Sie, das könnten Sie auch? Anschließend reckt sie sich zur Decke, beugt sich zum Boden hinunter und lässt den Oberkörper rotieren, alles in ihrer orangenbeschmierten Schürze und mit einem langen hölzernen Marmeladenlöffel in der Hand. Ich habe nie so einen Ausbruch von Energie erlebt. Aber dann fängt sie sich wieder, hebt den Löffel an und inspiziert ihn.

»Ist nichts runtergeflogen. Das ist gut.«

»Schade, dass man das nicht über Sie sagen kann, Winnie. Ist das ihr linker Arm da unter dem Tisch?«

Sie lächelt mich an, lange und intensiv, und sagt dann: »Was?«

Sie braucht ein Hörgerät. Sie verpasst Sachen.

28. JANUAR   Ich erwähne das Reiseschriftsteller-Festival, das heute anfängt und bei dem ich dabei bin. Wir reden ein wenig über das Genre.

»Die waren immer ziemlich bescheiden. Zu Fuß mit einem Rucksack. Heute geht es gymnastisch zu – *Tumbling nach Tokio*[*] und was auch sonst noch immer. Oder der Autor muss ein Lama sein, ein Popstar oder am besten gleich beides. Eric Newby, der hat mal hinter uns gewohnt. Habe ich Ihnen das erzählt? Der war kein Popstar. Er fuhr einfach irgendwohin und hat da-

---

[*] Getumbelt wird auf einer über 40 Meter langen federnden Akrobatikbahn mit Salti, Flickflacks, Schrauben und so weiter. Ist eine offizielle Turnsportart.

rüber geschrieben. *Sehr gut.* Heute geht es meist nur noch um die Verpackung.«

Ich frage sie nach einer Idee für ein Reisebuch. Sie sagt, ich solle entweder irgendwohin fahren, wohin es nur wenig Leute verschlägt – zum Beispiel nach Croydon –, oder an Orte, an die alle wollen, dann aber auf eine Weise darüber schreiben, wie es nur wenig Leute können.

»Dann also Croydon«, sage ich.

»Toast?«, fragt sie.

Ich lehne ab, gehe mit meinem zweiten Kaffee ins Wohnzimmer, schließe die Augen und lausche. Dem »Buch der Woche« im Radio. Dem Tropfen eines Wasserhahns, der sich nur noch schwer zudrehen lässt. Dem Ticken einer Uhr. Dem Umblättern von Seiten. Und dann: »Nun, da haben wir's doch. Ein Rotkehlchen. Willkommen, mein Freund.« Was mag ich an diesem Haus? Daran, hier zu wohnen? Zunächst mal das hier. Am Fenster sitzen, nahe beim Feuer, in den Garten gucken und dabei hören können, was in der Küche vorgeht. Sie ruft mich. Besteht darauf, dass ich ihre Marmelade probiere. Sie tendiert im Spektrum von Süß und Bitter eher zur bitteren Seite, aber das stört mich nicht.

Sie will zum Bäcker und anschließend in den Supermarkt.

»Ich war schon eine Weile nicht mehr da«, sagt sie. »Ich habe dem Führer gehorcht.« (Ich bin nicht sicher, ob das politisch korrekt ist, aber hey-ho.)

Ich biete an, für sie zu gehen, doch sie sagt, meine Generation ist nicht umsichtig genug. Und bevor sie geht, sagt sie: Eine Sache noch (das ist immer so, da ist sie ganz Columbo). Könnte ich so nett sein und in der Schublade da nach etwas Tesafilm zu suchen?

Das könnte ich, tue es und stoße dabei auf ein paar alte Geburtstagskarten und Ähnliches. Eine ist von Henry an Winnie zum Hochzeitstag 2002 (nehme ich an). Mein Herz tut einen kleinen Sprung, als ich Henrys Handschrift sehe. Irgendwie macht sie ihn lebendiger, wirklicher für mich. Nicht dass ich an seiner Existenz zweifelte, aber Sie wissen schon, was ich meine.

Es ist die Schrift eines geistvollen, aber in Eile befindlichen Menschen: »Winnie, mein Schatz. Mit all meiner Liebe und tausend Dank für so viele wunderbare gemeinsame Jahre! Henry«. Und ganz unten steht noch: »xxxx → ∞«, was bestimmt der Code für etwas Schlüpfriges ist. Die Karte stammt – nur um es festzuhalten – aus dem Victoria-&-Albert-Museum in London. Sie zeigt, vor einem Muster aus goldenen Blättern, eine glücklich herabstoßende Schwalbe.

Die nächste Karte, in der ersten gefunden, ist auf den 9. Juni 2001, Winnies fünfundsechzigster Geburtstag, datiert. »Winnie, mein Schatz. Mit all meiner Liebe an diesem großen Tag! Alles, alles Gute zum Geburtstag! Und danke! Henry«. Und wieder der geheime Code darunter. Die Karte ist übrigens die gleiche – die herabstoßende Schwalbe aus dem V&A (offenbar im Dutzend gekauft). In der Geburtstagskarte liegt eine Valentinskarte von Winnie an Henry. Sie zeigt Punch und Judy, die ziemlich entspannt und zufrieden wirken. Die Handschrift ist schwungvoll und durchaus lesbar, erweckt aber dennoch den Eindruck, als hätte Winnie ihre Nachricht beim Fahrradfahren geschrieben. Wahrscheinlich kochte da gerade die Orangenmarmelade wallend im Topf, und sie hatte Arthur auf den Schultern. Da steht: »Liebster Henry. In tiefer Liebe – es hat sich nie geändert & wir sind jung wie eh und je! Winnie«. Und unten antwortet sie auf Henrys Code: »xx () () etc.«

Wir sitzen beim Essen. Ein bisschen Suppe und Ciabatta, etwas Käse, ein paar Kirschtomaten. Sie sagt, sie sollte ihre Freundin auf Spencer Hill anrufen. Mary. Hat seit Ewigkeiten nicht mit ihr geredet. Sie sagt, Mary kennt vielleicht einen Maurer, der den Riss in der Treppe vorne reparieren könnte. Ich sage, sie sollte Mary so oder so anrufen, ob mit Riss oder ohne.

»Das ist sehr wahr«, sagt sie. »Aber es war eine merkwürdige Zeit, oder? Beschäftigt damit, nichts zu tun zu haben. Irgendwie ohne Zeit für irgendwas und andererseits mit nichts als Zeit. Würde es Sie verärgern, wenn ich noch ein Stück Käse nähme?«

Sie ruft Mary an, hinterlässt eine Nachricht und kommt sofort auf den Punkt: »Winnie Carter hier. Kennst du einen Maurer?«, als wäre Mary eine Telefonistin, eine öffentliche Dienststelle. Es ist nicht so, dass Winnie keine warmherzige Person wäre, aber sie ist kaum in der Lage, dieser Wärme Ausdruck zu geben. Sie bleibt unter mehreren dicken Schichten Etikette, Korrektheit, Höflichkeit und dergleichen versteckt.

Marys Schichten sind weniger dick. Sie ruft zurück und gibt Winnie brav den Namen und die Nummern eines Mannes, der sehr gut ist, für gewöhnlich aber zwei Monate auf sich warten lässt. Sie erkundigt sich nach Arthur und Winnie selbst. Sie fühlt mit ihr mit oder behauptet es doch wenigstens, sagt, es muss sehr schwer sein, ihn nicht sehen zu können, stimmt ihr zu, dass ein kurzes Treffen unter einer Plane im Winter kaum ideal ist, sagt, sie weiß, wie sehr Winnie sich um Arthur kümmert, sagt, es muss ihr das Herz brechen. Dieser letzte Satz stimmt Winnie nachdenklich. Seine Ehrlichkeit, seine relative Tiefe unterbricht ihren Redefluss und lässt sie zögern.

»Nun«, sagt sie schließlich, »man sorgt sich um die Seinen.«

»Natürlich«, sagt Mary.

»Ich käme mir vor wie ein Frettchen, wenn ich nicht täte, was ich kann.«

»Oh, Winnie.«

»Im Übrigen sind Kinder eine Investition, und ich könnte eine kleine Dividende brauchen, Mary!«

»Ich habe es aufgegeben, etwas von meinen Kindern zu erwarten. Einer ist in Hongkong, der andere in Sutton Hoo. Und weißt du, was, von dem in Hongkong höre ich mehr. Wenn sie plötzlich die Schuld oder Sorge packt, schreiben sie eine E-Mail und dass sie mich bei Netflix oder Amazon angemeldet haben oder so.«

»Ben und ich haben es kürzlich abends mit Amazon versucht, wegen Vogelfutter, und es ist angekommen. Das ist doch was.«

»Kenne ich Ben?«

»Der Nachtwächter.«

»Verstehe.«

Sie sagt, sie geht ins Village, um nach Zellophan zu suchen, »zum Versiegeln der Marmelade«, was mir nicht viel sagt. Eine Stunde später kommt sie zurück und ist ganz aus der Fassung wegen der Preise im Village. Ich frage sie, ob sie trotzdem Zellophan bekommen hat, und sie sieht mich an, als hätte sie keine Ahnung, wovon ich rede. Am Ende gesteht sie mir:

»Wissen Sie, als ich da war, hatte ich alles vergessen. Ich verliere den Verstand.«

»Sie würden den Verstand verlieren, wären Sie ins Village gegangen, hätten das Zellophan gekauft und dann nicht mehr gewusst, wie Sie nach Hause kommen.«

»Nun, das ist ein interessanter Punkt.«

»Übrigens hat Mary angerufen und eine Nachricht hinterlassen. Nächsten Dienstag kommt ein Maurer namens Terry, um sich den Schaden einmal anzusehen. Da haben wir was, worauf wir uns freuen können.«

»Terry, ja?«

»Ja.«

»Was denken Sie?«

»Wie meinen Sie das?«

»Sie müssen schon zugeben, das ist ein leicht beunruhigender Name.«

29. JANUAR   *Desert Island Discs.* Die Sendung ist zu so etwas wie einem festen Bestandteil der Woche geworden – dadurch, dass es sie jede Woche gibt, Winnie 97 Prozent ihrer Zeit in der Küche verbringt und während 100 Prozent dieser 97 Prozent das Radio anhat. Durch das alles. Ich mache mir keine Gedanken um die Schiffbrüchigen, was mir jedoch im Kopf bleibt, ist ihre ängstliche Natur, weil sie als Luxusgegenstände verschiedene Cremes und Waffen gegen gruselige Krabbeltiere mit auf die einsame Insel nehmen wollen. Eines der ausgewählten Lieder als Soundtrack der unvermeidlichen Mückenplage ist »A House Is Not a Home« oder so. Der Text erregt meine Aufmerksamkeit. Ich paraphrasiere mal: Ein Zimmer ist auch noch ein Zimmer, wenn keiner drin ist, so wie ein Stuhl noch ein Stuhl ist, wenn keiner darauf sitzt, aber ein Haus ist kein Heim, wenn du nicht in ihm bist, was bedeutet, dass manche Dinge Menschen brauchen, um das zu sein, was sie sein sollen. Ich sage das zu Winnie, und sie nickt und meint: »Ich habe angefangen, die BBC-Gebühren monatlich zu zahlen.«

»Oh?«

»Um die unglückliche Situation zu vermeiden, ein paar Wochen nach Zahlung des Beitrags zu sterben.«

Dann sieht sie hinaus zu den Blaumeisen um den Meisenkasten herum und erinnert sich an einen jungen Amerikaner, der ein paar Monate blieb.

»Chuck hieß er. Oder Skip. Wie auch immer, er kam nicht damit klar, dass wir die Meisen *tits* nennen. Es machte ihn jedes Mal fürchterlich verlegen, wenn ich ihm sagte, er solle sie sich mal ansehen.«

1948

Winnie geht zu Fuß von der Schule nach Hause. Sie hat gute Laune, weil einer ihrer Lehrer sie am Nachmittag »eigensinnig« genannt hat, was sie für etwas Gutes hält. Sie bleibt vor dem Buchladen in der Broad Street stehen und sieht sich die Auslage an – sie hat ein Auge auf die Geschichte eines Jungen geworfen, der nicht groß werden kann. (Vielleicht ist er auch eigensinnig, denkt sie.) Weil Winnie beigebracht wurde, höflich zu sein, folgt sie einem Mann, der sie beim Arm fasst und sie bittet mitzukommen, weil er Hilfe braucht (etwas, das mit seinem Auto zu tun hat). Als er sie in eine Gasse führt und seine bösen Absichten klar werden, tritt sie, schlägt um sich und schreit, und es gelingt ihr, ihn zu vertreiben. Winnie bleibt verängstigt zurück. Weniger höflich. Weniger geneigt, sich die Auslagen von Buchläden anzusehen. Hey-ho.

5

Du wirst immer zu spät
für den vorherigen Zug sein

1. FEBRUAR   Meine Narzissen entwickeln sich. Sechs sind aufgeblüht und stehen groß und aufrecht da. Für mich riechen sie sehr schwach nach Zitronensorbet. Die Stängel der ältesten beginnen zu verhärten und verlieren an Hals und Schultern Farbe. Ich habe versucht, Vertrocknetes herunterzurupfen, dann aber beschlossen, sie in Ruhe zu lassen und dass es keine Schande ist, sanft zu welken und von Grün zu einem späteren Ton zu wechseln.

Ein Päckchen liegt vor der Tür. Es ist ein Fernglas, das ich bestellt habe, um Füchse und Spechte besser beobachten zu können. Ich sehe damit zu Winnie hinüber (auf der anderen Seite des Tisches) und tue so, als fiele ich von meinem Stuhl, doch das heitert sie nicht auf. Sie ist ein bisschen gereizt, nachdem sie jemanden vom Amt wegen Arthur angerufen hat. Sie denkt, es wird von offizieller Seite nicht genug für ihn getan. Es hieß, sie habe ein paar Formulare falsch eingeschickt, und sie geht mit sich ins Gericht, weil sie so verdammt unfähig, so eine verdammte Versagerin ist und die Situation nicht im Griff hat, wie früher.

»Von Anfang an habe ich versagt«, schimpft sie, steht auf und geht aus der Küche. »Ich habe ihn nicht mal richtig auf die Welt bringen können. Unfähig, einfach unfähig.«

Arthur ist vor etwa zehn Jahren aus dem Haus in die Einrichtung betreuten Wohnens gezogen, nachdem er auf dem Weg ins Dorf gestürzt war. Der Sturz hat seinen Umzug beschleunigt – auch wenn das jetzt nach ein bisschen viel Bewegung klingt. Vor seinem Sturz kam Arthur ohne Unterstützung zurecht, danach nicht mehr. Seine Wohnung ist Teil des Pflegeheims. »Betreutes Wohnen«, so wird es in der Broschüre bezeichnet, obwohl das, was da geschieht, laut Winnie kaum etwas mit Betreuung zu tun hat, weshalb sie ständig auf Verbesserungen drängt.

Ich sage ihr, dass Sardinen früher mal anders genannt wurden, worauf sie erwidert: »Ja, das finde ich auch, sie waren früher viel größer.« Winnies Antwort verleitet mich zu einer Lüge. Ich erkläre ihr, dass ich gestern mit meiner Großmutter gesprochen hätte und die voller Lob für ihre neuen Hörgeräte gewesen sei, die sie erst hätten sehen (oder hören) lassen, wie schlecht ihr Gehör tatsächlich gewesen sei.

»Ist das ein Wink mit dem Zaunpfahl?«, sagt sie.

»Ich nehme an, ja, das ist es.«

»Also gut.«

»Ich will nicht wertend sein. Es stört mich nicht, wenn Sie taub wie ein Türpfosten sind.«

»Eine Nuss.«

»Ein Türpfosten.«

»Eine Nuss.«

»Egal, es stört mich nicht, wenn Sie damit zu kämpfen haben. Sie können tun, was Sie wollen, aber es muss unangenehm und ermüdend sein, sich ständig anstrengen und folgern und raten zu müssen, was die Leute sagen. Oder sie zu bitten, das Gesagte noch mal zu wiederholen. Es kann schon keine große Freude sein, mir ein Mal zuhören zu müssen, geschweige denn zweimal.«

»Also, das ist wahr.«

»Wenn Sie mich fragen, wären Sie glücklicher, wenn Sie Ihren Ohren eine kleine Hilfe zuteilwerden ließen.«

»Hmm?«

»Ich denke, Sie …«

»Ich habe es gehört. Das war ein Scherz. Ich nehme an, es gibt keinen Grund, warum gerade ich nicht taub werden sollte. Meine beiden Eltern hat es in ihren Sechzigern ereilt. Ich werde mich erkundigen.«

»Gut.«

»Wenn ich meine Brille gefunden habe.«

Form und Farbe des Stückes Käse auf ihrem Teller erinnern sie an Portland Bill, der sie wiederum an ihren Bruder erinnert, der mit achtzehn Jahren gestorben ist. Er kam gerade frisch von der Marineakademie und wurde mit einem offenen Boot in einen Sturm hinausgeschickt, um ein paar Seeleute aus Weymouth abzuholen. Auf dem Rückweg verlor er wegen des stürmischen Wetters die Kontrolle über das Boot. Dreißig Mann ertranken, und die Schuld daran wurde allein ihm zugeschoben, was Winnies Eltern praktisch umbrachte, denen nicht in den Kopf wollte, dass die Navy so etwas zulassen und ihren Sohn Thomas zum Sündenbock machen konnte, was dem Verlust noch Scham und Schande hinzufügte. Winnie sagt, sie hat es verdrängt. Die ganze Geschichte. So vollkommen wie nur möglich. Sie weiß noch, wie sie ein paar Tage danach im Bus nach ihrem Bruder gefragt wurde. Weiß noch, wie sie gesagt hat: »Er ist gestern gestorben. Ertrunken. Und wie geht das Geschäft im Moment, Mr Townsend?«

Sie sagt, es hat das Leben ihrer Eltern verändert – natürlich hat es das, wie sollte es auch anders sein? Man kann nicht einfach so ein Kind verlieren. Das geht nicht. Keine Stunde, keine Sekunde lang. An Winnies fünfzigstem Geburtstag ging sie zu einem Treffen der Überlebenden und lernte den Mann kennen, der ihren Bruder aus dem Wasser gezogen hatte. Sie lernte Männer kennen, die ihren Bruder nicht beschuldigten, wie sie es befürchtet hatte, sondern ihr erklärten, dass es nicht seine Schuld und das Ganze eine verdammte Vertuschungsaktion gewesen sei. »Ich war sehr stolz auf meinen Bruder«, sagt sie, und ihre Augen werden feucht, als sie das ausspricht.

Nicht lange nach der Tragödie wurde Winnies Vater zum Vertreter des britischen Finanz- und Wirtschaftsministeriums in New York ernannt. Er war mehr als glücklich, auf die andere Seite des Atlantiks wechseln und fliehen zu können. Winnies Mutter nimmt an, Churchill hatte seine Hand im Spiel, sie denkt, er wusste von der Vertuschungsaktion der Navy und hatte das Gefühl, die Versetzung sei das Mindeste, was er für ihren Mann tun konnte. Winnie hat ein Foto von ihrem Dad auf der Überfahrt mit der *Queen Mary*. Darauf sieht er glücklich aus, wirklich glücklich, *so* glücklich, dass sie fast daran zweifelt, dass er es tatsächlich ist. Winnie bekam auf der Reise ein französisches Parfum von einer gewissen Madame Dreyfus geschenkt, deren Vater in eine Art Skandal verwickelt gewesen war, an dessen Einzelheiten sie sich im Moment nicht erinnert.[*]

---

[*] Sie war die Tochter von Alfred Dreyfus, der Skandal die Dreyfus-Affäre. Dreyfus war ein Franzose mit jüdischen Wurzeln, den man 1894 fälschlicherweise zu lebenslanger Haft auf der Teufelsinsel in Französisch-Guayana verurteilt, später dann freigesprochen hatte. Wie sich herausgestellt hat, wussten die herrschenden Mächte, dass der wahre Verräter ein gewisser Ferdinand Esterhazy war, doch man entschied, dieses Wissen für sich zu behalten, weil, nun, Esterhazy war kein Jude, Dreyfus aber schon. Roman Polanski hat die Geschichte verfilmt (*Intrige*, 2019), basierend auf dem auf Deutsch gleichnamigen Roman von Robert Harris.

Sie hat mit Arthur gesprochen. Über seine Bedürfnisse und Wünsche, wie es weitergehen soll. Kurz gesagt: Er ist nicht scharf darauf, in ein Zimmer im Pflegeheim selbst zu ziehen. Er will in seiner Wohnung bleiben, komme, was wolle. Er mag es, dass er dort Raum für sich hat, mag seine Unabhängigkeit. Was solls, wenn er dort manchmal aufs Gesicht fällt? Wofür ist ein Gesicht denn da?

2. FEBRUAR   War im St. Ann's Hospital in Nordlondon, wurde von Juliet empfangen und von Mary geimpft. Zurück nach Hause.

»Ich bin froh, dass das getan ist«, sage ich.

Winnie sieht mich an und lächelt, kann sich aber nicht erinnern, wo ich gewesen bin. Um fair zu sein, muss ich hier anmerken, dass sie einen anstrengenden Tag hatte: Sie musste ausreichend Mut fassen, um eine altersschwache Avocado auf den Kompost zu werfen.

Etwa gegen 22 Uhr fange ich an, mich etwas komisch zu fühlen. Leichte Übelkeit, Gliederschmerzen. Ich feiere die Entwicklung, indem ich ein Loch in den Teppich brenne. Ich war dabei, das Feuer zu versorgen, als sich eine heiße Kohle (eine *sehr* heiße Kohle, seien wir auch mir gegenüber fair) irgendwie aus dem Feuer befreite und auf dem Teppich landete. Mit sagenhafter Schnelligkeit und Geistesgegenwart habe ich daraufhin heftig geflucht und die Kohle auf die Dielen getreten (wo sie weniger bedrohlich für Winnies Leben war), sie mit der kleinen Schaufel, die für diesen Zweck da ist, aufgenommen, das aufmüpfige flammend heiße Ding zurück ins Feuer befördert und den doch beträchtlichen Schaden betrachtet (und gerochen).

Ich rufe zu Winnie in die Küche hinüber. Sage, sie soll kommen und sich etwas ansehen. Gut gelaunt und neugierig kommt sie herein. Man darf sagen, dass die Neugier angesichts des frisch in den Teppich gebrannten Loches die gute Laune überlebt. Sie geht in die Küche und kommt mit einem Lappen und Seifenwasser zurück, was ein bisschen so ist, als würfe jemand, der einen Staudamm bauen will, einen Brokkolikopf in die Themse. Sie geht auf die Knie und schrubbt und schrubbt und überprüft dabei immer wieder, ob ich ihr auch zusehe.

»Es tut mir leid, Winnie.«

»Nun, damit haben Sie fraglos einen bleibenden Eindruck hinterlassen.«

»Ich besorge Ihnen einen schönen Läufer. Um das Loch zu verdecken.«

»Werden Sie auch mit drunterpassen?«

»Sorry, Winnie.«

Sie hört auf zu schrubben, schüttelt den Kopf und sagt: »Ist schon gut. So was passiert.«

Sehr wenig Schlaf. Fieber, der Kopf schmerzt, mir ist gleichzeitig heiß und kalt, ich treibe durch eine Zwischenwelt. Seltsame Träume und Visionen, ich winde und quäle mich durch Schlaf und Wachen, schwitze und zittere. In einem Traum brennt das Haus, und ich klettere mit Winnie auf dem Rücken die Regenrinne hinunter. Dann höre ich Winnie aufschreien: »Rod!« Ich schieße in die Höhe. *Rod?* Sie muss Ron meinen. Egal. O mein Gott, sie brennt! Nein. Moment. Das ist unwahrscheinlich. Würde sie mich rufen (oder Rod), wenn sie in Flammen stünde? Wohl kaum. Wahrscheinlicher ist, dass sie auf dem Weg zurück vom Klo über das Bügelbrett gefallen ist. Irgendwie so was.

Ich schleiche nach unten, zittere wie Espenlaub, obwohl ich schweißnass bin. Stille. Nichts. Kein Anzeichen einer Katastrophe. Ich lege mein Ohr an ihre Schlafzimmertür. Stille. Entweder ist sie tot, oder sie schläft. Ich kann schlecht hineingehen und fragen. Ich lausche angestrengt: ein kurzes Schnarchen. Ich gehe zurück nach oben, trinke einen halben Liter Wasser, dusche, schlucke Schmerztabletten, esse eine Banane und wälze mich dann bis zum Morgengrauen im Bett herum, Geisel merkwürdiger Gedankenkarusselle, gewisser hartnäckiger / verrückter Wahnvorstellungen, zum Beispiel, dass ich, statt zu schlafen, eine spanische Tortilla zu zerschneiden versuche. Irre. Stehe um fünf auf, um die Asche in die Tonne zu befördern, kümmere mich um das Feuer, trinke Wasser und schlafe bis mittags.

5. FEBRUAR *Gardener's World*: Monty Don[*] sagt, die beste Zeit zum Schneiden ist der späte Winter. Entferne das Alte, Verrottete, wenig Hilfreiche. Lass das Neue, Frische, Fruchtbare sprießen. Das ist der Gedanke. Das ist die Idee. Was man noch wissen sollte, sagt Monty Don, ist, dass widrige Witterung dazu führen kann, dass sich Pflanzen selbst beschneiden. (Der Fachbegriff dafür ist Abszission, falls das mal in einem Quiz auftaucht.) Was bedeutet, dass einem ein Sturm mitunter einen Gefallen tun kann. Notiz an mich selbst: Winnie bei der nächsten steifen Brise nach draußen stellen, um zu sehen, ob ihre müden Ohren wegfliegen.

7. FEBRUAR Ich gehe spazieren. Es beginnt zu schneien. Ein Anruf: »Ben. Winnie. Ich habe das Gefühl, eingeschneit zu werden. Es ist das Auto – es sieht so aus, als würde es zufrieren. Und wir brauchen natürlich mehr Salz, um nicht von der Außenwelt abgeschnitten zu werden. Und die Hintertür will sich nicht mehr öffnen lassen. Ehrlich gesagt, ich sehe schlimme Zeiten auf uns

---

[*] Monty Don ist der wohl beliebteste TV-Gärtner im Vereinigten Königreich und Moderator der BBC-Serie *Gardener's World*.

zukommen. Ich weiß, Sie sind erst vor einer Stunde gegangen, aber ich bin nicht in der Lage, dem Schnee Herr zu werden. Gehen Sie in sich. Überlegen Sie. Befragen Sie Ihr Herz. Was es über alte Frauen in Gefahr denkt. Es wird nur noch schlimmer werden. Er bleibt liegen. Nehmen Sie es als Hinweis. Bin dankbar, wenn Sie zurückkommen. Bevor Sie irgendwo festsitzen. Hey-ho. Auf in den Kampf.«

Der Staubsauger läuft, als ich zurückkomme. Sie zeigt mir die Tür, die nicht mehr aufgeht. Ich öffne sie. Sie sieht sie geringschätzig an, als hätte sie sie im Stich gelassen. Ich streue Salz und so weiter und mache dann eine Pastete mit Kartoffeln und Erbsen. Hinterher sehen wir uns einen Film an, *Die Ausgrabung*. Ich habe ihn vorgeschlagen, weil ich dachte, er könnte sie interessieren. Sie erinnert sich an den Fall, um den es geht, die Sutton-Hoo-Ausgrabung von 1939. Ein angelsächsisches Schiffsgrab voller Kostbarkeiten. Es würde mich nicht überraschen, wäre sie persönlich dort gewesen, mit drei Jahren, um zu helfen, die Fundstücke zu katalogisieren. Sie sieht aufmerksam zu und nickt nicht ein einziges Mal ein, äußert nichts Bissiges oder Irrelevantes, und dann: »Um die Wahrheit zu sagen, glaube ich nicht, dass sie damals schon Lemon Drizzle Cake hatten.«* Ich bringe ihr ein leicht klebriges Toffee-Dessert. Sie sagt, sie würde sich niemals trauen, so etwas zu kaufen. Ich antworte ihr, dass wir eindeutig unterschiedliche Vorstellungen von Gefahren haben.

---

* Damit hatte sie recht. Oder sagen wir, es ist gut möglich, dass sie recht hatte. Auf einer Website von Film-Freaks, die Anachronismen mögen, heißt es: »In der Gartenparty-Szene gegen Ende erwähnt die von Ralph Fiennes gespielte Person einen Lemon Drizzle Cake. Laut dem Oxford English Dictionary wurde der Begriff zum ersten Mal im Jahr 1969 dokumentiert.«

Es ist unser Recycling-Abend. Sie kommt mit etwa zehn Suppen-behältern aus Plastik ins Wohnzimmer und fragt, was ich denke, wie viele wir behalten sollen.

»Ich würde keinen einzigen behalten, Winnie.«

»Fünf?«

»Ich würde keinen behalten, Winnie.«

»Sechs wären schon viel.«

»Ich würde keinen behalten, Winnie.«

»Vier?«

Ich lache.

»Drei?«

»Winnie.«

»Zwei.«

»Sie wissen, was ich denke.«

»Dann zwei.«

»Gut.«

»Zwei haben Gesellschaft.«

»So ist es.«

»Damit habe ich das geklärt.«

»Das haben wir.«

»Es ist eine Erleichterung, das kann ich Ihnen sagen.«

8. FEBRUAR   Ich gehe zum Common und zur Windmühle hinauf. Es ist der Boden, der mir am besten gefällt. Der dunkle, nasse Matsch ist gefroren und perfekt zum Drüberlaufen. Wie steifer Christmas-Pudding mit etwas Puderzucker. Natur im Des-sert-Kleid. Wenn flache Pfützen unter meinen Schritten brechen, denke ich an Crème brulée. Ich genieße den starken Kontrast zwischen den zarten gelben Blüten des Stechginsters und seinen abschreckend spitzen Dornen. Es schneit nur leicht, aber stetig – kleine Federn wie aus einem Kissen, die man kaum spürt.

Ich verlasse den Common und laufe weiter in Richtung Norden, überquere die Hauptstraße und gehe nach Roehampton hinein, das anders als alles ist. Nein, ist es nicht, es lässt mich an Polen denken. Sechzehn Hochhäuser, einige auf Betonpfeilern, nett auf abschüssigem Terrain arrangiert. Ich blicke zu den Balkonen hinauf – da hängen Socken an Wäscheleinen, ich sehe Kinderräder und winterharte Pflanzen – und komme schließlich durch das Roehampton Gate in den Richmond Park.*

Immer noch das Knirschen unter den Schuhen, Kekse und Crème brulée. Ich rufe meine Mom an, die wissen will, was ich mir zum Geburtstag wünsche. Einen Rucksack, sage ich. Ich verlasse den Park durch das Richmond Gate, gehe den Richmond Hill hinunter und bleibe stehen, um den berühmten Ausblick auf die Themse (Turner hat ihn auf die Leinwand gebracht) nicht zu verpassen, aber mehr noch als vom Fluss wird meine Aufmerksamkeit von einem Papierdrachen angezogen, der tief im Geäst eines Baumes hängt.

Als ich zurückkomme, poliert sie ihre Gabeln, ihren Nippes und ihre Krüge. Ich sehe zu, wie sie die rosa Flüssigkeit auf einen Lappen gibt und mit dem Zeigefinger über das Silber reibt. Sie zeigt mir einen Krug, den Arthur zu seiner Taufe geschenkt bekommen hat. Arthur wurde zweimal getauft, sagt sie, in Wimbledon und dann noch einmal in Exeter, wo er an der Uni an den God Squad geriet, dessen Mitglieder ihn in den River Exe tauchten. Sie betrachtet Arthurs auf dem Tisch arrangiertes Silber, und während sie das tut, kann ich sehen, tatsächlich sehen, wie sich

* Über vierzig Jahre war der Park von Roehampton aus nicht zugänglich. Die Leute wurden draußen gehalten. 2010 dann wurde das Tor errichtet. Merkwürdige Vorstellung, eine Lücke zu errichten.

ihre Stimmung ändert, wie sie sinkt. Sie sagt, das Leben ist nicht fair zu Arthur und dass es sie war, die ihn in all das getrieben hat, in all die Ungerechtigkeiten.

»Wie auch immer«, sagt sie. »Wie war Ihr Spaziergang?«

Ich erzähle ihr vom Knirschen, von der Crème brulée, dem Fluss und den Balkonen. Sie geht auf den Fluss ein, findet Tritt und erzählt, dass Rebecca, Mark (Rebeccas verstorbener Mann) und Bilbo vor Jahren mit einem Punting-Kahn von Oxford den Fluss hinuntergefahren sind, um Geld für einen guten Zweck zu sammeln. Es war eine Katastrophe. Bilbo hasste es. Henry und Winnie waren von Anfang an skeptisch gewesen. Aber wenn sich Rebecca etwas in den Kopf gesetzt hat, bekommt sie es oft auch – da wird selbst Winnies Hund zum Punten gebracht. Ich frage Winnie, ob sie einmal mit im Richmond Park spazieren gehen mag. Wir könnten nach Roehampton fahren, sage ich, und dann von dort hineinlaufen. Einfach ein bisschen schlendern.

»Eine nette Idee. Aber die Politessen haben Sie da gleich am Wickel.«

Ich sehe mir ein Quiz an, *University Challenge*. Winnie kommt herein und hält mir eine offene Keksdose hin, bleibt stehen, wendet sich dem Fernseher zu und steht mit ihrer Keksdose da, als wollte sie den Kandidaten auch welche anbieten.

»Ich verstehe nicht, warum Sie sich das antun«, sagt sie. »Das zeigt einem nur das Ausmaß des eigenen Unwissens. Himmel, dieser Daunt aus Warwick.«

»Was ist mit ihm?«

»Dass der über seine Nase hinweggucken kann. Die sieht ja aus wie der Fels von Gibraltar.«

Ich sehe mir die erste Folge der dänischen Fernsehserie *Die Erbschaft* an. Erst sieht es aus, als würden sich die drei Kinder einer wohlhabenden, im Sterben liegenden Künstlerin um deren Erbe streiten. Zwei Söhne und eine Tochter. Doch dann steigt ein viertes Kind, unehelich und bis dahin unbekannt, mit in den Ring. Als die wohlhabende Künstlerin schließlich stirbt, entkorkt der älteste Sohn eine Flasche Champagner, um den Gedanken an den Einzug in das große Haus der Mutter zu feiern. Man nimmt an, dass es am Ende der zweiten Folge ein Ende mit der Feierei haben wird. Man kann keine Pistole auf eine Bühne legen, ohne dass ein Schuss abgefeuert wird.

9. FEBRUAR   Mehr Schnee. Er bringt Winnie zurück in Aktion. Die Küche wird zur Einsatzzentrale. Sie möchte, dass das Auto vom Schnee befreit wird. Sie möchte, dass es fahrbereit ist.

»Um wohin zu fahren?«

»Das ist nicht wichtig. Es soll einfach fahrbereit sein.«

Und sie möchte auch, dass die Einfahrt geräumt wird, zumindest ein Pfad, breit wie ein Auto, ein fahrbereites Auto. Ich tue, wie mir geheißen. Weil ich sehen kann, dass sie sich nicht eingeschlossen fühlen will. Weil ich neulich die Schaufel kaputt gemacht habe (fragen Sie nicht), benutze ich das Kehrblech. Ich fange mit dem Auto an, den Fenstern, der Windschutzscheibe. Mit ausladenden Bewegungen fege ich den Schnee hinunter. Als scherte ich ein Schaf. Dann gehe ich in die Hocke und kratze, bis es einen Weg vom Haus bis zum Bürgersteig gibt. Natürlich ist alles, als ich fertig bin, längst wieder mit frischem Schnee bedeckt. Aber Winnie ist zufrieden, zumindest fürs Erste. Als Nächstes möchte sie das Vogelbad enteist haben. Und dann möchte sie wissen, was ich davon halte, zu gehen und uns mit Fleisch einzudecken.

»Wollen Sie das wirklich wissen, Winnie?«

»Wahrscheinlich nicht.«

»Ich glaube nicht, dass es in Wimbledon zu einer Fleischknappheit kommen wird.«

Sie ist nicht überzeugt. Ganz und gar nicht. Ich stelle mir vor, ich werfe eine Münze. Kopf.

»Ich werde mal nachsehen«, sage ich. »Um sicherzugehen.«

»Das würde ich sehr zu schätzen wissen. Vielleicht einfach etwas Hackfleisch. Und ein Pfund Butter, wo Sie schon mal da sind.«

»Butter ist eine rote Linie, Winnie.«

»Wie meinen Sie das?«

»Ich kann guten Gewissens keine Butter kaufen. Wo ich weiß, wie viel Sie haben.«

»Aber der Preis, Ben. Der wird steigen. Er *tut* es schon. Sie wissen, dass wir den gemeinsamen Markt verlassen?«

»Gut. Aber falls Sie jemand nach Ihrem Vorrat fragt, vom Innenministerium oder wer auch immer, ich habe *nichts* damit zu tun.«

»Abgemacht.«

Wir sehen uns den *Portraitmaler des Jahres* an. Sie meint, ein gutes Porträt fängt den Charakter des Porträtierten ein und sein äußeres Erscheinungsbild. Sie hat einmal ein Selbstporträt gemalt. Als sie neunzehn war. Allerdings hat ihr nicht gefallen, was sie da sah, und so hat sie eine Landschaft darüber gemalt und es seitdem nicht wieder versucht.

10. FEBRUAR   Ich lese ein Gedicht in einer Anthologie, die ich mir in der Bibliothek ausgeliehen habe. Piet Hein. So heißt der Dichter. Piet schrieb gerne eine besondere Art Gedichte, »Gruks« genannt, die kurz und aphoristisch sind und sich reimen. Siebentausend von ihnen hat er geschrieben. Eines davon heißt »Gedanken an einem Bahnsteig«. Es erzählt im Kern, dass es Unsinn

ist, sich über einen verpassten Zug zu ärgern. Denn wer zu spät für den einen Zug ist, ist immer noch früh genug dran, um den nächsten zu erwischen. Ich lese es Winnie vor. Sie isst ihren Toast, kaut im Rhythmus des Versmaßes und beißt weniger, weniger, weniger zu. Als ich geendet habe, fragt sie: »Und was, wenn der nächste Bus überhaupt nicht kommt?«*

Eine Beobachtung: Winnie sagt etwas und beginnt zum Beispiel mit: »Das Fernsehen besteht heutzutage nur noch aus Werbung«, und lässt gleich darauf folgen, was ihr wirklich durch den Kopf geht: »Der Arzt sagt auch, dass Arthur Gewicht verloren hat«, sodass eine Äußerung wie diese entsteht: »Das Fernsehen besteht heutzutage nur noch aus Werbung, und der Arzt sagt auch, dass Arthur Gewicht verloren hat.«

Warum ist das wichtig? Weil im zweiten Teil das Unterbewusste sein Periskop hervorreckt. Oder weniger das Unterbewusste als das Vorbewusste? Oder Panbewusste? Wie auch immer, Sie verstehen schon. Ihr Denken wird von Arthur beherrscht. Er ist der Beginn und das Ende ihres Tages. Der Beginn und das Ende ihrer Sätze. Und das hat sowohl etwas Bewundernswertes als auch etwas Tragisches.

11. FEBRUAR   Es ist ein Morgen voller Themen, ein Frühstück in vielen kurzen Akten. Manchmal kommen sie im Überfluss, manchmal kommt gar nichts. Der heutige Ansturm in loser Reihung:

1) Winnie kommt in die Küche und sagt: »Er war immer so ein verlässlicher Klempner, und ich glaube, es ist an der Zeit

---

* Manche sagen, der Name Gruk geht im Dänischen auf die Worte für »lachen« und »seufzen« zurück, was mir als Vorstellung gut gefällt.

zuzuschlagen.« *Den Klempner zu schlagen? Weil er immer so verlässlich war?*

2) Ein erwachsener Distelfink (roter Kopf, gelbe Streifen auf den Flügeln) trinkt aus dem Vogelbad, das ich kürzlich erst mit kochendem Wasser aufgetaut habe. Winnie schlägt den Vogel im Vogelbuch nach, das sie neben dem Telefon liegen hat. »Auffallend herzig tanzender Flug«, liest sie. Was für ein Job, Vögel zu beobachten und ihr Verhalten zu beschreiben. Ich überlege mir einen Eintrag für Winnie: »Verlässt das Nest nur kurz, heikel und geschäftig.«

3) Winnie liest die Nachrichten. Ein Paar in Wales, Mr und Mrs Tweedy, haben 2017 einen Zoo gekauft. Beide hatten keine Erfahrung mit der Haltung von Tieren. Ein Luchs floh und musste von einem »Schützen des Council« auf der High Street von Bangor erschossen werden. Ein anderer Luchs wurde aus Versehen erwürgt, was nicht so leicht zu bewerkstelligen zu sein scheint, besonders »aus Versehen«. Nachdem sie riesige Schulden gemacht hatten und noch ein paar Tiere geflohen waren, wurde der Zoo aufgelöst. Winnie sieht mich an. Fassungslos. »Und die Tiere?«

4) Ich sage, dass mir kalt war in der letzten Nacht. Sie sagt, ihr auch. Ich schlage vor, dass wir ökonomisch denken und uns ein Bett teilen sollten. Sie sagt, dass sie lieber stirbt. Dann sagt sie: »Henry und ich, wir haben uns die ganze Nacht aneinandergekuschelt.«

»Das ist romantisch.«

»Also, darum ging es weniger, sondern mehr darum, die Heizung nicht anmachen zu müssen.«

Ich kümmere mich um meine Narzissen. Sie sind jetzt alle aufgeblüht. Zehn Blüten, gleich erhaben, aber unterschiedlich groß. Die grünen Blätter sind hoch aufgeschossen und scharfkantig. Die Stängelhälse recken sich braun und kross wie frittierte Zwiebeln. Einige der äußeren Perigonblätter schlagen um, während andere sich stolz gerade halten wie die Flügel eines Propellers. Ich würde sagen, schöner kann die Pflanze nicht werden.

12. FEBRUAR   Ich staune über Winnies Selbstdisziplin. Obwohl sie weiß, dass sie zwölf Gläser in ihrem Schrank stehen hat, streicht sie nur ganz wenig Marmelade auf ihren Toast. Ich an ihrer Stelle würde drei Monate prassen und dann neun Monate leiden. Ist Maßhalten der Schlüssel zu einem langen Leben? Ich stelle Winnie diese Frage, doch sie muss mich missverstehen, denn sie sagt: »Da können Sie die Schuld bei Tony Blair suchen.«

Wo wir von politischen Anführern sprechen, Boris ist auf der Titelseite. Sein Hund hat einen Aufruhr ausgelöst. Bis vor Kurzem noch war Dilyn, so heißt er, ohne Heim und schlecht genährt, aber er hat es angepackt und nach den Sternen gegriffen, und jetzt sitzt er ganz oben auf der sozialen Leiter in 10 Downing Street. Als dann ein paar findige Journalisten herausgefunden haben, dass drei Fotografen mit Steuergeld dafür bezahlt wurden, Dilyns Aktivitäten zu dokumentieren, gab es laute Rufe nach einer mit Steuergeld finanzierten öffentlichen Untersuchung des Falles. Ein Sprecher von Nummer 10 (und ehemaliger Schulkamerad von Dilyn) hatte dazu Folgendes zu sagen: »Alles in dieser Sache ist nichts als Gebell.« Winnie blättert weiter.

»Metzger wirft Philosophiestudenten in den Humber.«

»Mit welchem Ziel?«, sage ich.

»Das war irgendwo bei der Mündung.«

13. FEBRUAR Mein Geburtstag. Noch im Bett, mache ich ein paar Karten und Geschenke auf. Einen Inbusschlüsselsatz von meiner Oma und ein Paar robuste Stiefel von Megan. Winnie nimmt an, sie wollen mir damit etwas sagen.

»Und was?«

»Dass sie lieber eine etwas praktischer veranlagte Version von Ihnen hätten als die derzeit verfügbare.«

Sie hat mit Musik nicht viel am Hut, soweit ich das beurteilen kann. Sie macht nie welche an. Es ist immer nur Radio 4, den CD-Spieler berührt sie nicht. Und doch sehe ich am Abend, wie sie in ihrem Schlafzimmer beim Bügeln tanzt (oder umgekehrt), und zwar zu Curtis Mayfields »Move On Up«.

15. FEBRUAR Über Nacht ist es zehn Grad wärmer geworden. Das Vogelbad muss nicht mehr aufgetaut werden. Ich sehe einer Amsel zu, die es in vollen Zügen genießt, den Kopf unterzutauchen und mit den Flügeln zu platschen. Eine Minute oder so tut sie das, dann kommt eine Kohlmeise und macht es ihr nach. Ich hatte keine Ahnung, dass Vögel sich so verhalten. Wildes Sich-Waschen. Ziemlich naiv dachte ich, dass so ein Bad nur zum Trinken dient. Es ist wirklich schön und amüsant, den Vögeln zuzusehen, wie sie sich baden und säubern. Was gibt es sonst Neues? Die Krokusse sind vor einer Woche herausgekommen, stehen selbstbewusst da und haben ihre beste Zeit bald schon wieder hinter sich. Und die Knoblauchblüten, die ihren eigenen Kopf haben, haben das Haus mittlerweile umzingelt. Im Vogelhaus herrscht mehr Betrieb als im Hafen von Dover.

Stewart ruft an. Sie reden über die neue, unerwartete Wärme und stimmen darin überein, dass die Wetterfrösche für Samstag 17 Grad prognostizieren. Winnie sagt, sie war gestern auf dem Common und hat viele Familien gesehen, was gut für die Laune war.

»Also gut«, sagt sie.

»Also gut«, sagt er.

»Behüt dich Gott.«

»Und dich.«

»Vielen Dank.«

»Bis dann.«

»Hey-ho.«

»Immer weiter.«

»Nicht aufgeben.«

»Gute Nacht.«

»Grüß alle.«

»Also gut.«

»Okay dann.«

»Alles Liebe.«

»Bis bald.«

»Bis bald, Schatz.«

Wären wir alle im selben Zimmer, wäre ich ernsthaft versucht, sie mit den Köpfen zusammenzustoßen. Was taugt die Liebe auf der Zunge?

16. FEBRUAR   Karnevalsdienstag. Der Ärger ist, ich habe nichts mehr, was ich aufgeben könnte. Mein Leben ist enthaltsam genug, so, wie es ist. Ich habe meine Laster aufgegeben. Und auch meine Tugenden – die Freiheit vor allem. Ich nehme an, es wird der Kaffee sein müssen. Oder mein Sinn für Humor. Vielleicht sowieso nicht unvernünftig. Ihn aufzugeben könnte Winnies Le-

benserwartung erhöhen. Und *meine* auch. Ich verzichte auf meinen Sinn für Humor. Während der Fastenzeit. Aus Spaß. Weil es sonst echt nichts mehr zum Draufverzichten gibt.

Kürzlich, als Winnie eine beigefarbene Wollmütze aufhatte, sagte sie, damit sehe sie aus wie eine Erdnuss. Nun, sie muss vergessen haben, dass sie das gesagt hat, denn als sie jetzt nach unten kommt und ich sage: »Da kommt die Erdnuss«, könnte der Blick, mit dem sie mich darauf bedenkt, einem Fuchs auf zwanzig Schritt den Garaus machen. Ich lasse mir nichts anmerken und gehe nach draußen, um das Vogelbad aufzufüllen.

»Kein gefiltertes Wasser!«, ruft sie hinter mir her. »Die merken da keinen Unterschied, wissen Sie.«

Als ich zurück in die Küche komme, ringt sie die Hände wegen der fälligen Kohlenbestellung. Sie möchte welche bestellen, weil unser Vorrat zur Neige geht, aber ihr Instinkt, gut versorgt zu sein, kämpft mit dem Umstand, dass die Preise im April sinken. Es ist ein echtes Dilemma, das sie ratlos macht.

Ich will nach Dullwitch, nur um mich dort einmal umzusehen. Winnie hat da mal im Museum ausgeholfen. Ich frage sie, ob sie mitkommen möchte. Sie sagt, ja, schon, aber sie muss auch zu Boots (Make-up) und gegenüber zu Arthur's (Joghurt und den *Spectator* kaufen). Alte Wünsche stehen den neuen im Weg.

Ich nehme den Zug nach Tulse Hill und gehe los. Es fühlt sich zügellos an. Regelwidrig. Ohne ein größeres Ziel loszuziehen, als sich einen Ort ansehen zu wollen. Ich nehme an, der Wert aller Dinge – ja, ihre Natur – ist unsicher und hängt von den Umständen ab. Auch ich selbst habe nur in gewissen Situationen einen Wert, Situationen, die ich an den Fingern einer Hand abzählen kann. Die Ereignisse haben die Natur von allem verändert. Darauf will ich hinaus. Auch von Dingen wie nach Tulse Hill zu fahren und nach Dullwitch zu gehen, eine Pause einzulegen, um den Tauben zuzusehen, an der Bäckerei stehen zu bleiben und eine Gedenktafel für sechs Opfer eines V2-Angriffs im Jahr 1945 zu lesen. Zu Hause bleiben zu müssen gestaltet die gesamte Existenz neu. Die Reduktion ist fruchtbar, lässt neue Wünsche und Neigungen entstehen.

17. FEBRUAR   Winnie kann sich nicht an den Namen eines Baumes im Garten erinnern (der hinter den beiden Nadelbäumen), und sie ist voller Wut auf sich, absolut rasend. Sie geht Arthur eine Pannacotta bringen und knallt die Tür hinter sich zu. Als sie zurückkommt, gibt sie, ohne darum gebeten worden zu sein, eine detaillierte Übersicht über alles im Garten (die Rotbuche, den Neuseelandflachs, den Ahorn, den Weißdorn, das Geißblatt, die Weißbirke), ganz so, als wollte sie beweisen, dass sie immer noch alles weiß und unter Kontrolle hat. Die Vorstellung hebt ihre Stimmung, und sie erklärt begeistert, dass sie am Abend einen Blumenkohl mit Käse machen wird, so ich keine Einwände dagegen habe. Es wird nicht der erste Abend sein, an dem es Blumenkohl mit Käse gibt. Sie scheint einfach nicht zu verstehen, dass es sich dabei um eine Beilage handelt.

18. FEBRUAR   Nach dem Essen sehen wir uns einen Film an, *Edie – Für Träume ist es nie zu spät*. Die Eröffnungssequenzen fühlen sich irgendwie vertraut an. Ein Mann auf einem Treppenlift. Eine Frau, die ihn versorgt. Sein Tod. Ihre Isolation. Das Horten von Dingen. Ihr starrköpfiger Zug. Eine schwierige Tochter. Winnie sieht mit einem schiefen Lächeln und geschlossenem Mund zu.

»Solche Baked-Beans-Vorräte würde ich niemals anlegen.«

Die Geschichte geht weiter. Edie hat die Nase voll vom Leben, fühlt sich einsam, erstickt. Entschließt sich, einen Berg zu besteigen. Packt ihre Tasche, nimmt einen Zug und wird auf dem Bahnsteig von einem jungen Mann umgerannt – typisch. Um es wiedergutzumachen, bringt der Junge die alte Frau zu dem Gasthof, zu dem sie will, aber da gibt es kein Zimmer, und so nimmt er sie mit zu sich, worauf Winnie genug hat und den Sender wechselt.

»Hat es Ihnen nicht gefallen, Winnie?«

»Todlangweilig.«

»Ich fand es wirklich nett.«

»Nichts für mich. Hab Besseres zu tun.«

»Was denn?«

»Staub wischen.«

20. FEBRUAR   Über Basingstoke nach Portsmouth. Ich will sehen, ob mit meinem Vater alles in Ordnung ist. Das geht gegen die geltenden Verordnungen, aber ich bin getestet und geimpft, er ist geimpft, Winnie ist geimpft, und er war nirgends. Also beschließe ich, meinen Dad zu besuchen. Wir spielen Scrabble, schauen Fußball. Er zeigt mir, was er am Keyboard übt – die »Ballade für Adeline« von einem Franzosen. Das Stück ist ziemlich nett, umso mehr noch, wenn mein Dad es spielt, dessen ramponierte Wurstfinger wie Hochstapler über die Tastatur wandern. Ein Privatkonzert. Ich würde ihm gerne so nahe sein. Ich danke ihm im Namen von Winnie für das Vogelhäuschen.

»Ich habe mit etwas angefangen, das ich einen Vogeltempel nenne. Meinst, sie würde es mögen?«

Am nächsten Morgen gehe ich noch ein wenig mehr gegen die Regeln verstoßen. Ich fahre hoch zu meiner Nan. Sie macht ein super Frühstück mit Eiern und Speck, während Granddad dem West-Ham-Spiel lauscht. Sie hat kürzlich ihre Freundin Polly verloren und erzählt mir, dass deren Tochter beim Ausräumen des Hauses vor allem eine Sache herausgefunden hat: Polly hat gehortet, was sich horten ließ. Sie hat mehr Margarinebecher gefunden, als sie für vorstellbar hielt, aber nichts von Wert. Den fehlenden Schmuck hat sie am Ende in einer Kühlbox auf der Veranda entdeckt – direkt vor der Nase eines möglichen Einbrechers, genau da, wo der wahrscheinlich nicht gesucht hätte. So was könnte auch Winnie tun. Stapelweise Geldbündel in Unterhosen in der Mikrowelle. Ich mache mir eine Notiz, mit ihr darüber zu reden. Ich mache mir dieser Tage oft Notizen zu Dingen, die ich ihr sagen will.

Nach Nan zu Granddad und Grannie Annie. Ein Schwatz auf der Türschwelle – sie lassen niemanden herein, negativ hin oder her. Es scheint ihnen okay zu gehen. Nicht bestens, so weit würde ich nicht gehen, aber doch okay. Sie zeigt mir ein Bild auf ihrem Smartphone. Darauf ist Granddad mit fünfzehn Jahren zu sehen, oben im Park mit seinen Fußballfreunden, am ersten Weihnachtstag 1950. Es ist ein Gruppenfoto, zwei Sechserreihen. Granddad steht in der hinteren Reihe, und sein linker Schuh ruht auf der Schulter des Jungen vor ihm. Er war mit fünfzehn schon ziemlich so, wie er heute ist. Ich liebe die beiden, finde es aber schwierig, dem Ausdruck zu geben, als ich mich wieder verabschiede.

Winnie zeigt mir den Mimosenbaum – der aufgeblüht ist, während ich weg war. Eine gelbe Flut. Damit habe ich nicht gerechnet. So was im Ärmel zu haben ist schon etwas. Offenbar ist Stewart auf eine Leiter gestiegen und hat ein paar Äste für sie abgeschnitten, die hinten in der Küche in einer Vase stehen. (Es gibt übrigens dreizehn Leitern in diesem Haus, was schon etwas verrät, wenn ich auch nicht sagen kann, was, aber *etwas* doch ganz sicher.) Später, als ich mir eine Dokumentation über Margot Fonteyn ansehe, die Primaballerina *assoluta*, setzt sich Winnie zu mir. Winnie erzählt, dass sie sich als Kind vorgestellt hat, eine Ballerina zu sein, und von Zimmer zu Zimmer getanzt ist, bis ihre Mutter ihren Wunsch im Keim erstickt hat, wegen des Risikos einer Verletzung.

22. FEBRUAR   Sie telefoniert. Sie erklärt jemandem, dass sie vor Wochen Kohlen bestellt hat und bald schon der Kälte erliegen wird. Die Frau vom Kohlenhändler sagt, tatsächlich habe Mrs Carter die Kohlen am letzten Dienstag bestellt, und man habe ihr gesagt, es werde mindestens sieben Tage dauern, und Mrs Carter, immer sachlich, vernünftig, antwortet: »Nun, ich nehme an, so kann man es auch sehen«, und legt auf. Sie sieht mich unbeeindruckt und gelassen an, absolut zufrieden. »Kann nie schaden, die mal kurz zu erinnern«, sagt sie.

Offenbar hat Winnie noch nie ein Gulasch gekocht, was ziemlich unglaublich ist. Koteletts, Braten, Kuchen, Suppen, Salate, Pasteten – das alles hat sie im Repertoire, aber ein Gulasch gehört nicht dazu. Auf ihre Anweisung schneide ich das Fett vom Fleisch. Es riecht sauer. Ich sage es ihr.

»Kein Problem«, erwidert sie. »Seien Sie keine Mimose.«

Eine Stunde später. Das Gulasch blubbert vor sich hin. Sie sagt, vielleicht leiht sie sich von Carlotta eine Möhre, da sie denkt, dass die dem Essen guttun könnte. Sie ruft an. »Könnte ich mir zufällig eine Möhre ausleihen?« Ich höre Carlottas Antwort nicht, aber Winnie kichert, kichert und kichert und lacht schließlich aus vollem Hals. Ich habe das Gefühl, Carlotta hat einen Witz gemacht.

Es klingelt an der Tür. Die Möhre wird geliefert. Winnie sagt, sie zahlt ihre Schuld zurück und so weiter. Mehr Gelächter.

Eine Stunde später. In der Küche läuft der Fernseher. Winnie hat ihre Schürze um, eine Hand auf der Hüfte, und verfolgt die tägliche Pressekonferenz der Regierung mit einem Auge auf dem Gulasch.

»Lässt sich noch mehr darüber sagen? Wäre das möglich, was denken Sie? Es ist zu viel des Guten. Die Worte verlieren ihre Bedeutung. Die sollten die Klappe halten.«

Eine halbe Stunde später. Der Fernseher läuft noch immer.

»Um Himmels willen, werden die je aufhören?«

»Das ist *EastEnders*, Winnie.«

In den Erklärungen der Regierung, die kein Ende nehmen wollten und Winnies Geduld so sehr auf die Probe gestellt haben, ging es um die neue »Roadmap«. Ich komme zu der Einsicht, dass »Roadmap« ein sorgfältig gewählter Euphemismus für eine »substanzielle Verlängerung des Lockdowns« ist. Weitere fünf Wochen, bis ich einen Freund treffen kann, draußen, bei jedem Wetter und nicht nur zum Sport. Zwei Monate, bis ich allein an frischer Luft auf einem Baum dinieren kann. Und so weiter. Aber es gibt auch gute Nachrichten für Winnie – vom 8. März an darf Arthur einen festgelegten Besucher empfangen, so der getestet ist und während des gesamten Besuchs einen Taucheranzug trägt.

Eine Stunde später. Sie kommt zu mir ins Wohnzimmer und blättert in aller Ruhe durch eine Gartenzeitschrift. Winnies Anblick, wie sie das tut, würde mir gefallen, wüsste ich nicht, dass sie nebenan ein Gulasch blubbern hat.

»Wie geht es Ihrem Gulasch?«, frage ich.

»Hmmm?«

»Ihrem Gulasch.«

»Oh, die Geschichte.«

»Ja, die Geschichte.«

»Wahrscheinlich sollte man mal danach sehen.«

»Soll ich?«

»Würden Sie?«

Um neun ist ihr Gulasch stärker eingedampft, als das öffentliche Leben es je sein könnte. Sie beschließt, dass sie eine Ofenkartoffel dazu mag. Eine Stunde später sitzen wir endlich am Tisch, und die späte Stunde des Essens bringt sie dazu, von den Familien-»Urlauben« zu erzählen, die sie unten in Devon verbracht haben. (Sie setzt das Wort in Anführungen, weil, was sie angeht, die Arbeit einer Frau nie aufhört.) Sie sagt, diese Urlaube hätten etwas Magisches gehabt, wenn sie heute daran zurückdenkt.

»Wir hatten ein Cottage für vierzehntausend gekauft. Heute bekommen sie keine Hintertür mehr dafür. Aber so geht es. Die Dinge ändern sich. Ich meine, sehen Sie mich an. Wenn ich mich hinten im Kühlschrank fände, würde ich mich, ohne zu zögern, rauswerfen.«

Ich frage sie, ob sie sich wegen des Alterns sorgt.

Sie schnaubt. Weil es eine so dumme Frage ist. »Das Problem mit dem Tod ist«, sagt sie, »dass er Sie daran hindert, Dinge zu *tun.*«

23. FEBRUAR   Meine Narzissen. Sie wissen, welche. Die Köpfe mittlerweile gesenkt. Die Stängel gebeugt, geknickt, geschlagen, trotz meiner Pflege. Blütenblätter eingerollt, verschrumpelt, schlaff: gelangen wie Ikarus ans Ende ihres Triumphes.[*]

---

[*] Das Bild habe ich mir von Jack Gilberts und seinem Gedicht »Failing and Flying« ausgeliehen.

Auf dem Tisch liegt eine Möhre. Nein, das heißt, die Wahrheit zu strapazieren – es ist eine halbe Möhre. Eine halbe Möhre, die schon bessere Tage erlebt hat. Winnie kommt herein. Sie hat Gartenhandschuhe an und sieht glücklich aus, was annehmen lässt, dass sie gerade etwas vertrieben oder eine Gefahr abgewendet hat.

»Was haben Sie damit vor?«

»Sie Carlotta zurückgeben.«

»Machen Sie Witze?«

»Nein.«

»Ich glaube nicht, dass sie die will, Winnie.«

»Da wäre ich nicht so sicher. Möhren sind nicht zu unterschätzen.«

»Ja, aber die?«

Sie schnaubt. Sieht mich an. Herausfordernd. Ich hebe die Hände und ergebe mich. Sie nimmt die Möhre und marschiert damit aus dem Haus, immer noch mit den Gartenhandschuhen. Sie ist zurück, bevor das Wasser kocht.

»Sie hatten ganz recht.«

»Hatte ich?«

»Sie hat gelacht.«

»Oh, nun.«

»Das hat sie allerdings nicht davon abgehalten, sie zu nehmen.«

Ein Gedanke: Winnie hat Schwierigkeiten zu glauben, dass man etwas geschenkt bekommen kann, nicht mal eine einfache Möhre, ohne die Erwartung, etwas dafür zurückzubekommen. Für Winnie bedeutet ein Geschenk: »Du schuldest mir etwas.« Es ist mit einer Verpflichtung verbunden, das Annehmen eines Geschenks das stumme Versprechen einer Rückzahlung. Und da sie Geschenke als Vereinbarungen versteht, hält sie nichts davon, rein gar nichts. Sie möchte nichts bekommen, weil sie die Verpflichtung nicht will, ihrerseits etwas zu geben. Ihre Einstellung zu Geschenken (kalt) wird ihrer Natur (warm) nicht gerecht. Zu Weihnachten hat sie nur ein Geschenk gekauft. Eine Hose für Arthur. Es würde mich nicht wundern, wenn sie dafür ihrerseits eine erwartet.

24. FEBRUAR   Ich sitze auf der Schaukel und genieße die merkwürdige Wärme, wie ich sie seit Oktober nicht mehr empfunden habe. Um mich herum Krokusse. Zwei Arten. Einige wild, andere kultiviert. Die zarten lilafarbenen sind die wilden. Die anderen – kräftigeren, üppigeren, leuchtend gemusterten – wurden anderswo gezogen und in einem Laden gekauft. Zwei Blumen, von Natur und vom Namen her gleich, haben eine andere Form und Geschichte. Winnie mag die wilden lieber. »Sie sind verlässlicher«, sagt sie. Ich schaukle über beide hinweg.

Sie sitzt am Küchentisch, hat ihr Essen vor sich und den Fernseher eingeschaltet. Ich sage, ich mache einen kleinen Spaziergang zum Common, und frage, ob sie Lust hat mitzukommen. Hat sie. Ich sage, ich setze mich ins Wohnzimmer und lese die Zeitung, während sie sich fertig macht.

Später. Ich sehe in der Küche nach ihr. Sie isst eine Scheibe Toast und sieht sich dabei einen Film an: *Jede Frau braucht einen Engel.* Na gut, sie ist noch beim Essen.

Später. Ich sehe in der Küche nach ihr. Sie kocht sich einen Tee. Noch mal: Na gut, es gibt keine Eile.

Später. Ich sehe in der Küche nach ihr. Sie repariert eine Wäscheklammer oder versucht es zumindest. »Wollten Sie nicht mit spazieren gehen, Winnie?«

»Doch, Sie haben ja recht. Ich vertue hier meine Zeit. Einen Moment.«

Ich sage, ich warte draußen auf sie.

Später. Vor dem Haus. Ich warte und betrachte die Fassade. Die Jalousien sind heruntergelassen, wegen der Sonne. Winnie liebt das helle Licht, aber mehr noch fürchtet sie, dass Dinge ausbleichen.

Später. Wir drehen eine Runde um den Teich, den Wind im Gesicht.

»Was für eine Idylle«, sagt sie.

»Warum kommen Sie dann nicht öfter her?«

»Weil Idyllen rationiert werden sollten.«

Später. Wir kommen zurück nach Hause. Bleiben kurz in der Einfahrt stehen. Sie erzählt mir, dass die Mauer, die den Garten von der Straße trennt, von Tom und Charly gebaut wurde, zwei Burschen aus dem Ort, Veteranen.

»Charlie hatte keine Finger«, sagt sie.

»Keine Finger?«

»Hat sie im Kampf verloren.«

»Und war Maurer?«

»Ja, und dazu noch ein sehr preiswerter.«

Später. Das Feuer geht aus, und wir haben keine Kohle mehr. Ich frage sie, ob sie möchte, dass ich ein Holzfeuer mache. Sie sagt, es ist nicht wichtig. Es wird nicht mehr so gebraucht. Wir werden es schon überleben.

26. FEBRUAR   Sie hat noch nie Fish & Chips gegessen. Oder wenn doch, kann sie sich nicht erinnern. Ich schlage vor, zu The Vintage Fish in der Leopold Road zu gehen. Sie hat Lust darauf.

»Was mögen Sie?«

»Oh, ich weiß nicht.«

»Kabeljau. Dorsch. Panierte Wurst?«

»Panierte was?«

»Panierte Wurst.«

Sie sieht mich an. Ich erkläre.

»Ich kann mir nichts Schlimmeres vorstellen«, sagt sie. »Nein, einen kleinen Kabeljau und ein paar Pommes frites, denke ich.«

»Eingelegte Zwiebeln?«

»Nein. Eindeutig nicht.«

»Erbsenpüree?«

»Was?«

»Erbsenpüree.«

»O Gott, nein.«

»Currysoße?«

»Jetzt werden Sie albern.«

Als ich vom Vintage Fish zurückkomme, hat sie die Teller im oberen Backofen und den unteren auf 220 Grad stehen. Macht nichts. Ist leicht behoben. Sie probiert die Pommes frites und sagt, so gute hat sie noch nie gegessen. Und sie LIEBT die Tüte, in der das Essen ist, und besteht darauf, sie aufzubewahren. Hat dann nichts gegen das Erbsenpüree (wie sich zeigt) und betrachtet die Sauce tartare als eine *Offenbarung*. Sie fragt, was die Sache gekostet hat, und ich sage, ist schon gut, sie kann die nächste Runde übernehmen. Sie sieht mich auf eine Weise an, die nahezulegen scheint, dass sie tot sein wird, bevor man sie im Vintage Fish in der Leopold Road zu sehen bekommt.

Gardener's World läuft. Wieder finde ich die Sendung seltsam faszinierend. Monty Don und seine Mitmacher sind echte Gartengelehrte. Sie wissen *alles*. Ich bin froh, dass Winnie einen Uraltfernseher hat. Weil die alte Art fernzusehen genau das mit sich bringt – Überraschungen, die deinem Geschmack trotzen und dein Interesse auf Neues lenken, statt dir immer nur mehr und mehr vom Gleichen zu präsentieren. Ich habe so nicht mehr ferngesehen seit … nun, sicher seit zwanzig Jahren nicht. Winnie kommt herein und fragt mich, warum ich grinse wie ein Honigkuchenpferd. Ich sage, dass ich mich in Monty Don verliebt habe. Sie sagt, ich soll mich hinten anstellen.

28. FEBRUAR   Es ist kein schlechtes Büro. Ein alter Drehstuhl. Die Füße (mit Winnies Erlaubnis) auf der alten braunen Couch. Ein Holzschemel für meinen Becher Kaffee. Die Terrassentüren eröffnen einen Blick in den Garten. Ein Fernseher bietet Zerstreuung, so ich sie brauche. Das Feuer ist nicht weit. Der Wasserkessel nebenan in der Küche, und darunter im Schrank stehen mehrere Dosen mit Keksen. Über mir ist Winnie zu hören, die in ihrem Schlafzimmer herumtapst, oder unter mir, wo sie was in der Kühltruhe sucht, oder in der Küche, wo sie sich an Käse und Körnerbrot gütlich tut, während sie Arthur anruft, den Council oder über einen Film mit Untertiteln lacht, der im Fernseher oben auf dem Kühlschrank läuft. Ich entdecke zwei Elstern. Sie scheinen zu streiten. Winnie kommt herein und stellt ein Glas Rotwein aufs Kaminsims. Ein bisschen früh, aber egal.

»Ich feiere, was unser einundsechzigster Hochzeitstag gewesen wäre«, sagt sie.

»Ist der nicht erst morgen?«

»Heute und morgen.«

»Das verstehe ich nicht.«

»Gebrauchen Sie Ihre Fantasie.«[*]

---

[*] Das habe ich, verstehe es aber immer noch nicht.

1955

Winnie ist neunzehn, besucht die Ruskin School of Art in Oxford und teilt sich eine Wohnung mit ihrem Bruder im Dachgeschoss eines viktorianischen Reihenhauses. Nach einem guten Start kommt es im Zusammenleben bald zu Spannungen. Jacob passt es nicht, dass sein Freund Henry nur mehr zu Besuch kommen will, wenn Winnie da ist. Was ihm ebenfalls gegen den Strich geht: Seine Schwester hat in Bezug auf häusliche Fähigkeiten nur wenig Ähnlichkeit mit ihrer Mutter. Jacob denkt, er könnte genauso gut mit einem Freund zusammenwohnen, was er nicht wirklich im Sinn hatte, wenn er es sich genau überlegt. Er liebt seine Schwester, daran besteht kein Zweifel, aber er würde sie noch mehr lieben, wenn sie sich dazu bringen könnte, jeden Abend zu kochen und nicht so attraktiv für seine Freunde zu sein. Die Vermieterin ist ebenfalls nicht begeistert von Winnie. Mrs Peacock ist der Ansicht, Winnies Angewohnheit, Wäsche in der Wohnung aufzuhängen, bringe Feuchtigkeit in die Wände, wohingegen Winnie der Meinung ist, das Loch im Dach trage wesentlich mehr zur Nässe bei als ihre Wäsche. Trotz aller Unbilden und Unstimmigkeiten wird Winnie mit enormer Wehmut an die gemeinsame Zeit mit ihrem Bruder zurückdenken. Ganz besonders wird sie sich daran erinnern, wie sie eines Nachmittags aufgestanden, auf Zehenspitzen ins Bad geschlichen ist, um durchs Fenster auf den River Cherwell hinabzusehen, und Henry kam und ihr sanft in die Kniekehle schnipste – vorgeblich weil dort eine Fliege saß. In den nachfolgenden Jahren wird Winnie diesen Nachmittag als einen Wendepunkt in ihrem Leben bezeichnen.

Henry nicht. Für ihn war das ein Nachmittag drei Wochen zuvor, als er Winnie das erste Mal sah, in einer Schlange beim Bäcker, um Brot zu kaufen.

6

Kein Silberstreif ohne Wolke

1. MÄRZ   Eine Nachricht auf meiner Mailbox[*]: »Ben. Winnie. Es gibt ein Problem. Die Küche steht unter Wasser. Aus dem Bad oben. Es läuft an der Wand von der Dusche runter. Ich bin gerade da und sehe es mir an. Es scheint ... ja, irgendwie die Wand da runtergelaufen zu sein. Wobei, rund um die Wanne unten ist wohl alles gut dicht. Ich käme da bestimmt nicht durch. Ich meine, es ist eine verdammt gute Dusche, aber es könnte sein, dass ich meine Meinung ändern muss, wenn sie so weitermacht. Es steht rund um den Wasserkessel. In der Küche. Da konzentriert es sich. Der Kessel hat einen Burggraben. Ich fürchte mich, das Ding zu benutzen, wenn ich ehrlich bin. Sosehr ich einen Tee brauche. Ich denke, Sie kommen besser zurück aus Croydon, oder wo immer Sie sind, und sehen, ob sie was tun können. Ich habe den Klempner angerufen und bei seiner Frau eine Nachricht hinterlassen. Das Dumme ist, er ist etwa in meinem Alter und halb im Ruhestand. Ständig in seinem Schrebergarten,

---

[*] Ich habe oft Nachrichten auf meiner Mailbox, weil mein Telefon zwanzig Jahre alt ist und nur vibrieren kann, aber auch das kaum. Wenn es also gerade nicht auf einem empfindsamen Teil meines Körpers ruht, verpasse ich den jeweiligen Anruf wahrscheinlich. Dass ich damit etliche Jahre durchgekommen bin, zeigt Ihnen, wie wichtig ich bin.

soweit ich weiß. Aber ein lustiger Kerl. Kurz, es ist ein Albtraum. Und gerade heute. Es könnte eine Nachricht von Henry sein. Oh, zum Teufel noch mal!«

Als ich zurückkomme, ist sie in der Küche, wo sonst? Man kann sein Leben darauf verwetten, dass sie in der Küche ist. Sie telefoniert mit Liz, ihrer Friseurin.

»Ich sehe fürchterlich aus«, sagt sie. »Tausend Jahre alt, und so geht es einfach nicht.«

Liz sagt, sie kann vor dem 12. April niemandem die Haare schneiden. Winnie wiederholt in leicht verändertem Ton, dass sie mindestens wie zweihundertsiebzig aussieht. Liz erklärt, was passieren würde, wenn man sie erwischte – saftige Strafen würde es geben, für Liz und Winnie. Das entscheidet es. Winnie will keine Strafe. Auf keinen Fall.

Sie hat einen Jungen von der Bank am Telefon (Gott gebe ihm Geduld). Sie wartet auf eine SMS mit einem Bestätigungscode. Den braucht sie, um ihre PIN zurücksetzen zu können – die von der Bank, wie Winnie denkt, ohne ihr Wissen geändert worden ist. Der Code kommt nicht. Ich frage den Jungen von der Bank, welche Telefonnummer er von Winnie hat. Eine Ziffer stimmt nicht. Winnie stößt mir gegen den Arm und zeigt auf ihre Nummer, die sie in ihr Notizbuch geschrieben hat. Der Junge erklärt, um die Telefonnummer zu ändern, um den Code zu bekommen, um die PIN zu ändern, muss Winnie in eine Filiale kommen. Davon hält Winnie nicht viel.

»In welche Filiale? Die haben Sie alle geschlossen!«, ruft sie.

Es gibt eine in Croydon und eine in Richmond, sagt der Junge.

»Nun, welche jetzt?«, fragt Winnie. »Croydon oder Richmond?«

Natürlich könnte Winnie ihre Bankgeschäfte online tätigen, aber sie ist komplett gegen solche Methoden, weil es so ungeheuerlich und lächerlich unsicher ist – da könnte sie ihr Geld auch gleich in die Einfahrt legen. Sie hängt ein. Sieht mich an. Sagt, sie schickt besser mal Stew eine Nachricht, weil sie ihm vor einer Stunde eine geschickt hat, die ihn vielleicht beunruhigt. Aber sie kann ihr Telefon nicht benutzen. Sie hat die PIN vergessen. Ich frage sie, ob sie stattdessen nicht ihren Fingerabdruck benutzen kann.

»Das ging früher mal, aber es erkennt mich nicht mehr. Das liegt an meinen vertrockneten Fingern. Sie werden nicht mehr registriert. Ich verschwinde langsam. Was gibts zum Abendessen?«

Der Klempner war da und ist wieder weg. Seine Expertenmeinung hat Winnies Verdacht bestätigt: Das Wasser ist aus dem Bad über der Küche gekommen. Aber Barry ist sicher, dass im Bad jetzt alles dicht ist.

»War es teuer?«, frage ich.

»Fünfzehn Pfund. Pauschal. Ist seit Jahren so geblieben.«

»Mein Gott.«

»Ich glaube, Barry tappt so ein bisschen im Dunkeln, was die Inflation angeht.«

»Und Sie sind nicht geneigt, ihn aufzuklären?«

»Sicher nicht. Wir sind alle auf unserer eigenen Reise.«

Die zweihundertvierzig Liter fassende Papiertonne ist verschwunden. Ich deute an, dass sie vielleicht anderswo gebraucht wird, aber Winnie ist nicht zu Scherzen aufgelegt. »Ich bin die Straße rauf und habe in die Tonnen der anderen Leute geguckt«, gesteht sie, »für den Fall, dass ich etwas wiedererkannt hätte.«

Sie ist wirklich sauer. Ich habe das Gefühl, dass der Hochzeitstag nicht gerade ein Erfolg ist. Ich sage, wir melden es dem Council, und bis eine neue kommt, werfe ich unser Papier und unsere Pappe in die Tonne eines Nachbarn. Diese Lösung gefällt ihr.

Das Abendessen hebt ihre Laune nicht. Sie beklagt sich, dass die Pappardelle zu breit, zu schwer und zu glitschig sind. Sie erinnern sie an eine Putzfrau, die sie mal hatte.

»Andere Pasta«, sagt sie, »folgt, wenn man sie um die Gabel wickelt. Aber die hier hat ihren eigenen Kopf. Sie ist *unkontrollierbar.*«

Sie verlässt den Tisch und geht ohne ein weiteres Wort nach oben. Das hat sie noch nie getan.

Sie kommt für ein Stück Tarte zu mir ins Wohnzimmer. Ich erzähle von meinem Spaziergang durch London am Morgen, durch den Regent's Park über den St. James's Square durch die Savile Row. Die Namen sind ihr geläufig, jeder einzelne von ihnen gehört zu einem ganzen Ordner voller Erinnerungen und Assoziationen. Mit dem St. James's Square verbindet sie glückliche Tage. Henrys Arbeitsplatz – einer von vielen – ging mit der Rückfront auf ihn hinaus, und sie traf ihn dort in der Mittagspause auf einer Bank. Sie teilten sich eine Zeitung und ein Sandwich und erzählten sich, was sie am Morgen so alles gehört hatten. Danach ging er zurück ins Büro und sie am Fluss entlang Richtung Putney, um Rebecca von der Schule abzuholen.

»Es ist mir damals nicht bewusst geworden, oder doch zumindest nicht ganz, wie nahezu perfekt alles war. Als nichts verquerging oder fehlte. Man nicht krank war und nichts zu spät. Auch für keinen, den man liebte. So was merkt man gar nicht wirklich, oder? Und wenn doch, würde es womöglich alles verderben.«
Sie blickt zum Fernseher. Da läuft *Gogglebox*. »Nicht wieder diese

Clowns. Wer, der auch nur eine funktionierende Gehirnzelle hat, will anderen Leuten dabei zusehen, wie sie fernsehen?«[*]

2. MÄRZ Hoch auf den Common, wo ich zwei Jungen beim Raufen zusehe. Der eine hat den anderen niedergerungen und erklärt die Situation: »Du – gehst – nie – wieder – irgendwo – hin.« Der Bursche kann bei der Regierung anfangen.

Als ich zurückkomme, guckt Winnie in meine Einkaufstasche. »Das ist ja ein Wahnsinns-Lauch« – auf Englisch *leek*, was wie *leak*, Leck, ausgesprochen wird –, und ich tue so, als missverstünde ich sie, und sehe zur Decke: »Oh, nicht schon wieder!«

Ich frage sie nach dem Zahnarzt. Wie es war. (Sie hat beim Müsliessen eine Füllung verloren.)

»Gut«, sagt sie, »aber es wird nicht billig. Tausend Pfund. Ich stelle mir vor, wie er mich kommen sieht. Eine dumme alte Lady, allein auf sich gestellt, respektabler Postcode – und schon ist eine Null mehr hintendran. Er war so *neugierig*. Wollte wissen, wer jetzt wo wohnt, wer umgezogen, gestorben oder gestürzt ist, den ganzen Tratsch. Immer aufs Geschäft bedacht. Er hat mich sogar gefragt, wie es Henrys Zähnen ginge. Ich habe erwidert, das sei schwer zu sagen.«

Wir sehen uns eine Folge von *Reginald Perrin* an, der sie manchmal an Henry erinnert. Sie nickt zustimmend, als jemand sagt: «Kein Silberstreif ohne Wolke.« Aus den Augenwinkeln verfolge ich, wie sie sich nach und nach dem Schlaf ergibt – langsam in sich zusammensackend wie eine Schnittblume, Wochen nach ihrer schönsten Blüte.

---

[*] In der Sendung von Channel 4 wird tatsächlich gezeigt, wie Leute bei sich zu Hause auf die Sendungen der vorhergehenden Woche reagiert haben.

Winnie muss Kuba bezahlen, hat aber kein Bargeld und kann angesichts ihrer fortgesetzten PIN-Krise auch keines bekommen. Ich biete an, ins Village zu gehen und es an ihrer Stelle zu probieren. Vielleicht haben meine Finger mehr Glück am Automaten. Schließlich ist sie sicher, wie die PIN lautet. Absolut sicher.

»Natürlich können Sie zusehen, wenn Sie wollen«, sage ich, »falls Sie sich sorgen, ich hebe ein paar Hunderter ab und brenne nach Shrewsbury durch.«

»Ich kann mir nicht vorstellen, dass Sie das tun würden.«

Ich weiß, was jetzt kommt …

»Shrewsbury ist ein fürchterlicher Ort.«

Genau das ist es.

Ein paarmal in der Woche macht sie es so. Bereitet die Basis für einen Scherz, nimmt noch einen Bissen oder einen Schluck – und bringt die Pointe. Man könnte sie ins Fernsehen bringen. Ich schwöre es. Ich sage nicht, dass sie sich halten würde, aber hinein würde man sie bekommen. In eine der vielen Comedy-shows. Oder sogar *Das große Backen*. Das wäre sehenswert. Sie könnte auch eine eigene Sendung bekommen, in der sie das TV-Programm kommentiert. Sie ist so brüsk und prägnant, sie könnte die Kultur einer ganzen Woche in fünf Minuten abhandeln. Etwa so:

»Winnie Carter, Sie haben neunzig Sekunden für ein barsches Urteil über das Fernsehprogramm der Woche. Wenn sie zu etwas keine Meinung haben oder zögern, werden Sie ins All geschossen. Was hielten Sie von *Gogglebox*?«

»Unfassbar.«

»*EastEnders*?«

»Habe ich mit der täglichen Pressekonferenz der Regierung vertauscht.«

»*Casualty*?«

»In meinem Alter will man donnerstags nicht sehen, was montags passieren könnte.«

»Meghan Markles Interview bei Oprah?«

»Hat mich alle drei Minuten in einen Sekundenschlaf geschickt.«

»Die Wettervorhersagen?«

»Die Hälfte zu optimistisch.«

»*Reginald Perrin?*«

»Verdient Anerkennung dafür, Erinnerungen an meinen verstorbenen Mann wachgerufen zu haben.«

»Winnie Carter, wir bedanken uns und sehen uns in der nächsten Woche.«

»Wenn ich da noch nicht tot bin.«

Die PIN hat übrigens nicht funktioniert. Als ich mit der Karte ins Village bin. Meine Finger waren keinen Deut besser. Also gehts nach Croydon.

Wir brechen auf. Ich schlage vor, ihrer Karte am Automaten beim Bahnhof Wimbledon noch eine Chance zu geben. Sie glaubt, ihre PIN ist eines von zwei historisch bedeutsamen Ereignissen. Das erste Datum – die Schlacht von Trafalgar – funktioniert nicht. Das zweite – der Tod ihres ersten Haustiers, eines Kaninchens namens Shaun – wird akzeptiert. Sie bekommt ihre fünfzig Pfund. Wie sich herausstellt, hat sie das zweite Datum nie probiert, weil sie glaubte, bei einer zweiten falschen Eingabe würde ihr Konto gelöscht und ihre Karte geschluckt und vernichtet.

»Wollen wir immer noch nach Croydon?«

»Was, ohne Grund?«

»Yeah.«

»Also gut.«

Wir nehmen die Tram nach Croydon East, spazieren an den Läden entlang, durchs neue Einkaufszentrum und sehen uns schließlich den Markt in der Surrey Street an. Wir gehen langsam und neugierig zwischen den Ständen her, fasziniert vom Fisch, den Babyauberginen und den Kumquats (die hat sie als Kind gegessen, seitdem nicht mehr gesehen und angenommen, sie hätte keine übrig gelassen). Am Ende der Surrey Street sieht Winnie einen Food-Truck. Ich erkläre ihr, was das ist, und sie sagt, ich soll aufhören, sie von oben herab zu behandeln. Ich bestelle mir ein Ziegencurry, zu dem es Reis, Erbsen, Kohl und Makkaroni mit Käse gibt. Winnie sieht zu, wie alles zusammengestellt wird, und ihr Blick ist dabei gleichzeitig voller Staunen und Abscheu. Sie nimmt ein Hähnchen-Patty, und wir essen, während wir zur Tramhaltestelle in der Church Street gehen. Eile haben wir keine und bleiben zwischendurch stehen, um Hummer anzustarren und uns gegenseitig auf Gebäude aufmerksam zu machen.

Es erweist sich als ein angenehmer Ausflug, bis Winnie beinahe von einem Mann auf einem Elektroroller umgefahren wird. Ich erwarte, dass sie ausrastet, doch stattdessen sagt sie nur: »Das sieht aus, als würde es Spaß machen. Kann ich mal Ihre Ziege probieren?«

Auf der Fahrt nach Hause müssen wir getrennt sitzen. Ich sehe sie aus der Entfernung ihr Patty essen (was ein Satz ist, von dem ich nie gedacht hätte, ihn einmal schreiben zu können). Sie sieht aufmerksam aus dem Fenster – die Wohnungen, die Türme, die Felder, der Fluss, IKEA. In Mitchum Junction fällt Winnie auf, dass sie keine Maske aufgesetzt hat, steckt den Rest ihres Pattys schnell in ihre Handtasche und holt sie raus. Es fängt an zu regnen.

In Wimbledon frage ich sie, ob sie den Bus nehmen will. Sie

sagt nichts, setzt nur die Kapuze auf und läuft los. Auf dem Weg nach Hause nimmt sie drei rote Ampeln.

Sie ist in der Küche. Ich sitze im Wohnzimmer. Sie hinterlässt eine Nachricht für Rebecca. »Ja, ich bin alles in allem froh, dass wir nach Croydon gefahren sind. Ist eine andere Welt da unten, was keine schlechte Sache ist – und vier Seebarsche für fünf Pfund, das ist auf keinem Planeten zu verachten. Mein Hähnchen-Patty war am Ende sehr gut, als es sich erst mal beruhigt hatte. Ich hätte nichts dagegen zu erfahren, was für Gewürze der Junge in den Teig gegeben hat. Croydon hat zweifellos eine Menge Charakter. Könnte wahrscheinlich auch mit etwas weniger auskommen, wenn wir ehrlich sind. Wie auch immer. Werfen wir uns wieder in die Schlacht. Ich bringe Arthur gleich seinen Joghurt. Nur zu deiner Information. Hoffen wir, dass er unterwegs nicht kippt. Wie geht es dir eigentlich?«

Sie kommt von ihrer Joghurtlieferung zurück. »Die Frau am Empfang ist so eine jämmerliche Person. Sie deprimiert mich, wirklich. Ich dachte, man sollte kleinen alten Damen gegenüber *nett* sein. Ich dachte, das wäre eines der wenigen tröstlichen Dinge am Älterwerden und Verfallen. Ich will Ihnen etwas sagen: Bis ich da mal einziehe, hat sie hoffentlich was für ihre Laune getan. Ist das ein Osterzopf?«

Ich sehe mir *Love Island Australia* an. Winnie kommt herein, nähert sich dem Fernseher, hat einen Riegel dunkler Schokolade in der Hand, bleibt auf halbem Weg stehen, gestoppt von dem, was sie da auf dem Bildschirm sieht.

»Mit Turnschuhen auf dem Bett«, sagt sie, »keine gute Idee.«

Etwa eine halbe Stunde später bringt sie mir eine Tasse Tee.

(Sie wird immer besser in ihrer Rolle als Vermieterin.) Ein Film, *The Terror*, über eine Expedition in die Arktis, etwa um 1850, zieht sie in seinen Bann. Die Geschichte ist ziemlich erschreckend, und Winnie hockt vorn auf einem der Hocker und weicht neunzig Minuten lang nicht von der Stelle. Ich stelle mir aus den Augenwinkeln heraus vor (wenn das denn geht), dass sie als Kind genauso dagesessen hat. Das Ende ist düster. Der Nachspann läuft, und sie erhebt sich.

»Das war fürchterlich«, sagt sie vergnügt. »Gute Nacht.«

4. MÄRZ Ein Brief landet auf der Fußmatte. Eine Anweisung, an der Volkszählung teilzunehmen. Ihre Nichtbefolgung wird mit einer Strafe geahndet. Ich kann sehen, dass ihr diese neue Aufgabe gleich zusetzt.

»Was sind das für verdammte Fragen?«

»Ich fürchte, das geht nur online, Winnie. Sollen wir es gleich machen, auf ihrem Handy? Solange das Eisen noch heiß ist? Ich kann die Antworten eingeben.«

»Gut. Gut, gut, gut. Gut.«

Das Folgende ist eine Annäherung an das sich entwickelnde Hin und Her.

»Name?«

»Winsome.«

»Nur Winsome?«

»Winsome Delores Lovelock Carter.«

»Art der Wohnung?«

»Einzeln stehendes Haus, aber bei Weitem nicht einzeln genug.«

»Nationalität?«

»Ist mir erlaubt, ›englisch‹ zu sagen? Oder ist das verboten worden?«

»Geschlecht?«

»Kaum noch.«

»Stehen Sie in einem abhängigen Lohnverhältnis?«

»Nein.«

»Ist es wahrscheinlich, dass Sie in absehbarer Zukunft in ein abhängiges Lohnverhältnis eintreten?«

»Nein.«

»Standen sie jemals in einem abgängigen Lohnverhältnis?«

»Nun, nein. Aber halten Sie mal ein Haus in Schuss und ziehen drei Kinder groß.«

»Wie würden Sie ihren Geisteszustand beschreiben?«

»Würde ich nicht.«

»Wie wird ihr gesetzlicher Familienstand am 21. März sein?«

»Mit etwas Glück so wie heute.«

»Und das wäre?«

»Ich bin Witwe. Das ist die grausame Wahrheit.«

»Wer ist ihr Vermieter?«

»Gott, der Allmächtige.«

»Haben Sie gedient?«

»Ja, als Fallschirmjägerin.«

»Also nein.«

»Tatsächlich war ich eine bisexuelle Fallschirmjägerin, die in einem Bungalow gewohnt hat.«

»Konfession?«

»Christlich. Wenn ich dahinterkomme, wie ich mich einloggen kann.«

»Werden Sie am 21. März Gäste haben?«

»Was soll das mit dem 21. März? Woher soll ich das wissen? Natürlich ist es unwahrscheinlich und vor allem illegal.«

»Was haben Sie während der letzten sieben Tage gemacht?«

»Versucht, dieses verdammte Formular auszufüllen.«

»Verstehe.«

»Einen Staatsstreich geplant. Eine Selbstverbrennung. Schreiben Sie, was Sie wollen.«

»Tee oder Kaffee?«

»Das steht da nicht.«

»Nein, das frage ich Sie.«

»Ich nehme an, ich könnte eine Tasse Kaffee vertragen.«

»Wie kommen Sie normalerweise zur Arbeit.«

»Mit dem Treppenlift.«

»Irgendeine Nachricht an das Support-Team der Volkszählung 2021?«

»Ja: Zieht Leine.«

Ich strecke mich unter dem Mimosenbaum vorne in der Einfahrt. Reiche hinauf und streiche über die herrlichen gelben Blüten: weich, kühl und leicht nass wie eine Hundenase. Neben der Mimose steht etwas, das Winnie einen *Prunus* nennt, der jetzt nach Monaten des Nichts Dutzende und Aberdutzende weiße Blüten zeigt. Der Blick aus meinem Fenster bietet jeden Morgen eine langsam größer werdende Überraschung.

Die ersten fünfzehn Minuten Joggen fallen mir schwer. Dann schwenke ich ungeplant nach links, und alles ist neu. Ich folge schmalen mäandernden Pfaden – weniger genutzt, weniger fest –, und irgendwie vermindert das Neue des Ganzen die Anstrengung, und es wird leichter weiterzulaufen. Es ist nass und matschig, an manchen Stellen sehr matschig. Wenn ich eine größere Pfütze vor mir sehe, scanne ich ihre Ränder nach Umgehungen, die bereits von anderen Läufern genutzt wurden, die sich dem gleichen Hindernis gegenübersahen.

Morastige Stellen treten nicht zufällig auf: Sie liegen an den tiefen Stellen, und die Läufer des letzten Jahres haben Fluchtrouten für die diesjährige Generation bereitet. Früher habe ich ihre Lösungen übersehen, bin durch den Matsch durch, weggerutscht, habe geflucht und den ganzen Lauf verflucht. Die Erfahrung macht den Unterschied, ich verlasse mich auf andere, beherzige ihre Umwege, folge ihren Umleitungen und komme besser voran. Dennoch halte ich den Blick, so gut es geht, nach oben gerichtet, sehe zu Bäumen und Wolken auf – und knicke um, als ich einer Elster hinterhersehe.

6. MÄRZ Sie holt einen altehrwürdigen Bolognese-Ziegel aus der Tiefkühltruhe, den sie mit Kräutern aus dem Garten und etwas abgelaufenem Speck auffrischt. Ich setze mich für ein Glas Rotwein zu ihr, was sie freut. Ihre Laune hat sich gebessert. Am Nachmittag war sie noch mit den Nerven runter, eher die Winnie, wie ich sie im Oktober und November kennengelernt habe. Ich denke, meine lange Abwesenheit heute mag sie ein wenig ins Schwanken gebracht haben. Wenn man etwas wegnimmt, sieht man eher, wozu es da ist. Ich will hier nicht mein eigenes Lob singen, aber eine weitere Person im Haus ist unzweifelhaft gut für Winnie. Sie bildet eine Art Bezugspunkt, eine Koordinate, einen Halt. Eine weitere Person verhindert, dass sie ins Straucheln gerät.

8. MÄRZ Als sie mir die Marmelade gibt, sagt sie, morgen hat Stewart Geburtstag. Sie sagt, sie erinnert sich, praktisch bereits »kugelrund« gewesen zu sein, ein paar Wochen vor seiner Geburt, da war sie mit Henry in Chinatown essen. Das Essen sei sehr schnell gekommen, weil die Leute da, wie sie annimmt, Angst hatten, sie könnte noch vor Ort platzen.

Ich sage, vielleicht hat sie den Umsatz geschmälert, weil sie zu viel Raum eingenommen hat. Wie auch immer, sie genießt die Erinnerung: Ihr Blick ist voller Liebe, als sie sich den Abend nach all der Zeit vor Augen ruft. »Die Peking-Ente war ausgezeichnet«, sagt sie abschließend.

Ich laufe vierzehn Löcher auf dem Golfplatz ab. Die Greens werden für die Saison vorbereitet. Nur noch drei Wochen – am 29. März ist G-Day, den ich damit feiern werde, von Sonnenaufgang bis Sonnenuntergang zu spielen. Ich sollte ungefähr fünfzig Löcher schaffen. Winnie wird mein Caddy sein. Ich beende meinen Lauf am Teich und setze mich auf einer Bank in die Sonne. Ein Mann und sein Hund tauchen neben mir auf. Der Hund, ein Labrador, jung, sein Besitzer eher alt. Letzterer wirft für Ersteren einen alten Tennisball über die Wiese.

»Möchten Sie sich setzen, Sir?«

»Das werde ich, aber jetzt noch nicht.«

Ich rutsche zur Seite. Nach ein paar weiteren Würfen setzt sich der Mann. Ich frage ihn, ob er die Bank gerne für sich hätte.

»Ich denke, nicht«, sagt er mit einem amerikanischen Akzent. Er hält mir den Ball hin.

»Wollen Sie mal?«

»Sicher«, sage ich und werfe den Ball für Colin. Und gleich noch mal. Und noch einmal. Und noch einmal. Ich frage den Mann, wie sein Lockdown war.

»Oh, so was macht mir nichts. Es ist schön, Colin zu haben.«

»Ist er noch jung?«

»Er ist drei. Gerade geworden. Und ziemlich schlau. Er scheint zu wissen, was ich denke. Nicht immer, aber dennoch. Wohnen Sie in der Gegend?«

»Ja. Seit Oktober. Und Sie?«

»Ja. Seit 1950.«

»Was hat Sie hergebracht?«

»Ich wollte sehen, ob ihr hier wirklich so wart wie im Film.«

»Und?«

»Ihr seid es nicht. Gott sei Dank.«

»Und dann?«

»Und dann habe ich mich verliebt. Einen Job gefunden. Und hier bin ich.«

»Hier sind Sie.«

»Colin gehört mir nicht.«

»Oh.«

»Sein Besitzer ist den Winter über in der Schweiz. Er kommt nächste Woche zurück.«

»Werden Sie Colin vermissen?«

»Das weiß ich noch nicht.«

Wir sitzen noch eine Weile da.

»Bis dann mal«, sage ich.

»Ja«, sagt er.

Als ich gehe, winke ich Colin zu und komme mir lächerlich vor, weil der nicht guckt und ein Hund ist. Zu Hause dann wird mir bewusst, dass das seit Monaten das erste Gespräch mit einem Fremden war.

Winnie kommt mit Wildwürsten vom Bauernmarkt zurück. Absoluten Riesendingern. Tief aus einem feuchten Stück Erde zieht sie ein paar Pastinaken als Beilage.

»Die brauchen nur eine Rasur«, sagt sie.

»Sie gäben eine ausgezeichnete Strafverteidigerin ab, Winnie«, sage ich.

Stewart ruft an.

»Stew«, sagt sie. »Wie schön, von dir zu hören. Hattet ihr ein schönes Wochenende?«

»Mein Geburtstag gestern war schön.«

Sie sagt nichts.

»Ich habe fast den ganzen Tag damit zugebracht, ein Loch zu buddeln!«, sagt er.

Eine Pause. Winnie: »Ein großes, oder?«

»Ziemlich.«

»Kannte ich die Person?«

Stew lacht, aber nur halbherzig. Er ist verstimmt, weil seine Mum ihn vergessen hat. Und sie, weil sie sich im Tag geirrt hat.

»Hey-ho«, sagt er. »Ich mache besser Schluss. Bye, Mum. Alles Liebe.«

»Danke. Alles Gute. Und grüß …«

Aber Stew hat schon aufgelegt.

Wir sehen die Nachrichten. Es gibt einen Beitrag über Pflegeheime, die wieder für Besucher geöffnet sind. Szenen von Familien, die endlich wieder zusammenkommen, und so weiter. Winnie sieht es sich an, steht dann abrupt auf und geht in die Küche. Ich höre, wie sie im Tiefkühlfach herumräumt, dem unter dem Kühlschrank. Ich gehe hinüber. Sie ist auf den Knien und sucht nach etwas, hinter den Erbsen, dem Mais, dem Speiseeis.

»Sie müssen hier irgendwo sein …« Sie findet sie. »Himbeeren. Arthur liebt Himbeeren. Sie brauchen nur ein bisschen Zucker gegen die Säure. Der Ärger ist, dass sie es einem so schwer machen, ihn zu besuchen. Ich hatte all die Formulare auf meinem Telefon, Seiten über Seiten. Sie sollten schnell genug auftauen. Er mag sie mit ein bisschen Joghurt. Aber ich habe sie einfach nicht *verstanden*.«

Sie macht Himbeerjoghurt und sagt, sie bringt ihn ihm jetzt.

»Jetzt?«

»Ja, jetzt. Hören Sie schlecht?«

»Haben die denn offen?«

»Ich stelle ihn vor die Tür.«

»Es ist fast elf, Winnie.«

»Ich habe keine Angst vorm Dunkeln.«

»Möchten Sie, dass ich gehe?«

»Würden Sie?«

9. MÄRZ   Mein zweites Kissen ist kalt, was bedeutet, dass ich mich kaum bewegt habe. Das Feuer muss versorgt werden. Ich setze mich davor, gebe die Dinge hinein, die es braucht, bis es glimmt. Trinke Kaffee aus einer Tasse, auf der ein lateinisches Motto steht: *Arduus ad solem*. – Zur Sonne streben. Winnie kommt nach unten und sagt, sie hat sich für einen Besuch bei Arthur eingetragen und ist spät dran. Ich stehe auf der Straße, als sie rückwärts raussetzt. Ich winke, weiter, weiter, einschlagen. Ich bedeute ihr, dass niemand kommt.

Winnie kommt zurück.

»Das ging schnell.«

»Das sagen Sie *mir*?«

»Wie war es?«

»Hoffnungslos.«

»Warum?«

»Ich war pünktlich um 8:30 Uhr da. Sie haben mich verkleidet, mir ihr Wattestäbchen in die Nase gesteckt und gesagt, ich soll eine halbe Stunde im Auto warten.«

Mir gefällt die Vorstellung, wie Winnie in der Schutzkleidung eine halbe Stunde im Auto sitzt.

»Dann um neun kommt jemand heraus und erklärt mir, dass ich gerne in Arthurs Wohnung gehen kann, aber wissen müsse, dass er nicht da sei.«

»Wo war er?«

»Natürlich habe ich gleich gedacht, er wäre gestorben oder so.«

»Natürlich.«

»Aber offenbar war er noch beim Frühstück.«

»Verstehe …«

»Was heißt, sie bestellen mich für 8:30 Uhr, damit ich um neun zu ihm kann, wissen aber ganz genau, dass Arthur gerne bis zehn frühstückt.«

»Und was jetzt?«

»Man hat mir gesagt, ich könne um elf wiederkommen.«

»Und, werden Sie?«

»Also, ich hätte Lust, es nicht zu tun.«

»Um ihnen eine Lehre zu erteilen.«

»So in etwa.«

Sie schüttelt den Kopf. Überlegt. Schüttelt den Kopf noch einmal. Und sagt dann: »Haben Sie Kuba einen Kaffee gekocht?«

Winnie kommt zurück. (Wieder.)

»Das ging jetzt nicht so schnell.«

»Das sagen Sie *mir*?«

»Wie war es?«

»Es gab Schwierigkeiten.«

»Verstehe.«

»Ich sollte eigentlich nur eine halbe Stunde bleiben.«

»Und?«

»Zwei Stunden habe ich damit zugebracht, die Küche zu säubern.«

»Klingt nett.«

»Alles war durcheinander. Was ich alles in seiner Keksdose gefunden habe!«

»Und wie ging es Arthur?«

»Er hatte seine Hose an.«

»Nun, das ist doch was.«

»Die ich ihm zu Weihnachten gekauft habe.«

»Hat es ihn gefreut, dass Sie da waren?«

»Er hat nichts Gegenteiliges gesagt. Nicht vernehmlich. Es gab einen brenzligen Moment, als er darauf bestand, uns einen Tee zu kochen. Ich musste ihm durch die Finger zusehen. Man weiß nie, worauf die Dinge hinauslaufen. Apropos – wollen Sie Tee?«

10. MÄRZ Wir teilen uns eine Scheibe Toast. Und dann noch eine. Es ist ihre neue Methode. Die Idee ist, dass die zweite Hälfte nicht kalt wird, während man die erste isst. Ich lese ein Gedicht in der Anthologie. Es ist von Larkin. Die letzte Zeile ist so gut wie unvergänglich: »What will survive of us is love. – Was von uns überlebt, ist die Liebe.« Ich betrachte das steinerne Paar in der Diele, ob es nun fällt oder tanzt. Winnie sieht zu einer Taube hinaus, die ihr Vogelbad übel zurichtet.

11. MÄRZ Winnie kommt von einem Besuch bei Arthur zurück. Sie hat ihre Zeit wieder überzogen und sagt: »Natürlich hat er irgendwann genug von seiner Mum, die da herumtut und ihn organisieren will. Ich habe beim Mittagessen bei ihm gesessen. Sie setzen ihn immer etwas abseits hin, weil er so eine Schweinerei veranstaltet, was ich ziemlich daneben finde. Kartoffelpüree und Omelett. Sah nicht gerade köstlich aus, war aber immerhin genug, und es ist schwer, an Kartoffelpüree oder einem Omelett zu ersticken. Mein Kriterium für alles, was Arthur in den Mund steckt.«

Sie beklagt, wie steif sie ist, als sie aus ihrem elektrischen Aufstehsessel steigt. Sie dreht sich um und blitzt den Sessel an, als wäre er der Alleinverantwortliche für diese unangenehme Wende des Schicksals. Und dann blitzt sie auch mich an, als steckte ich mit dem Sessel unter einer Decke. Ich muss an die verschiedenen Male denken, da sie Herd und Töpfen die Schuld gegeben hat, wenn etwas bis zur Unkenntlichkeit zerkocht war, während sie *Gardener's World* geguckt hat. So gewitzt und clever sie sein mag, sie ist auch gut drin, sich was vorzumachen. Es würde mich nicht wundern, wenn sie beim Herauskommen aus dem Mutterschoß der Hebamme den Schwarzen Peter dafür zugeschoben hätte.

13. MÄRZ   Gestern kam ein Mann von Secom (Haussicherheit), ohne irgendetwas in Ordnung zu bringen. Winnie denkt, der Mann hatte keine Ahnung. Sie ruft die Firma an, um ihrer – ziemlich ernsten – Besorgnis Ausdruck zu geben, dass da einer einen der Wagen von Secom geklaut und sich als Techniker eingeschlichen hat. Ich schüttele den Kopf, als Winnie ihren Verdacht erläutert, und verleihe dem Jungen am anderen Ende der Leitung insgeheim einen Preis dafür, nicht einfach einzuhängen. Stattdessen willigt er ein, so schnell wie möglich jemand anderen zu schicken.

Der Höhepunkt des Abends ist eine Folge von *Top of the Pops* von vor dreißig Jahren. Platz eins zu Weihnachten hält der St. Winifred's Junior School Choir mit dem Song »Grandma, We Love You.« Winnie lauscht ihnen bis zum Ende und erklärt das Lied dann für lächerlich.

14. MÄRZ   Muttertag. Winnie sagt, sie hat ihn nie ernst genommen, also kann sie es auch von ihren Kindern kaum erwarten.

16. MÄRZ   Sie ist in der Küche, als ich vom Joggen zurückkomme. Auf dem Tisch sieht man, dass sie im Supermarkt war. Da liegen weitere Kekse, mehr Käse und – ein Trommelwirbel – ein

Toffee-Karottenkuchen-Pudding. Ich sage, der sieht wie für mich gemacht aus. Sie sagt, deswegen hat sie das verflixte Zeug ja auch gekauft.

»Sticky Toffee Carrot Cake Pudding«, lese ich staunend. »Wer lässt sich so was einfallen? Das ist wie eine Kombination aus P. G. Wodehouse und Sophia Loren.«

17. MÄRZ Megan kommt zum Abendessen herüber. Bei einer Paella unterhalten sich Megan und Winnie über Ateliers, Pinsel und Tromp l'Œils, was ich für eine Art Salatdressing halte. Dann kommt Winnie auf die alberne Pasta, die ich gestern Mittag gemacht habe (Orzo). Megan gefällt die Beschreibung, was Winnie dazu anregt, sie auszubauen. Es macht mir nicht wirklich etwas aus. Ich nehme an, es ist gut für ihren Kopf, nach jedem einzelnen menschenbekannten Synonym für »erbärmlich« zu suchen. Wir essen den Rest Toffee-Pudding und sehen uns einen Film an, in dem Robert Redford so tut, als wäre er Bill Bryson.

Am Ende sagt Megan: »Ich mag Winnie. Ich habe kurz mal gedacht, ich täte es nicht, aber jetzt weiß ich, dass ich es doch tue. Sie ist toll.«

»Ein Wolf im Schafspelz«, sage ich.

18. MÄRZ Am Morgen. Ich finde sie in der Küche. Sie ist auf den Beinen, in heller Panik.

»Arthur«, sagt sie. »Er ist gestürzt.«

Sie will so schnell wie möglich zu ihm, um zu sehen, was mit ihm ist, aber, wie sollte es anders sein, jemand namens Dave hat angerufen, um entweder nach dem Riss in der Wand oder dem Efeu auf der Birke zu sehen, sie kann sich nicht erinnern, was.

Es gefällt mir nicht, sie so aufgeregt zu sehen, und ich gebe ihr einen aufrichtigen, eindeutigen Rat: »Arthur geht vor. Wenn dieser Dave kommt, während Sie nicht da sind, ist es eben so. Er kann ja noch mal wiederkommen. Die Birke geht nirgendshin und auch der Riss in der Wand nicht. Im Übrigen, wenn Dave ein typischer Handwerker ist, kommt er sowieso erst nach dem Essen.«

Sie mag meinen Ansatz. Sie respektiert meine Logik.

»Stimmt, ich kenne ein oder zwei solche Daves«, sagt sie. »Die muss man dafür bezahlen, dass sie in ihre Hose kommen. Sie halten die Stellung, ja?«

Winnie kommt zurück. »Es geht ihm gut«, sagt sie, als sie die Haustür hinter sich zumacht. »Wie sich herausgestellt hat, ist er in der Nacht aufs Klo und da eingeschlafen. Was gut ist, wenn man es näher betrachtet. Es heißt, dass er *sehr* entspannt gewesen sein muss. Wenig überraschend, ist er am Ende auf dem Boden gelandet, wo er sich entschieden hat, die Nacht zu verbringen. Heute Morgen haben sie ihn gefunden, glücklich und unverletzt, nach einem, wie er es beschreibt, klogemäßen *Lie-in*.«

19. MÄRZ   Ich finde Winnie unter einem Beistelltisch. Auf allen vieren, und sie tut mit irgendetwas herum – einer alten Verlängerungsschnur, von der sie nichts wusste.

»Man findet jeden Tag etwas Neues«, sagt sie und lacht.

»In dieser Stellung schon, Winnie.«

»Stimmt.«

»Ich würde Ihnen raten, so zu bleiben.«

»Die Freude mache ich Ihnen nicht.«

»Wegen der neuen Perspektive und so weiter.«

»Ich gebe Ihnen gleich eine neue Perspektive.«

»Ach ja?«

»Indem ich Sie mit einem Tritt aus dem Haus befördere.«

Ich setze mich dieser Tage öfter in Henrys Arbeitszimmer. Erst wollte ich nicht, aber Winnie hat nichts dagegen, sie sagt, es gefällt ihr, hineinzugehen und die Fensterläden und das Fenster zu öffnen. Der Schreibtisch ist groß, riesig, um die Wahrheit zu sagen, extra für Henry angefertigt, als er zu Transport of London ging. Vielleicht war der Gedanke dahinter, dass er, falls ihm der Tisch gefiel, nicht mehr von ihm wegwollte.

Ich sollte mit einer Novelle vorankommen, die in Swindon spielt, doch der Blick aus dem Fenster erweist sich als Ablenkung. Ich kann auf die Einfahrt und einen Teil der Straße hinaussehen. Viele Leute bleiben dort stehen, um den Mimosenbaum zu bewundern, der bis auf den Bürgersteig hinausreicht. Ich wäre da nie stehen geblieben. Nicht, bevor ich in Windy Ridge eingezogen bin. Nicht, bevor ich erfahren habe, um was es sich handelt. Aber heute würde ich es, weil uns ein Wechsel der Szenerie – um es einfach auszudrücken – die Welt anders sehen lässt und damit auch, was wir verstehen und für wertvoll erachten. Deswegen ist es gut, manchmal den Ort zu wechseln, zu suchen, den Hals zu recken, sich zu bücken. Wie Winnie unter dem Tisch, in neuer Position, die Verlängerungsschnur entdeckt hat. Wobei neue Gesellschaft so gut sein kann wie ein Szenenwechsel, denn andere Leute sehen andere Dinge, und die, die wir sehen, sehen sie anders. Ich habe Glück, wie ich jetzt begreife, in den Genuss von gleich beidem gekommen zu sein.

Winnie kommt mit Arthurs Rasierer herein. Sie ist dabei, ihn zu säubern. Sie zeigt mir die Stoppeln, die sich während der letzten Woche darin gesammelt haben.

»Manchmal frage ich mich, ob er durchs Pflegeheim läuft und alle rasiert«, sagt sie.

Ich lache herzhaft, und Winnie sieht mich an wie einen Trottel.

Am liebsten würde ich meinem Gefühl folgen und sagen: »Ich liebe Sie, Winnie. Sie sind völlig irre.« Doch stattdessen erwidere ich: »Sie sind einzigartig, Winnie.«

Worauf sie sagt: »Dann schätzen Sie sich glücklich.«

22. MÄRZ   Meldungen über »Impfkriege« und eine dritte Welle auf dem Kontinent verleihen den Nachrichtenproduzenten und Schwarzmalern neuen Elan. Eine theatralische Berichterstattung schafft theatralische Reaktionen der Öffentlichkeit. Punkt. Natürlich ist es notwendig, Vorsicht zu predigen, aber nicht, den Leuten mutwillig Angst zu machen. An anderer Stelle in der *Times* sticht mir die Schlagzeile »Ein Streifen Speck pro Tag erhöht Demenzrisiko um 44 Prozent« ins Auge, was sie zweifellos auch sollte. Ich zeige sie Winnie.

»Ist mir egal«, sagt sie. »Ich esse zwei unter der Woche und sonntags drei, und die *Times* zu lesen birgt wahrscheinlich ein höheres Demenzrisiko als Speck.«

Ich sitze auf einer Bank auf dem Common und rufe Winnie an, um zu fragen, ob sie nicht auch kommen mag.

»Ich habe gerade mit dem Zahnarzt telefoniert«, sagt sie. »Er gibt mir einen Rabatt. Hat versprochen, ein minderwertigeres Material für die nächste Krone zu verwenden, nicht das teure Metall, das er mir andrehen wollte.«

Ich sehe einen kleinen Jungen in einem dunkelgrünen Mantel, offenbar ohne Begleitung, und dann drei Whippets mit Pullover. Nahebei sitzt ein älteres Paar. Sie sagt, das Problem mit Beziehungen bestehe darin, dass man mit fremden Personen klarkommen muss. Ich sehe Winnie am Rand des Common, wie sie den Horizont absucht, die Hand über die Augen gelegt. Ich winke.

Abendessen. Es gibt Grillhähnchen mit Reis und Erbsen, dabei sehen wir eine Folge von *Fawlty Towers*.

»Wie ist das Hähnchen?«

»Ich bin sicher, es war mal saftig.«

»Und der Reis?«

»Der Haferschleim, meinen Sie?«

»Wissen Sie, Winnie, vielleicht sollten Sie selbst ein bisschen mehr kochen, wenn Sie an allem etwas auszusetzen haben.«

»Da haben Sie ganz recht. Das könnte ich wirklich. Weil, ich fürchte, Sie geraten da in eine Art Trott. Würden Sie mir das Salz reichen?«

24. MÄRZ   Es sind zwei Scheiben Brot übrig – eine schöne, dicke, normale Scheibe und das Ende, die Kruste. Sie betrachtet beide, überlegt und gibt mir die schöne dicke. Ich frage, ob sie sicher ist. Sie sagt, das ist sie nicht, wenn sie ehrlich ist, also reden wir am besten nicht weiter darüber. Ich sehe, sie hat mit Kugelschreiber etwas auf den Milchkarton geschrieben, in Großbuchstaben: »ARTHUR WARNEN. CORONA. SAG ES ARTHUR.« Ich frage, ob sie denkt, dass Milch ein Risiko darstellt.

»Abigail hat sich das Virus eingefangen«, sagt sie. »Und ich sorge mich um Arthur, weil ich ihm ein Stück – wenn auch ein schmales – von dem Zitronenkuchen gebracht habe, den sie letzte Woche gebacken hat.«

Sie sorgt sich nicht um sich selbst, sondern um Arthur. Dass er sich durch ein Stück Kuchen mit Corona ansteckt. Das ist Winnie.

Sie zeigt mir ein Bild in der Zeitung. »Sehen Sie sich diese Beine an. Damit könnten sie ein Haus einen Monat lang warm halten. Arthur hat stämmige Beine. Ich habe immer an seine Beine gedacht, wenn ich ihn als Kind gefüttert habe. So abstoßend ich Haferschleim finde, wusste ich doch, Beine wie Stecken wären nicht gut für ihn. Jeden Morgen habe ich ihm Porridge und Rührei gegeben und mir dann von ihm versprechen lassen, dem Lehrer zu sagen, er hätte seit einer Woche nichts gegessen.«

Noch mal typisch Winnie.

In der Zeitung ist auch eine alarmierende Kurve zu sehen. Sie deutet darauf hin, dass es, wenn sich die Briten nicht weiter einschränken, im Juni einen neuen fatalen Höchststand an Infektionen geben könnte, doppelt so hoch wie im Januar. Das ist auf den ersten Blick absolut erschreckend. Auf den zweiten (das heißt, nach ein wenig Recherchieren) nicht ganz so schlimm. Die Berechnung beruht auf der Annahme, dass es über die nächsten paar Monate eine Infektionsrate von 33 Prozent geben wird (was alles bisher Dagewesene übertreffen würde) und auf den Winter nicht Frühling und Sommer folgen, sondern gleich noch ein paar weitere Winter. Kurz gesagt, zeigt die Kurve also, was in einem unmöglichen Szenario geschehen könnte. Was schon sehr hilfreich ist.[*]

25. MÄRZ   Ich bringe die Asche raus und sehe Blüten auf der Einfahrt liegen. Entdecke einen Papagei (einen Artverwandten von ihm) im Baum, von dem die Blüten stammen. Er sieht mich irgendwie schuldbewusst an. Winnie sagt, es ist ein Sittich, so sicher, wie ein Ei ein Ei ist. Sagt, er saugt ein bisschen Süße aus den Blütenblättern und dass sie wirklich wünschte, er täte es nicht.

---

[*] Die Spitze im Juni war dann dreißigmal kleiner als die im Januar und nicht doppelt so groß. Ich will die Krankheit nicht kleinreden oder ihre Auswirkung auf das Gesundheitssystem und den Zoll an Menschenleben, die sie fordert. Ich sage nur, dass ein Teil der Berichterstattung – tatsächlich ein ziemlich großer – entweder absichtlich oder aus Dummheit ausgesprochen furchterregend war.

Ich bin in Henrys Arbeitszimmer. Winnie kommt ins Haus.

»Haben Sie die Impfung?«

»Natürlich. So vergesslich bin ich auch wieder nicht.«

»Und, wie war es?«

»Die Parksituation war ausgezeichnet.«

»Sie müssen erleichtert sein.«

»Das will ich meinen. Ich hätte nicht gern auf der Kingston Road nach einer Parklücke suchen müssen. Haben Sie meine Nachricht bekommen?«

»Ja.«

»Und?«

»Und was?«

»An was denken wir fürs Abendessen?«

26. MÄRZ Victoria, Winnies älteste Enkelin, kommt aus Bristol. Sie wird eine Weile bei uns bleiben. Sie sollte nach Hause, zu Rebecca und Abigail, aber weil Letztere Corona hat, bleibt ihr nichts anderes übrig, als Granny für rund eine Woche zu ertragen.

Es gibt ein symbolisches Gerangel zwischen den beiden in Bezug darauf, wo Victoria schlafen wird. Winnie denkt, Rebeccas altes Zimmer wäre am geeignetsten, aber Victoria hätte lieber Arthurs, weil es mehr Sonne bekommt und den schöneren Ausblick bietet, was beides eine Art Kompensation dafür wäre, dass sie einen Aufsatz (Abgabe in zwei Wochen) über georgianische Pornografie schreiben muss.

An irgendeinem Punkt der Verhandlungen (aus denen Victoria siegreich hervorgeht) sagt Winnie: »Wenn wir nur das Haus drehen könnten.«

Wobei ich nicht sicher bin, ob Victoria vorhat, viel Zeit in dem einen oder dem anderen Zimmer zu verbringen. Kaum dass sie ausgepackt und gegessen hat, verschwindet sie zum Clapham

Common, um sich mit Freundinnen zu treffen. Winnie ist nicht wirklich glücklich damit, dass sie nicht genau weiß, wann Victoria zurück sein wird.

»Aber die Alarmanlage, Victoria, die *Alarmanlage*.«

»Ich schalte sie ein, wenn ich wieder da bin, Granny.«

»Aber dadurch entsteht ein Fenster der Verletzlichkeit, mein Schatz.«

»Granny. Hör zu. Es ist schon sehr unwahrscheinlich, dass hier heute Abend zwischen zehn und Mitternacht jemand einbricht.«

»Berühmte letzte Worte, Liebes.«

Victoria verabschiedet sich, indem sie die Haustür zuknallt, und Winnie richtet die folgenden Worte an den Inhalt des Kühlschranks: »Optima spera, ad pessima praepara.«[*]

27. MÄRZ Wir beobachten ein Elsternpärchen im Garten. Laut Winnie sind sie es, die ein Nest hinten in der Esche gebaut haben. Sie sagt, sie kommt nicht dahinter, was für eine Art Beziehung die beiden haben – ob sie Mann und Frau sind oder nur Freunde oder was auch immer.

»Sie scheinen bemerkenswert gut miteinander auszukommen«, sagt sie gut gelaunt, »was dagegenspricht, dass sie verheiratet sind.«

Da ich spüre, worauf sie anspielt, frage ich, wie sich Victorias Trauer geäußert hat, als ihr Vater vor zwei Jahren gestorben ist.

»In Wut«, sagt sie, »und ich fürchte, so ist es noch immer. Die Ärmste.«

Wut ist nicht leicht zu messen, genauso wenig wie Glück. Worin sie sich äußern – Aggression, Gelächter –, ist wahrscheinlich nur die Spitze des Eisbergs. 95 Prozent des Glücks hat mit

* Hoffe aufs Beste und sei aufs Schlimmste vorbereitet.

Lachen nichts zu tun, und mit der Wut und der Aggression ist es das Gleiche. Aber so schwer beides zu messen ist, würde ich darauf wetten, dass Winnie während des letzten Monats mehr Glück als Wut empfunden hat. Warum? Zum einen ist Zeit vergangen und vergeht weiter. Zum Zweiten wird es Frühling, und Glockenblumen und Schlüsselblumen kommen heraus. Und zum Dritten kann sie ein- oder zweimal in der Woche wieder (wenn auch mit etwas Aufwand) in Arthurs Wohnung. Und viertens habe ich versprochen, keine Pappardelle oder Orzo mehr zu kochen.

Den Verlust eines geliebten Menschen vergisst man nicht. Da gibt es keine Heilung. Man lernt nur, mit der Wunde zu leben. Das ist meine Vermutung.

Nach dem Essen setzen wir uns mit einer Tasse Tee vor den Fernseher. Ich auf den Sessel, Victoria auf einen der Drehstühle und Winnie auf den Lehnstuhl, den sie in Manila hat anfertigen lassen. Wir sehen uns einen Film an, *American Pie*. Als sich der Protagonist erotisch an einem Kuchen versucht, den seine Mutter nachmittags gebacken hat, können Victoria und ich nicht länger zusehen. Winnie zuckt mit keiner Wimper. Vielleicht hat sie das alles schon einmal gesehen.

Infolge des Films und der Peinlichkeit, die er auslöst, schaltet die allgemeine Stimmung eine Stufe hoch. Als Victoria Winnie eine gute Nacht wünscht, tut sie es auf eine Weise, die nahelegt, dass sie es wirklich so meint, was Winnie dazu veranlasst, nach der zweiten Wärmflasche zu suchen, die, wie sie denkt, in der Garage sein könnte. Victoria sagt darauf, keine Sorge, sie hat die Heizung so eingestellt, dass sie die ganze Nacht anbleibt, und ich bin erleichtert, dass Winnie es nicht hört.

28. MÄRZ   Beim Frühstück herrscht eine gewisse Anspannung. Wir haben 20 Grad im Schatten, und Winnie ist leicht gestresst, weil sie gerade am Kohlenschuppen war und festgestellt hat, dass er leer ist. Sie sieht mich auf eine Weise an, die nahelegt, dass ich mich sowohl der Nachlässigkeit wie auch der Verschwendung schuldig gemacht habe.

Später. Ich treffe Victoria in der Küche. Sie wirkt ungeduldig. Sie und Winnie wollten schon vor einer Stunde aus dem Haus gehen – zum Sonntagsmarkt im Village. Ich frage, wo Winnie ist.

»Wahrscheinlich irgendwo im Haus, mit Arthur telefonieren oder nach Sachen suchen, wegen denen sie sich Sorgen machen kann«, sagt Victoria.

Ich erkläre ihr, dass ich mir während der letzten sechs Monate eine zweite Haut zugelegt habe, die komplett aus Geduld besteht. Sie sagt, das hat sie nicht, und sie wünschte, ihre Großmutter würde nicht ständig noch herumtun, wenn Leute auf sie warten. Das ist egoistisch, sagt sie. Das ist arrogant, sagt sie.

Ich überlege, ob ich versuchen soll, Victorias Blick auf Winnies Verhalten zu ändern, weil sie wahrscheinlich gerade etwas tut, was dem Wohlergehen anderer Personen dient. Ich entscheide mich aber dagegen, weil es nicht an mir ist, Victoria über ihre Großmutter aufzuklären. Worauf besagte Großmutter durch die Hintertür in die Küche kommt. Sie war im Garten, Unkraut jäten. Was für Victoria den Schluss nahelegt, dass der Ausflug ins Village nicht mehr Teil von Winnies Tagesordnung ist, und so steht sie auf und verlässt das Haus ohne weitere Umschweife.

Winnie sieht mich an und lacht.

»Die hat ihren eigenen Kopf, würde ich sagen!«

»Ja, aber nicht, weil sie es wollte, Winnie.«

»Wie meinen Sie das?«

»Sie hat auf Sie gewartet, um mit Ihnen zusammen ins Village zu gehen.«

»Ah. Habe ich es also wieder mal geschafft, wie? Meinen Sie, ich kann sie noch einholen?«

»Ernsthaft?«

»Ja.«

»Nein.«

31. MÄRZ Sie bringt Krümel für die Vögel nach draußen, während ich durch die Zeitung blättere. Da ist ein Foto von einem Teichrohrsänger, der einen enorm großen Kuckuck füttert. Ein ziemliches Missverhältnis und nicht das, was Mutter Natur im Sinn hatte. Kuckucke sind dafür bekannt, sich in andere Familien zu drängen. Mutter Kuckuck legt ihren Nachwuchs in das Nest eines Rohrsängers (oder wessen Nest auch immer in Reichweite ist), und Mutter Rohrsänger entdeckt den kleinen Kuckuck und denkt: »Bisschen komisch, aber egal.« Sie übernimmt die elterliche Verantwortung, füttert das ihr untergeschobene Baby und vernachlässigt darüber die eigenen Kleinen. Aber ich muss sagen, Respekt für den Rohrsänger, der da annimmt, was sich ihm als Aufgabe bietet. Die Verhaltensweise von Mutter Kuckuck verdient dagegen ein paar Fragezeichen – ihr Neugeborenes einfach so irgendwo abzusetzen. Dem Baby selbst kann man keine Schuld geben. In dem Alter ist man noch nicht so weit, in einer ethisch so komplizierten Situation reif und edel zu reagieren.

Ich frage Winnie, was sie tun würde, wenn ihr das Baby von jemandem aufgedrängt und erwartet würde, dass sie sich darum kümmert. Ich rechne mit einer lockeren, verrückten Antwort wie: »Ich wäre versucht, es zu kompostieren«, tatsächlich aber ist ihre Antwort überraschend klar und ernsthaft: »Ich nehme an, da würde ich das arme Ding wohl großziehen müssen.«

1959

Eine Hochzeit. St. Margaret's in Westminster, London. Winnie und Henry sind seit vier Jahren fest zusammen. Nach Henrys Abschluss in Oxford ist das Paar nach London übergesiedelt. Zusammenzuziehen war keine Option, also hat Henry sich ein Zimmer in einem Haus beim Battersea Park genommen, Winnie eins in einem Wohnheim bei King's Cross, das sie als »abhärtend« beschreibt. Als Henry dann eine Stelle bei der Royal Dutch Shell fand und einen Posten auf den Philippinen angeboten bekam, beschloss er zu heiraten, um seine Winnie mitnehmen zu können, ohne irgendwen vor den Kopf zu stoßen. Henry suchte einen Priester, mochte den Mann von St. Margaret's, der, wie er sagte, vernünftig war. Das Problem war nur, dass man im Viertel der Gemeinde wohnen musste, um dort heiraten zu können. Aber der Priester wusste Abhilfe (lange schon etabliert, oft erprobt), was hieß, dass Henry und Winnie für die Zeit der Hochzeit ihre Koffer in einem örtlichen Hotel abstellen und es als ihren Wohnsitz angeben mussten, was sie auch taten, mit Unterstützung des Portiers, der ein paar Münzen dafür bekam. Nach der Trauung gingen sie mit ein paar Freunden und so wenig Verwandten wie möglich in ein Restaurant in der Basil Street. Es gab etwas zu essen und zu trinken, und irgendwann und irgendwie ging das Kind von einem von Henrys Freunden verloren. Die Mutter war außer sich, wie man sich vorstellen kann, und wütend auf die anderen Erwachsenen, weil niemand ein Auge auf ihre Tochter gehabt hatte. Winnie, selbst noch keine Mutter, amüsierte die Situation mehr, als dass sie beunruhigt gewesen wäre, und sie gab sich keine Mühe, es zu verbergen. Später sagte sie dazu – ihr Verhalten in Bezug auf das verlorene Kind verteidigend –, dass etwas im Cider sie über die Maßen beruhigt habe. Wie immer, das Kind wurde am Ende unter dem Büfetttisch gefunden, wo es sich insgeheim an Erdbeeren und Sahne gütlich getan hatte. Es gab keinen Tanz – eine Sparmaßnahme, auf der Winnie bestanden hatte –, aber für ihre Flitterwochen warfen die Frischverheirateten allen gesunden Menschenverstand über Bord und suchten sich ein Hotel in Basingstoke aus, wo sie die Ehe in einem sehr hübschen Himmelbett vollzogen. Von Basingstoke ging es weiter nach Cornwall, mit Henry am Steuer seines MG aus den Dreißigern, zwischendurch auch freihändig, was zu den Dingen gehörte, die Henry von Zeit zu Zeit tat. Sie stiegen im The Rising Sun in St. Mawes ab und verbrachten die nächsten drei Tage damit, den Park zu erkunden, aufs Meer hinauszusehen sowie Hand in Hand durch die Hügellandschaft zu wandern.

7

Aus Versehen ein Bild von ihr selbst

1. APRIL   Winnie hat noch etliche andere Konfitüren auf dem Tisch, rührt sie aber nicht an. Sie sollen mich ködern. Es sind Fallen. Winnie hat nur noch sieben Gläser Marmelade und muss zu allen Mitteln greifen. Sie fragt, ob wir Kuba und Hannah ein paar von den Fotos schicken können, die sie gestern gemacht hat.* Ihr sind einige hübsche Aufnahmen gelungen – vom Heidekraut, den Tulpen, dem Mimosenbaum. Ein schönes von der Vorderseite des Hauses ist dabei, von der gegenüberliegenden Straßenseite aus gesehen. Der Himmel ist klar und blau, die rote Haustür leuchtet im Licht, und der Mimosenbaum, die Sauerkirsche und die Kamelie rahmen die Fassade ein. Kirschblütenblätter bedecken Einfahrt und Gehweg wie Konfetti. Hinter einem der Fenster im ersten Stock kann man Victoria sehen, die in Richtung Osten geht. Ich bin teilweise zu erkennen, meine rechte Seite, der Rest verschwindet hinter der vom Mann ohne Finger erbauten Mauer.

Winnie mag das Foto – oder mochte zumindest, es zu machen –, da sie sich nur selten die Zeit nimmt, zurückzutreten und

* Hannah ist eine Freundin von Rebecca, die in den Neunzigern ein paar Jahre bei den Carters gelebt hat.

das Haus zu würdigen, nicht zuletzt, weil sie »für gewöhnlich von dem verdammten Ding aufgefressen wird«, und man weiß ja, was man von den Bäumen und dem Wald sagt. Es ist knifflig, die Fotos zu schicken. Winnie ist absolut keine Technikfeindin, hat aber zu kämpfen, um sie an die Mails anzuhängen. Sie tippt und drückt auf den Bildschirm und schiebt darauf herum, als gäbe es kein Morgen. Mir tut die Software ihres Handys leid, und am Ende kommen beide E-Mails zurück, weil die Adressen nicht stimmen.

Später, zufällig: Hannah ruft an, und noch bevor sie eine Minute gesprochen haben, will sie wissen, warum Winnies Untermieter nicht mehr im Garten macht. Sie sagt, Donald, ihr Mann, sei in ihrer Zeit in Windy Ridge immer *sehr* aktiv im Garten gewesen. (Nun, schön für den verdammten Donald, denke ich.) Es freut mich zu hören, dass Winnie für mich einsteht.

»Donalds Eltern sind Gemüsebauern. Ben hat mit siebzehn zum ersten Mal Gemüse gesehen. Er hatte nie einen Garten.«

Für Hannah ist das keine wirkliche Entschuldigung: »Er hat zwei Hände, oder?«

Winnie ist gezwungen, ihr recht zu geben.

»Dann bring sie zum Arbeiten, Winnie. Lass dich nicht ausnutzen.«

Himmel, Herrgott.

2. APRIL   Winnie ist nicht gut im Stillsitzen. Ich stelle mir nur ungern vor, was sie alles in ihren Träumen anstellt. Was sie da alles hinter sich bringt. Vor ein paar Wochen habe ich ihr ein Buch über Blumen gekauft. Sie war ganz begeistert, und ihr gefiel, wie es aussah, aber ich sah gleich, oder spürte es doch irgendwie, dass sie nicht davon ausging, es je zu lesen. Nicht wirklich. Sie nahm es an dem Abend mit ins Schlafzimmer und brachte es einige

Tage darauf wieder mit nach unten, um es für den allgemeinen Gebrauch ins Wohnzimmer zu legen. Ich fragte sie, wie sie damit vorankomme, und sie erwiderte, sie scheine kaum einmal einen Moment Zeit für so etwas zu haben, und wenn doch, fehlte ihr die Ruhe zur Konzentration.

Gibt es eine Möglichkeit, Winnie beizubringen, wie man sich entspannt? Wenn wir über den Common spazieren, will sie sich nie setzen. Sie will ihre Runde drehen, einen Kreis, und dann zurück nach Hause ins Bergwerk. Einmal habe ich mir einen Kaffee und ein Stück Gebäck gekauft und wollte mich schon aus praktischen Gründen setzen, weshalb ich sie fragte: »Winnie, hätten Sie etwas dagegen, sich kurz zu setzen?«, worauf sie, ohne ihren Schritt zu verlangsamen, erwiderte: »Ja, das habe ich tatsächlich«, als würde die Unterbrechung ihre Pläne in Gefahr bringen.

Also gingen wir weiter, aber als es ein weiteres Mal so war, an einem wunderbar warmen Nachmittag, bestand ich darauf und riskierte einen Tritt von ihr. In den ersten paar Minuten auf der Bank dann hatte ich das Gefühl, dass sie sich fragte, was als Nächstes kommen würde. Und so ging es weiter, und erst als ich gegen Ende etwas sagte wie: »Nun, ich denke, wir können hier nicht den ganzen Tag so sitzen«, lehnte sie sich zurück und entspannte sich sichtbar.

Ich weiß ehrlich gesagt nicht, was ich tun soll. Ich glaube nicht, dass man sie dazu bringen kann, Yoga zu machen. Und ausgiebige Vollbäder sind sicher auch nicht ihre Sache. Vielleicht sollte ich ein paar Haschbrownies für sie backen oder wie auch immer man diese Dinger nennt.[*]

***

[*] Mir wird jetzt klar, dass Winnies bestmögliche Entspannung in einer Aufgabe besteht, die 1) angenehm ist und 2) eine oder mehrere ihrer unterschwelligen existenziellen Ängste beruhigt. Gartenarbeit ist das offensichtlichste Beispiel. Sie liebt ihren Garten und lebt doch in der ständigen Angst,

3. APRIL   Ich gehe hinaus zu Winnie in den Garten. Sie deutet auf die Schlüsselblumen, die sie sehr mag, besonders die kastanienbraunen und gelben, die sie an ihre Schuluniform erinnern und damit auch an die Gefühlswelt jener Jahre. (Es ist schön, dass sie die Blumen für das mag, worauf sie verweisen, und nicht allein wegen ihres Aussehens. Legte sie die Hand aufs Herz, müsste Winnie womöglich zugeben, dass ihre große Vorliebe für Orangenmarmelade weniger mit dem Geschmack als mit der Tatsache zu tun hat, dass sie Erinnerungen an ihre Kindheit wachruft.)

Ein Baum hinten im Garten scheint sich in der Jahreszeit geirrt zu haben. Er war den ganzen Winter über kahl und fängt an, herbstlich zu wirken. Offenbar eine Ahornart. In gewisser Weise ergibt die Rückwärtsbewegung einen Sinn, ist der Herbst doch eine sanftere Art Winter. Das Nächste und Letzte, was Winnie mir zeigt, ist ein Schlauch, der entwirrt werden muss.

Sie hat den Großteil des Nachmittags damit zugebracht, einen riesigen Schinken zu kochen. Groß genug, um einen ganzen Zustellbezirk der Post zu versorgen. Sie tut das, weil zu Ostern nun mal »ein mächtiges Stück Schinken in den Kühlschrank gehört, an dem man sich bedienen kann«. In diesem Haus lebt eine Phantomfamilie, die nicht verloren gehen kann und doch nicht da ist, gleichzeitig real und irreal.

dass er verwahrlost und alles kaputtgeht, wenn man sich nicht um ihn kümmert. Das Dumme ist, dass sie das nicht mehr wirklich kann, nicht so, wie sie es mal gewohnt war und gerne weiter tun würde. Dieser Tage ist es gut für sie, Kuba bei der Gartenarbeit zuzusehen, auch wenn man das kaum ein Hobby nennen kann.

4. APRIL   Rebecca und die Mädchen kommen zum Mittagessen. Sie tragen den alten Holztisch von der Terrasse auf den Rasen, breiten eine Tischdecke darüber und bringen Stühle heraus, etc., etc. Ich für meinen Teil hole die Tennisschläger nach unten und lasse Rebecca so freudig wie ausgiebig demonstrieren, wie schwer sie sich mit der Koordination von Hand und Augen tut. Dass wir im Freien sind, die Wärme, die Bewegung und dass es gleich etwas zu essen gibt, von jemand anderem gekocht, das alles trägt dazu bei, dass eine ganz andere Atmosphäre als an Weihnachten herrscht. Winnie ist allerdings immer noch ein wenig nervös, weil sie sich so sehr wünscht, dass alles gut geht, aber nicht wirklich weiß, wie sie dafür sorgen soll. Das Essen kommt, und die Mädchen stellen es mitten auf den Tisch. Sie wollen anfangen, aber Winnie ist verschwunden.

»Granny!«, ruft Abigail.

»In einer Stunde«, sagt Victoria.

»Granny!«, ruft Abigail noch einmal, und dann stimmt Victoria mit ein.

»Granny!«, und ihr gemeinsamer Ruf – so laut, dass man ihn sicher noch in Chelsea hört – bringt die beiden zum Kichern. Ihr Frust wegen Winnie ist offenbar vergessen oder, wenn nicht vergessen, so doch zu etwas anderem geworden, etwas Warmherzigerem.

Und ihr Ruf erreicht Winnie. Sie kommt in den Garten und isst im Stehen, bis Rebecca sagt: »Himmel noch mal, Mum, nun setz dich schon!«, was zu Vorwürfen von Scheinheiligkeit vonseiten der Kinder führt, die meinen, ihre Mum wäre schlimmer als ihre Gran, wenn es darum geht, im Stehen zu essen – um ein Auge darauf zu haben, was im Zimmer nebenan vorgeht.

In einem der Gerichte liegt eine einzelne sehr große Muschel. Winnie überlegt nicht zweimal, stürzt sich darauf und versucht dann eine Viertelstunde lang, das Fleisch aus der Schale zu befreien, erst mit der Gabel, dann mit den Händen. Am Ende hilft die Familie, alle gemeinsam. Sie reißen daran, während Winnie die Schale zu halten versucht. Ich glaube nicht, jemals etwas Derartiges gesehen zu haben.

Nach dem Essen gibt es Schokoladeneier, und wir reden über dies und das. Winnie versucht, ein Foto von uns allen zu machen – gesättigt in der Sonne, ich mit einer Gitarre, die Mädchen mit Stäbchen im Haar und Rebecca, die so tut, als versuchte sie, Victoria mit dem Tennisschläger zu erwischen, aber am Ende macht sie aus Versehen ein Foto von sich selbst.

6. APRIL Stewart ist mit seiner jüngsten Tochter Mango da. Ich beobachte die beiden im Garten. Er hat einen verrotteten Ast entdeckt. Am Walnussbaum. Flüssigkeit sickert heraus. Stewart steigt auf eine Leiter und sägt ihn ab. Winnie verkündet, dass Stew in fünf Minuten von größerem praktischem Nutzen ist, als ich es in fünf Monaten war.

Mango wurde übrigens als stur und ein kleiner Teufel beschrieben, stellt sich aber als leicht zu gewinnen heraus. Ich verwechsle ihren Namen absichtlich immer wieder mit anderen Früchten, und das reicht: Wir verstehen uns. Sie sitzt auf dem Sofa, nahe bei mir und meiner Arbeit, fängt ein Spiel auf ihrem Laptop an und erläutert jeden einzelnen Schritt, den sie tut, gefühlte Stunden lang. Um sie auf ein anderes Thema zu bringen, frage ich sie, was für sie das Witzigste an ihrer Granny ist. Sie sagt: »Dass sie noch lebt, was sonst?«

Aus dem Ast, von dem ein Stück abgesägt wurde, sickert immer noch etwas, wie ich sehe. Es ist fast so, als weinte er. Die roten Tulpen wirken auch nicht besonders gut gelaunt, nur Tage nachdem sie voll aufgeblüht sind. Es ist das Wetter. Sie dachten, jetzt mit der Sonne seien sie dran, und dann kam noch mal Schnee. Eine solche Umkehrung des Schicksals kann alle zum Ermatten bringen, zum Seufzen und zum Sichzurückziehen.

7. APRIL Stewart kommt früh am Morgen, um etwas zu holen, was Mango vergessen hat. Er isst einen Toast, wo er schon mal da ist, und er spart nicht mit Marmelade, unser Stewart. Er denkt, sie wächst auf Bäumen, und ist völlig unempfänglich für Winnies missbilligende Blicke. Er wurde mit einem Stück Toast mit Marmelade im Mund geboren, dieser Stewart.

»Stört es dich, wenn ich noch eine Scheibe esse, Mum?«, sagt er unverschämterweise. *Nein*, denke ich, *wenn du anschließend runter zu Mr Spinnici gehst und ein großes Vollkorntoastbrot holst.*

Kein Wunder, dass es mit ihm hier im Haus nicht funktioniert hat, wenn er so ein Verhalten an den Tag legt. Mann.

8. APRIL Gegen Ende des Frühstücks lenke ich Winnies Aufmerksamkeit auf einen Zeitungsartikel über ein Buch, *Im Grunde gut*, das die Meinung vertritt, dass die Menschheit eine bemerkenswert freundliche Spezies ist, ganz gleich, was man uns glauben machen will.

»Hätte der Tag sechsunddreißig Stunden, gäbe es womöglich Zeit für Freundlichkeit«, sagt Winnie.

»Unsinn.«

»Also gut – achtundvierzig Stunden.«

»Sie sind freundlich zu mir, Winnie.«

»Hmm?«

»Ich sagte, Sie sind freundlich zu mir.«

Die Worte haben sie getroffen. Wahrscheinlich will sie Heyho sagen, ihren Inhalt herunterspielen oder eine ablenkende

Bemerkung machen, die alles Gefühlsmäßige mit einem Turbo vertreibt, doch stattdessen fragt sie schließlich: »Bin ich das?«

Sie erwartet Baumchirurgen. Die sich um das Efeu in der Birke kümmern sollen. Ich sehe aus dem Wohnzimmer zu, wie sie unten im Garten steht, die Größe der Aufgabe abzuschätzen versucht und überschlägt, ob sie wohl übers Ohr gehauen wird. Sie kehrt um, nähert sich dem Haus stetigen Schritts, und dann höre ich, wie sie in die Küche kommt. Sie ruft und bittet mich nachzusehen, ob das Müsli zur Neige geht. (Sie kommt nicht bis hoch an den Schrank, in dem sie es aufbewahrt, nicht ohne Stehleiter. Fragen Sie nicht …)

»Wir haben nicht mehr so viel«, sage ich auf den Zehenspitzen und ein wenig reuig.

»Das habe ich befürchtet«, sagt sie und schlägt sich befriedigt laut auf den Schenkel, zufrieden mit sich, dass sie nachgesehen hat.

»Nur noch fünf Packungen, fürchte ich, Winnie. Dreimal Nuss und zweimal Frucht.«

11. APRIL   Die Zehn-Uhr-Nachrichten konzentrieren sich darauf, dass die Nation morgen Stufe zwei der Lockdown-Roadmap erreicht, was bedeutet, dass Bewirtungsunternehmen im Freien aufmachen dürfen. Da wird es viele nette Biergartengeschichten geben, denke ich.

12. APRIL   Es schneit.

14. APRIL   Als ich am Morgen nach unten komme, ist der Küchentisch ungedeckt. Sie hat aufgehört, das zu tun, oder doch zumindest, es immer zu tun. Manchmal ist er für eine Person

gedeckt, manchmal für zwei, manchmal für niemanden. Ob das eine Verbesserung ist, nachdem er früher unbedingt jeden Abend für sie und Henry vorbereitet werden musste, ist schwer zu sagen.

Ich hole zwei Schüsselchen heraus, zwei Löffel, zwei Teller, zwei Buttermesser, zwei große Tassen, zwei Servietten, das Brotschneidebrett, das Brotmesser, ihre Marmelade (Sevilla-Orange, hausgemacht), meine Marmelade (Grapefruit, aus dem Laden), gesalzene Butter, Milch, Obstkompott und Joghurt. Um die Zeitung kümmere ich mich nicht. Nicht heute Morgen. Soll sie ruhig auf der Matte liegen bleiben. Stattdessen sehe ich drei Sittichen auf einem der Kirschbäume zu, die ihr Bestes tun, die Blüten herunterzuzupfen.

Winnie kommt herein. Sie sieht offensichtlich, was auch ich sehe, denn sie geht direkt an mir vorbei und zur Hintertür hinaus in den Garten, wo sie den Sittichen die Meinung sagt. »Verschwindet! Weg mit euch! Weg!« Zwei der Vögel fliehen, was sie befriedigt, der dritte jedoch bleibt seltsam unberührt. Sie versucht es noch einmal, aber ohne Erfolg. Dann beginnt sie, mit Steinen zu werfen, aber der Sittich rührt sich nicht vom Fleck. Das kann dauern, denke ich und mache die Tür zu, damit nicht noch mehr Kälte hereinkommt oder Wärme entweicht oder auch beides. Schließlich kommt Hank, das Rotkehlchen, und Winnie hört auf, mit Steinen zu werfen.

Carlotta ruft an. Winnie geht mit dem Telefon in Henrys Arbeitszimmer. Hinterher berichtet sie: Carlotta ist gestürzt. Der Hügel, auf dem sie wohnt, hat sie stolpern lassen, und sie ist mit einem Rums auf der Nase gelandet. Das Gesicht voller Blut. Die Nasenspitze jetzt eher hinten als vorne am Kopf. Ins Krankenhaus wollte sie nicht. Um das Gesundheitssystem nicht zu überlasten.

Winnie kommt von Lidl zurück. Sie hat zwei Ostereier zum halben Preis gekauft und schmückt den Tisch mit ihnen. Und dann kommt ihr der Gedanke, dass Carlotta nach allem, was sie durchmachen musste, vielleicht eins mag. Daran erkenne ich Winnie. Sie geht ins Geschäft und kauft eine Menge Sachen, weil sie Angst hat, ein Angebot zu verpassen, dass etwas ausverkauft sein oder die Preise steigen könnten, und anschließend betrachtet sie alles und überlegt, dass Soundso dies oder jenes mögen könnte. Ihre Fürsorge ist oft ein nachträglicher Gedanke. Das soll keine Kritik sein, sondern eine Vorstellung (meine Vorstellung) davon vermitteln, wie Winnies Denken funktioniert.

Es könnte tatsächlich ziemlich interessant sein, Maslows Bedürfnispyramide auf Winnie anzuwenden. Sie existiert vorwiegend auf der untersten Stufe der Leiter und sorgt sich um die Grundbedürfnisse – das Dach über dem Kopf, Essen und Wärme. Sie muss sich da natürlich nicht sorgen, tut es aber zweifellos, und es ist diese Sorge, die sie davon abhält, die Leiter weiter hinaufzusteigen und in abgewogenerer Form über ihr Wohlbefinden (ihre Selbstverwirklichung, wie Maslow sagen würde) nachzudenken. Und es sind auch diese Sorgen, die es wahrscheinlich machen, dass sie deinen Geburtstag vergisst.

Ich sage ihr, dass ich eine Nacht nicht da sein werde, auf die Katze meiner Freundin Thea aufpasse.

»Nun, da wird es nicht viel zu tun geben«, sagt sie. »Katzen können auf sich selbst aufpassen.«

»Nicht diese Katze, Winnie.«

»*Jede* Katze. Wenn sie es nicht tun, heißt das, sie sind verwöhnt und verzogen. Sie brauchen keine Zuneigung. Sie sind unabhängig. Ich nehme an, Sie werden sie an der Leine ausführen, wie?«

»Nein, aber mir wurde gesagt, sie wird bei mir im Bett schlafen.«

»Wie absurd.«

»Sonst jammert sie die ganze Zeit draußen vor der Schlafzimmertür.«

»Was isst sie? Pizza?«

15. APRIL   Am Morgen. Sie liebt mich. Das muss es sein. Sonst würde sie nicht all diese Dinge tun. Auf meinem Kopf schlafen, meine Hände abschlecken und den Kopf an meinen Fingerknöcheln reiben. (Die Tatsache, dass Ruby auch in jede Ecke, jeden Winkel der Wohnung verliebt zu sein scheint, legt nahe, dass wir nicht unbedingt ein monogames Verhältnis haben, aber hey-ho.) Ich schicke Winnie ein Foto von Ruby, die es sich in der Sonne auf meiner Tastatur bequem gemacht hat. Es ist eines von mehreren Dutzend Fotos, die ich bereits aufgenommen habe.

Abends. Ein seltsames unterschwelliges Gefühl, Winnie zu vermissen.

16. APRIL   Überlasse Ruby sich selbst. Gehe zu Fuß nach Hause. Ein kleiner Junge auf dem Common von Barnes füttert mit seiner Mutter (nehme ich an) die Enten mit Mais. Die Mutter: »Ich denke, wir müssen jetzt nach Hause gehen, Liebling.« Der Junge: »Würdest du dann bitte aufhören, das zu denken, Mummy?«

Zum Abendessen ein Schnellgericht von Tesco. Hühnchen in einer Cabernet-Sauvignon-Soße. Es ist kein Festmahl, aber ich bin nicht sicher, ob Winnies Beschreibung: »Das merkwürdigste Essen aller Zeiten«, den Sachverhalt wirklich trifft.

17. APRIL   Heute Morgen ist es kühler. Ich sitze auf der Stufe hinten und trinke zwei Tassen Kaffee. Betrachte den leckenden Walnussbaum und ein paar kleine braune Vögel, die auf den Fliesen herumspringen und nach Krumen suchen. Der Gesang der Vögel überall, das laute Rauschen der fernen Broadway, der schneidende Ton eines durchkommenden Zuges, der Schatten der Esche, der über den hellen Rasen fällt.

Winnie kommt mit der Zeitung heraus. Sie will mir etwas zeigen. Es ist das Foto einer Blaumeise, die den Seitenspiegel eines Autos angreift. Offenbar verstehen sie den Charakter eines Spiegelbilds nicht und attackieren ihr vermeintliches Gegenüber.

Sie ist nicht gut auf mich zu sprechen. Ich habe einen Teller angeschlagen, den ihr eine von Henrys Großtanten geschenkt hat. Was es noch schlimmer macht, ist, dass es oben in meiner Küche passiert ist, wo er niemals hätte sein sollen. Es bestärkt sie in ihrer Meinung, dass alles von Wert an seinem angestammten Platz bleiben sollte, was sie auf eine (für mich) lustige Weise begründet.

»Ich wette, Sie waren schlicht zu begeistert, als Sie ihn abgewaschen haben, oder?«, fragt sie und wirkt ernsthaft verstört.

»Ich war unvorsichtig«, sage ich ehrlich und belasse es dabei.

Dann landet ein Sittich im Kirschbaum, und sie ist gleich wieder draußen und ruft: »O nein, das tust du nicht!«, und ich danke dem Himmel, dass er einen wirklichen Schurken schickt, um Winnies Schmähungen von mir abzuwenden.

20. APRIL   Megan kommt zum Abendessen. Es ist schön, abzuwaschen und die beiden dabei aus den Augenwinkeln am Tisch zu beobachten, wie sie eine Tarte anschneiden, wie Megan vorschlägt, Sahne darauf zu geben, und Winnie sagt, das kann sie unmöglich essen, es dann aber irgendwie doch schafft und sogar

noch einen kleinen Nachschlag nimmt. Es ist nichts Außergewöhnliches, nichts Bemerkenswertes, sondern einfach nur ein Stück Leben, und ich denke, das ist es, was mich an der Szene berührt, dass es einfach das Leben ist, dass es einfach Menschen sind, an einem Tisch, nach einem Essen, mit Winnie im Zentrum von allem. Und während ich Messer und Teller spüle, muss ich denken, dass alles besser ist, als es sein könnte. Ich glaube, ich verspüre ein wenig Stolz, wenn ich ehrlich bin. Und ein wenig Glück. Ich glaube, das ist es.

21. APRIL   Ohne besonderen Anlass erzählt sie mir, wie sie einmal eine Testfahrt mit einem Doppeldeckerbus gemacht hat, um der Busfahrergewerkschaft zu beweisen, dass das auch kleine Frauen können. Die Gewerkschaftsmitglieder waren in der Mehrzahl Männer und entsprechend skeptisch, was den Vorstoß anging, Frauen zum Busfahren zu ermutigen.

Um diesem Skeptizismus entgegenzuarbeiten, hatte Transport for London (geleitet von Henry) auf einer Rennbahn im Südwesten Londons einen Pressetermin organisiert. Dort wollte man zeigen, dass auch kleine Frauen die neuen Busse sicher über einen Parcours steuern konnten.

»Ich bin ganz glücklich dahingesaust«, sagt Winnie. »Wurde sogar ermahnt, weil ich zu schnell war.«

»Wie lange ging das Dahinsausen?«

»Oh, nicht allzu lange. Etwa anderthalb Stunden. Bis es die Dinos endlich kapiert hatten.«

Die Vorstellung einer selbstzufriedenen Winnie, die mit einem Doppeldeckerbus Geschwindigkeitsrekorde im Rennbahnoval aufstellt, während Schreiberlinge und Großkopferte von der Seite zusehen, ist eine, die ich womöglich nur schwer wieder aus dem Kopf bekomme.

22. APRIL   Ich sehe zu, wie Winnie die Blumenbeete im Garten gießt, ihr Ausdruck ist dabei gleichzeitig argwöhnisch und selbstzufrieden. Sie steht unter dem Ahorn am südlichen Rasenrand, der mit jedem neuen Frühlingstag herbstlicher wirkt. Sie hat die Haare geschnitten bekommen. Gestern war Liz da. Jetzt kann Winnie wieder sehen. In letzter Minute noch hat sie sich entschlossen, etwas Farbe hineinzugeben. (Was, so wie es klingt, schon immer eine Entscheidung auf den letzten Drücker war.)

Jetzt legt sie den Schlauch auf den Rasen, stützt die Hände in die Hüften, blickt auf den alten Tennisplatz hinaus (der mit Weißdorn und Brombeergestrüpp überwuchert ist) und erinnert sich vielleicht an ein altes Match oder stellt sich ein neues vor. Sie dreht um und kommt zurück. Hält bei den Nadelbäumen inne, blickt zum Haus herauf und steht still wie eine Statue. Ich möchte mir gern vorstellen, dass sie in Erinnerungen schwelgt und ihr Zuhause bewundert, wahrscheinlich jedoch hält sie nach offenen Fenstern und möglichen äußeren Schäden Ausschau. Sie sieht mich, lächelt und verschwindet hinter Blumen.

23. APRIL   Sie ruft Arthurs Pflegeheim an.

»Hallo. Hier ist Winnie Carter. Ich rufe am St.-George's-Tag an. Der auch Turners Geburtstag ist. Joseph Mallord William. Maler. Ein sehr guter. Wie auch immer, kann ich einen Besuch bei Arthur buchen? In seiner Wohnung, wenn es geht. Ja, ich weiß um die Marotte dieser Tage, draußen zu sitzen, aber bitte lassen Sie mich da raus. 15:30 Uhr klingt gut. Nach dem Essen. Ja, mir ist bewusst, dass ich früher da sein muss, um noch durch ein paar Reifen zu springen. Sagen wir um zwölf? Ich mache Späße, meine Liebe, keine Sorge. 15 Uhr passt.«

Ein lautes Klopfen an der Tür.

»Hallo«, sagt ein Mann, »Ihre Einfahrt ist nicht zu übersehen.«

Ja ...

»Und es ist auch nicht zu übersehen, dass sie mit vielen weißen Flecken überzogen ist, mit Schmutz und Pilzbefall.«

Ja ...

»Ich habe diese Spezialmaschine, verstehen Sie, und Ihre Nachbarn werden es bestätigen.«

Ja ...

»Also, ich könnte Ihre Einfahrt wieder in einen Zustand wie neu bringen.«

Ich werde davon abgehalten, das großzügige Angebot des Mannes anzunehmen, von Winnie, die an meiner Seite erschienen ist und ihn gleich behandelt, als wäre er ein weiterer Sittich im Kirschbaum. Sie schließt die Tür und sieht mich an: *Ich weiß nicht, das Los der Hausbesitzer?*

Aber Winnie ist gerne eine. Liebt es sogar. Winnie genießt, ja suhlt sich geradezu in ihren täglichen Aufgaben als Hausbesitzerin, all den einzelnen Dingen, die ihr als solcher obliegen. Kein Zweifel, sollte Winnie je umsiedeln, wird sie die Anforderungen, die das Inganghalten dieses Hauses mit sich bringt, schmerzlich vermissen. Sie würde plötzlich nicht mehr wissen, worum sie sich sorgen soll. Sie würde nicht weiterwissen. Es ist die bittersüße Aufgabenfülle der Hausbesitzerin, die Winnie eine Bestimmung gibt, ihren Schritt belebt und ein Glitzern in ihre Augen trägt.

Ich wünsche mir, dass die Familie von gegenüber, die mit dem Brief und der Bitte, Winnie solle verkaufen, sich noch eine Weile damit begnügen muss, ein Auge auf ihren Besitz zu haben, statt ihn in die Hände zu bekommen.

Ich wische etwas Staub und finde eine Karte mit Genesungswünschen unter einem Beistelltisch im Wohnzimmer. Sie ist selbst gemacht, von Mango für Winnie, als Letzterer der Blinddarm geplatzt war. Adressiert ist sie an »Granny lala«, und die Nachricht drinnen lautet: »Werd schnell gesund, okay.« Die Karte ist übervoll mit grob gezeichneten blauen Herzen.

Gardener's World. Sie zeigen einen unterhaltsamen Beitrag über eine Frau in Dorset, die Chilis anpflanzt, darunter einige der schärfsten der Welt. Die Frau sagt, es gibt kein besseres Gefühl, als etwas zu pflanzen, zuzusehen, wie es wächst, und es dann an die Kinder zu verfüttern.

»Ganz richtig«, sagt Winnie. »Vor allem, wenn es ihnen gleich auch noch die Mandeln herausbrennt.«

27. APRIL Ich sitze draußen, auf der Terrasse an der Südseite des Hauses, und lese *The Madness of Grief*. Es gibt ein paar eindrückliche Passagen. Zum Beispiel, als Richard Coles, der Autor, beschreibt, wie es ist, wenn dein Partner stirbt und deine Zukunft mit sich nimmt, wie du nach seinem Tod, wenn du nach vorn blickst, nichts mehr siehst, nichts mehr hast, wohin du willst. Hauptsächlich aber versinke ich, statt zu lesen, in der Szenerie vor mir. Eine Elster stößt aus ihrem Nest herunter, ihr folgt eine zweite, aus Geselligkeit oder als Unterstützung. Ein Rotkehlchenpärchen spielt herum, vielleicht umwerben sie sich. (Habe ich je gesehen, wie zwei Rotkehlchen aus Versehen zusammenstoßen? Es ist ziemlich amüsant.) Am Rande Hyazinthen, Glockenblumen und Heidekraut. Kuba durchquert die Szene mit einer Schubkarre und wirkt gleichzeitig stark, verdrießlich und friedlich. Ich gehe hinein, um ihm eine Tasse Kaffee zu kochen.

Ich decke den Tisch für das Abendessen. Falte Servietten zu Dreiecken, verteile Untersetzer für Wasser und Wein und Platzdeckchen (immer zwei, eins aus Gummi, eins aus Bambus, doppelt hält nun mal besser). Wie gewohnt fängt Winnie im Stehen an zu essen. Die Gewohnheit ist fest in ihrem Hippocampus verankert, und erst als sie bequem sitzt, tut sie ihre Meinung kund, dass das Gulasch das ungewöhnlichste ist, das sie je gegessen hat.

Ich zucke mit keiner Wimper. Ich esse ein paar Mundvoll, lasse erkennen, dass es mir schmeckt, sehe Winnie an, lächle und erzähle ihr von dem Buch, das ich gerade lese. Ich sage, der Autor meint, wenn einem der Partner stirbt, nimmt er die Zukunft mit sich. Sie versteht das, aber Winnie hat die Entscheidung getroffen, nicht herumzulaufen und Elend und Unglück auszustrahlen. Stattdessen versucht sie, dankbar zu bleiben für das, was ihr gewährt wurde, sechzig Jahre einer glücklichen Ehe. Ich erwähne einen Vers aus einem Gedicht, in dem die Abwesenheit von jemandem als Gesellschaft dargestellt wird, und sie nickt.

»Henry ist überall. Das beste Beispiel dafür: Ich habe noch all seine Kleidung. Nicht aus Sentimentalität. Ich könnte Ihnen problemlos anbieten, seine Anzüge zu übernehmen, aber Ihre Arbeit scheint an kein Büro gebunden. Tatsächlich scheint sie an rein gar nichts gebunden, soweit ich das sagen kann.«

Sie schenkt mir ein warmes Lächeln, als hätte sie gerade das Netteste überhaupt zu mir gesagt, und fügt dann an, dass ein neuer Partner völlig unmöglich wäre. Sie sagt, sie würde die Verantwortung nicht wollen (was ich für einen interessanten Einwand halte) und dass sowieso niemand ihre Eigenarten ertragen würde. Ich frage, an was sie da denkt. Sie sagt, dass sie die Spüllappen einmal in der Woche kocht, worauf ich damit hinterm Berg halte, dass es das Spüllappenabkochen für mich in der Rangliste ihrer Spleens nicht mal unter die Top Ten schaffen würde. Sie blickt in den Garten hinaus und sagt, es ist der sonnigste und frostigste Frühlingsanfang, soweit sie zurückdenken kann.[*]

28. APRIL   Winnie hat Henrys Tod kommen sehen und ohne Zeremonie geschehen lassen. Es gab keine Wache an seinem Bett. Sie hat die Kinder nicht geholt, sondern ihn einfach gehen lassen. Ich bin nicht sicher, was sie dazu gebracht hat, mir das zu erzählen. Vielleicht nichts. Vielleicht hat sie nur gerade daran gedacht und den Gedanken in Worte gefasst. Und dann fasst sie noch etwas in Worte, und ich wünschte, es wäre nicht so, weil es die Frage ist: »Kann ich Sie heute Morgen buchen? Ich würde gern zu Lidl fahren und etwas Erde holen.«

Auf dem Weg zu Lidl wird mir bewusst, dass Winnie eine sehr aufmerksame Fahrerin ist. Sie achtet nur nicht auf die Dinge, auf die sie meiner Meinung nach achten sollte, zum Beispiel die Straße. Stattdessen hält sie nach Bekanntem Ausschau (dem ehemaligen Haus des Dichters Robert Graves), Dingen, die sie mag (ein Kurzwarengeschäft namens Elastic Stitch), für die sie nicht viel Zeit hat (Pizza Gogo) und Dingen, die sie an andere Dinge erinnern (wie das Gesundheitszentrum Nelson, das sie daran erinnert, wie sie einmal beim Bäcker Nasenbluten bekam und hinüberging, damit man ihr half). Sie schenkt dem örtlichen Amtsgericht in der Alexandra Street viel Aufmerksamkeit. Sie starrt mindestens fünf Sekunden hinüber, während sie mit gut dreißig Stundenkilometern dahinrollt.

»Da habe ich einige Zeit verbracht«, sagt sie.

---

[*] Und sie hatte recht. Der April 2021 war der sonnigste und frostigste seit Beginn der Aufzeichnungen. Kein Zufall. Der klare Himmel, der die Sonne scheinen ließ, machte auch den Frost möglich. So geht es nun mal.

»Das höre ich gerne.«

»Als Schöffin.«

»Worum ging es?«

»Ladendiebstahl.«

»Sind Sie zu einem Urteil gekommen?«

»Ich glaube, wir hielten sie für unschuldig.«

»Was hatte sie geklaut?«

»Ich glaube, Sushi.«

Sie zeigt auf den Friedhof, auf dem Henry beerdigt wurde.

»Besuchen Sie ihn jemals?«

»Nicht wirklich. Bin ich deswegen ein schrecklicher Mensch?«

»So gut wie sicher.«

Sie zeigt mir auch, wo sie früher in der Church Road gewohnt hat, das alte Haus des Arztes, den Ahornbaum, gegen den Stewart mit seinem Fahrrad gefahren ist, und während sie all das tut, muss ich daran denken, wie lohnend und fruchtbar es sein kann, mit jemandem irgendwo hinzufahren, selbst wenn es nur der örtliche Supermarkt ist. Dann ruft ein kurzer Platzregen Panik hervor, und etwa zehn Sekunden lang ist alles an: die Scheibenwischer vorn und hinten, die Warnblinkanlage, das Radio, das Gebläse. In ihrem Bemühen, besser zu sehen, sieht sie schlechter.

30. APRIL   Küche. Am Morgen. *Desert Island Discs*. Zu Gast ist Fay Weldon, die Autorin zahlloser Romane, es sind jetzt wohl fast neunzig. Weldon sagt, sie fährt kein Auto, weil sie nicht sicher sein kann, was hinter der nächsten Ecke lauert. Ich frage Winnie, ob sie das nachvollziehen kann.

»Fay Weldon hat viele ausgezeichnete Romane mit normalen Frauen als Heldinnen geschrieben und sich dadurch das Recht erworben, sein zu lassen, was immer sie mag.«

1963

Der junge Arthur Carter hat eine chronisch verschleimte Lunge. Was es schwierig macht zu schlafen. Seine Mutter ist dazu übergegangen, sich nachts neben sein Bett zu legen, und schläft in den kurzen Phasen, wenn sein Körper selbst noch zum Keuchen und Kämpfen zu erschöpft ist. Die beiden liegen im zweiten Schlafzimmer ihrer Dreizimmerwohnung in Wimbledon – dem ersten Zuhause der Familie. (Henry mag ja von Aristokraten abstammen, aber die waren nicht unbedingt sparsam und an Vermögensbildung interessiert.) Winnie weiß nicht, dass sie ein zweites Kind in sich trägt. Ihre Situation dort auf dem Fußboden, eingerollt und wachsam, erinnert sie auf seltsame Weise an Florenz, als sie etwa achtzehn war. Da war sie mit ihrer Freundin Ellen unterwegs – vielleicht erinnern Sie sich –, einem großen Mädchen mit Brüsten, deren Ruf ihr vorauseilte. Der Anblick von Ellens Brüsten in der Badewanne brachte Winnie auf die Knie und dann ganz zu Boden, wo sie eine Weile lag und lachte wie ein Kind – wie das Kind, das sie noch war. Winnie muss jetzt an Ellen denken und wo sie wohl sein mag und wo eher nicht. Ihr gelingt ein Lächeln, und sie stellt fest, dass ihr Sohn eingeschlafen ist. In sechs Stunden wird Arthur einen Anfall haben, der zwei Stunden dauert. Er wird ins Great Ormond Street Hospital gebracht werden und die Diagnose fälschlicherweise Epilepsie lauten. Aber fürs Erste schläft er und dann auch, dankbar, seine Mutter.

8

Dinge werden nicht schlecht.
Sie werden nur gut für etwas anderes.

1. MAI   In Winnies Tagebucheintrag stand gestern: »Ben hat heute unentschuldigt gefehlt!« Damit meint sie, dass ich erst um 19:30 Uhr nach Hause gekommen bin, ein paar Stunden später als geplant. Ich wurde aufgehalten, weil eine Freundin, deren Partner nach Bulgarien umgesiedelt ist, so etwas wie eine emotionale Krise erlitten hat. Ich habe Ali in Waterloo getroffen, und wir haben geredet. Winnie habe ich angerufen und gesagt, ich würde es wohl nicht rechtzeitig zum Essen schaffen und mich um eine Stunde oder so verspäten. Sie solle nicht auf mich warten und schon mal reinhauen und so weiter.

»Wo reinhauen?«, sagte sie.

»In was immer Sie mögen«, sagte ich.

»Ach, so ist das?«

Als ich dann kam, war sie, wie man sagen könnte, leicht von der Rolle. Ohne große Vorwarnung ließ sie eine Tirade vom Stapel, dass das alles äußerst ärgerlich wäre und sie nicht übel Lust hätte, mich für vierzehn Tage unter Arrest zu stellen. Und das nur, weil ich eine Stunde zu spät zum Essen gekommen bin. Aber – Überraschung, Überraschung – wie sich zeigt, war mein Zuspätkommen nur der Tropfen, der das Fass zum Überlaufen gebracht hat.

Sie hatte einen üblen Tag. Erst sprang der Wagen nicht an, dann klemmte das Schloss der Haustür, und kaum dass sie die Wäsche aufgehängt hatte, fing es an zu regnen. Aber damit nicht genug: Jedes einzelne Ei, das sie überprüfte, trieb an die Wasseroberfläche, und über Stunden konnte sie das Telefon nicht finden. Man kann wohl sagen, dass sie bereits bedient war, bevor ich anrief und dem Ganzen noch die Krone aufgesetzt habe.

Somit verstehe ich also *im Nachhinein*, warum sie so reagiert hat. Nur wusste ich das beim Hereinkommen alles nicht, und als Winnie gleich vom Leder zog, musste ich mir ernsthaft auf die Zunge beißen. Wobei ich froh bin, es getan zu haben, weil sie gegen Ende des Essens schon wieder lachte und angesichts dessen, was Kuba mit dem Himbeerbeet gemacht hatte, geradezu poetisch wurde. Und zu Ende des Abwaschs gab sie still zu, das, was ihr wirklich unter die Haut gegangen sei, die Aussicht war, allein zu Abend zu essen, *allein* zu sein.

Da ich die Möglichkeit einer Waffenruhe spürte, fragte ich sie, ob sie es in Erwägung ziehen könnte, ihren Unmut zu vergessen und einen Strich durch die Geschichte zu machen.

»Wenn Sie mögen, mache ich den Strich gerne darunter.«

2. MAI Der Regen hat die Dinge im Garten ein ziemliches Stück voran- und meine Ignoranz weiter zum Vorschein gebracht. Als ich Winnie frage, ob sie mir etwas über die neuen Blumen sagen kann, hellt sich ihre Miene auf.

»Mit dem größten Vergnügen!«, sagt sie. (Seltsam, was für Fragen Menschen glücklich machen. Wenn wir wüssten, welche es sind, würden wir sie dann immer stellen?)

Wie sich herausstellt, ist die Blume, die mich am meisten fasziniert, eine Tulpe. Sie ist rot, doch die Ränder der Blütenblätter sind weiß gezackt, fast sägeblattartig. Wir stimmen überein, dass

es komisch ist, wie etwas so Schönes gleichzeitig auch bedrohlich erscheinen kann. Sie holt ihre Gartenschere hervor und
schneidet mir eine ab.

»Ich werde meinen Garten vermissen«, sagt sie und geht in
die Küche.

»Vielleicht müssen Sie das ja nie«, sage ich.

4. MAI Beim Frühstück lenke ich Winnies Aufmerksamkeit
auf eine kurze Nachricht über eine Frau, die nach einer verun-
glückten Vergrößerung ihres Hinterns gestorben ist. Sie weiß
nicht, was sie dazu sagen soll. Eine Seltenheit. Dann zeige ich
ihr, wie man mit einer beliebten Messenger-App Sprachnachrich-
ten verschicken kann. Wir schicken eine an Abigail, die sofort
antwortet.

»Wie schön zu hören, dass Granny lernt, wie man Sprach-
nachrichten verschickt. Das sind wunderbare Neuigkeiten. Ich
freue mich auf mehr von dir, Granny.«

Anschließend schickt sie eine an Stewart und erklärt, dass
Arthur jetzt herkommen kann, ohne sich nach seiner Rückkehr
in Quarantäne begeben zu müssen. Und dann fragt sie noch, ob
sie die Gemeindesteuer per Lastschrift bezahlt. Schließlich stelle
ich ihr eine Aufgabe. Sie soll Victoria eine Nachricht schicken und
mir danach sagen, wie warm es in Nairobi ist. Sie sieht mich an,
als hätte ich sie aufgefordert, das Licht mit dem großen Zeh ein-
zuschalten.

5. MAI *Gardener's World*. Einige der gärtnerischen Sinnsprüche
sind inspirierend. »Den Kopf in der Sonne, die Füße im Schatten«,
das sagt man über die Clematis, aber es ist auch kein schlechter
Tipp für uns Menschen. Winnie hat, wie es so geht, weder den
Kopf noch die Füße im Schatten. Sie ist beim Teetrinken einge-

schlafen, was gar nicht einfach ist. Ich nehme ihr die Tasse aus der Hand, bevor sie ihren Inhalt vergießt. Mein Raub lässt sie erwachen und ihren Tee zurückfordern, wobei sie mir einen Blick zuwirft, der Nacktschnecken in die Flucht schlagen würde.

8. MAI   Sie steht in der Küche und kocht Aprikosen ein, ein Auge auf die Zeitung, das andere auf den Fernseher gerichtet, keins auf die Aprikosen.

»Guten Morgen, Winnie.«

»Glatzköpfige Männer sind stärker von Corona betroffen.«

»Ist das so?«

»Sagen Sie das besser nicht dem Postboten. Das raubt ihm den Schlaf, und er fängt an, eine Perücke zu tragen. Ich fürchte, wenn Sie Toast wollen, haben wir nur noch Roggenbrot. Ich rationiere das Vollkorntoastbrot.«

Dann liest sie eine Anzeige aus der Zeitung vor: »›Wir laden Sie ein, die äußeren Anzeichen des Alterungsprozesses zu verlangsamen.‹ Na, schönen Dank auch, Boots.«

Ich schlage vor, dass sie hingeht und fragt, ob sie auch etwas haben, um das Ganze zu *beschleunigen*, und vielleicht, wenn sie schon mal dabei ist, darauf hinweist, dass das Altern nicht so abstoßend und tragisch ist, wie die wohl denken.

»Das würde ich ja«, sagt sie, »nur neige ich tatsächlich zu der Ansicht, dass es tragisch ist, und im Übrigen dreht sich mein Busausweis gerade in der Waschmaschine, und Sie haben mehr Aussicht darauf, mich in eine Mietkutsche nach Blackpool zu bringen, als dass ich die horrenden Parkgebühren bei denen da unten zahle.«[*]

---

[*] Wir werden selten dazu ermutigt, stolz auf unser Alter zu sein oder doch wenigstens zufrieden damit, im Reinen, so wie wir dazu ermutigt werden,

Ich nehme mir eine Tasse Tee und fange ein Buch von einem Schäfer an. Ich habe die erste Seite (über das Wort *heft*, das für etwas steht, das aus freien Stücken / Tradition mit einem besonderen Stück Land verbunden wird) noch nicht ganz gelesen, als Winnie mich zum Supermarkt schickt, um Kartoffeln zu kaufen, die sich »gut plustern«. Gut, dass einer von uns nicht so mit diesem Ort *verheftet* ist wie der andere, muss ich unterwegs zu Tesco denken, und als ich zurückkomme, erzähle ich Winnie aus Spaß, was ich über den Charakter von Verärgertsein denke.

»Ich bin nicht oft genervt, Winnie, aber wenn, liegt es meist an einem inneren Konflikt, der entsteht, wenn mein Wunsch, etwas zu tun, von der Pflicht zu etwas anderem behindert wird. Mein Wunsch mag bescheiden sein (zu lesen) und die Verpflichtung angemessen und vernünftig (einige Kartoffeln zu besorgen, die ›plusterfähig‹ sind), dennoch ist das Ergebnis dieses Wunsch-Verpflichtungs-Konflikts Genervtheit. Eine Möglichkeit, das zu vermeiden, besteht darin, sich nie etwas zu wünschen.«

Winnie sagt dazu nur: »Worin kochen wir den Schellfisch?«

uns zu anderen Elementen unserer Identität zu bekennen. Es ist, als bestünde nach wie vor der Konsens: »Altern ist schlecht, und deswegen gilt es, sich ihm zu widersetzen, koste es, was es wolle, ihm auszuweichen und es hinauszuzögern.« Wenn man mit solchen Gedanken aufwächst und sie mit dem Älterwerden verbindet, was soll man dann von sich denken, wenn man die späteren Kapitel seines Lebens erreicht? Im besten Fall fühlt man sich unwohl, im schlimmsten hasst man sich. Stellen Sie sich vor, es wäre umgekehrt, und statt das Alter schlechtzumachen, würden allerorts seine Tugenden und Vorzüge hervorgehoben. Dann könnte sich der reifste Teil der Gesellschaft wertgeschätzt und einbezogen fühlen und nicht scheußlich und irrelevant. Ist nur so ein Gedanke.

9. MAI Beim Toasten geht sie vorsichtig vor. Sie toastet in Stufen, weil sie fürchtet, den Toast sonst zu verbrennen. Das Problem ist, indem sie ihn fünfmal hervorschießen lässt, um zu sehen, wie weit er ist, schafft sie reichlich Möglichkeiten, ihn zu ganz zu vergessen, sodass er schwarz wird. Ihre Vorsicht erhöht ungewollt die Wahrscheinlichkeit, ihr Frühstück verkohlen zu lassen. Lehrt uns das etwas?[*]

Etwas an der Art, wie Winnie auch heute mit ihrem Toast umgeht, bringt mich dazu, sie nach Derby einzuladen. Da habe ich Ende des Monats eine Lesung, fahre mit Megan im Bus hin und übernachte in einem Hotel. Ehrlich gesagt, habe ich nicht angenommen, dass Winnie im Geringsten daran interessiert sein könnte, doch sie scheint den Vorschlag ernsthaft in Betracht zu ziehen.

»Ich habe solche Sachen früher oft gemacht«, sagt sie.

»Und hätten Sie Lust, es wieder zu tun?«

»Unbedingt, aber … Derby?«

»Es gibt ein paar schöne Gemälde in Derby.«

»Aber was würde Megan denken?«

»Oh, das würde ihr nichts ausmachen.«[**]

10. MAI Winnie telefoniert mit Rebecca, und ich schwöre, ihr Ton ist wärmer und sanfter als gewöhnlich. Nicht, was sie sagt, aber der Ton. Sie spricht von Wiesenkerbel und Kompost, und die mitschwingende Botschaft ist: Du bist meine Tochter, und ich habe dich lieb. Zumindest höre ich das so. Dann ruft sie: »Da ist ein Fisteldink im Vogelbad!«, bemerkt ihren Versprecher je-

---

[*] Nein, tut es nicht.

[**] Das war nicht ganz richtig. Megan hatte sich auf ein romantisches Wochenende gefreut und fürchtete, Winnie würde womöglich stören. Und sie fand es auch nicht lustig, als ich vorschlug, wir könnten Geld sparen, indem wir drei uns ein Zimmer teilten.

doch gleich (es ist ein Distelfink) und lacht laut und ausgiebig. Da ist Freude zu hören. Aber dann bricht sie ihr Gespräch mit Rebecca ohne viele weitere Worte ab und bittet mich, die Futterröhre aufzufüllen.

»Nicht auch das Vogelhäuschen?«

»Nein, nicht das Häuschen. Wir sollten sie nicht auf dumme Gedanken bringen.«

11. MAI   Auf Winnies Geheiß gibt es das Abendessen früher als sonst. Ich mache ein Kedgeree, und Winnie sieht mir über die Schulter, statt sich nebenan zu entspannen, wie sie es angekündigt hat. Es kommt selten vor, dass man sich davon nerven lässt, dass sich jemand weigert, sich hinzusetzen und eine Tasse Tee zu trinken. Nicht dass ich lieber allein koche, aber sie scheint sich beim Zusehen mehr aufzuregen, als wenn sie selbst kochen würde. Sosehr ich Winnie mag, muss sie mir nicht unbedingt über die Schulter gucken, um Erbsen zu zählen. Um es mal so auszudrücken.

Während sie meine Arbeit überwacht, isst sie anderthalb Toast mit Marmelade, und als das Essen, wie gewünscht, um 18:30 Uhr auf dem Tisch steht, wirft sie nur einen Blick darauf und geht hinaus in den Garten, wo sie ewig bleibt. Ich male mir wiederholt aus, ihr Essen an Orte zu stellen, wo sie es sicher nicht erwartet. Doch als sie schließlich wieder auftaucht, habe ich alle finsteren Gedanken beiseitegeschoben und mich innerlich ausreichend sortiert, um sagen zu können: »Ist alles in Ordnung, Winnie? Haben Sie keinen Hunger?«

Sie sieht mich an und dann ihren Teller.

»Es tut mir leid«, sagt sie und legt mir eine Hand auf die Schulter, »aber ein Tisch braucht Blumen.«

Sie probiert das Kedgeree im Stehen, sagt, dass es »nicht damit angeben kann, wohlschmeckend zu sein«, und gibt so viel

Mango-Chutney und Joghurt dazu, dass es nicht wiedererkennbar ist. Winsome Delores Lovelock Carter: unverbesserlich.

Die Nachrichten. Auf den Bericht über die Angst der Regierung vor einer potenziell ansteckenderen indischen Variante folgt eine Meldung über den aufgeflammten Konflikt zwischen Israel und Palästina. »Man kann ihren Frust verstehen«, sagt Winnie. »Ich bin nicht sicher, ob ich jemanden auf meinem Terrain wollte, der mich herumkommandiert, ganz egal, mit was für einer Entschuldigung.« Dann wünscht sie mir eine gute Nacht und nennt mich »Sweetheart«, und ich habe das komische Gefühl, dass sie vielleicht öfter Berichte über den Konflikt im Nahen Osten sehen sollte, wenn die Folge eine solche Herzlichkeit ist.

14. MAI   Frühstück. Ein heller, klarer Tag. Die Titelseite berichtet von in einer Woche verdoppelten Infektionszahlen und drohenden neue Lockdowns. Ich blättere zum Kreuzworträtsel.

»Männliches Behältnis, sieben Buchstaben«, sage ich.

»Skrotum«, sagt sie.

»Haushaltsgerät, nochmals sieben Buchstaben. Utensil?«

»Ehemann.«

Ich mache für mich weiter, bis *Desert Island Discs* kommt. Der Gast heute ist Brian Greene, theoretischer Physiker und Produzent großer Fragen. Nach der Sendung frage ich Winnie, was sie denkt, warum wir hier sind.

»Weil Henry es geschafft hat, den Vorbesitzer um zehn Prozent herunterzuhandeln.«

»Nein, ernsthaft.«

»Ernsthaft?«

»Ja.«

»Warum es uns gibt?«

»Ja.«

Sie denkt nach. Lange Zeit. Eine *überraschend* lange Zeit. Und sagt dann: »Glauben Sie, auf der Worple Street wird geblitzt?«

Ich mag es nicht, wenn mir beim Hinausgehen bewusst wird, dass sie sich schlecht oder unwohl fühlt. Wie zum Beispiel jetzt. Ich versuche herauszubekommen, was der Grund dafür ist, und nehme an, es ist der vor ihr liegende Nachmittag. Ihr Ausblick darauf. Wahrscheinlich kommt er ihr lang und leer vor. Ich würde sie ja einladen, mit mir zu kommen, aber ich habe einen Termin beim Tätowierer. Als ich ihr sage, sie soll es sich nett machen, sieht sie mich skeptisch an – als hätte ich ihr vorgeschlagen, splitterfasernackt einkaufen zu gehen. Sie blickt in den Garten hinaus, hinauf zu den tief hängenden Wolken und zurück zu mir.

»Aber wie?«, sagt sie.

Als ich zurückkomme, ist sie im Bad und säubert Arthurs Rasierer.

»Das mache ich praktisch schon, seit Sie weg sind«, sagt sie. »Und bin Gott sei Dank endlich fertig. Einiges war verflixt schwierig. Aber ich hatte die gute Idee, eine elektrische Zahnbürste zu benutzen.«

Worauf mein erster Gedanke ist: *Wessen Zahnbürste?*

15. MAI Wir gehen zum Bauernmarkt. Sie kauft einige Gänseeier und wirft ein Auge auf eine junge Dahlie. Der Florist zeigt Winnie auf seinem Handy ein Foto der Pflanze in voller Blüte. Winnie nimmt das Telefon, studiert das Bild, sagt ein paar nette Dinge, sieht sich noch ein paar weitere Fotos an (von den Kindern des Mannes beim Baden in Portugal) und steckt das Telefon dann ein. Der Florist ist fast zu höflich, es zurückzufordern. Als er es tut, war es gute zehn Sekunden in Winnies Tasche, und

jetzt denkt sie, es gehört ihr, und ist infolgedessen unsicher, ob sie es herausgeben soll.

Mir kommt der Gedanke, dass Frauen wie Winnie, wenn sie wollten, erfolgreiche Kleinkriminelle werden könnten. Der Florist sagt, die Dahlie brauche ein wenig Pflege, wird dann aber wieder und wieder blühen. Sie kauft sie nicht.

16. MAI   Sie reicht mir die Orangenmarmelade. Als Dank sage ich ihr, dass ich am Samstag nach Wakefield fahre. Sie fragt, wo das ist.

»Bei Leeds«, sage ich.

Sie sieht mich an, sieht aus dem Fenster, dann wieder mich an, dann gibt sie zwei weitere Scheiben Toast in den Toaster und erzählt dabei einen Artikel über Barbara Hepworth nach. »Alle dachten, sie sei eine schreckliche Mutter. Aber jetzt haben sie Briefe von ihr gefunden, die kurz gesagt klarmachen, dass Drillinge allein und mit so gut wie keinem Geld großzuziehen und währenddessen noch zu versuchen, seiner Berufung zu folgen und am Image einer phallozentrischen Institution zu kratzen, keine schrecklich einfache Sache war. Wollen Sie auch noch eine Scheibe?«

Sie hat hinten im Schrank eine alte Stange Lauch gefunden. Gott allein weiß, wie lange die da gelegen hat. Sie ist überzeugt, es ist eine Stange Lauch, ich bin mir da allerdings nicht so sicher. Es könnte alles sein. Ich sage, sie soll sie wegwerfen. Sie erklärt mir, dass Dinge nicht schlecht werden, sondern nur gut für etwas anderes, was eine nette Weisheit ist, aber kaum anwendbar auf eine sechs Monate alte Stange Lauch.

17. MAI   Ein stiller Tanz, mit dem wir uns durch die Küche bewegen, um Wasser zu kochen, das Müsli herauszuholen, einen Teelöffel zu nehmen, den Toaster zu füllen, Krümel zusammenzukehren und so weiter, und so weiter. Das Schweigen hat nichts zu bedeuten, keine Animosität, keine Unbehaglichkeit. Es ist die angenehme Art. Normalerweise würde sie ihr Angebot einer Scheibe Toast aussprechen, aber heute Morgen zeigt sie nur auf den Toaster (unter anderem, weil sie den Mund voll hat). Das Schweigen wird von einer Taube durchbrochen, die gegen das Küchenfenster fliegt.

Ich werde von Rose Hartson für die *Positive News* interviewt. Sie möchte das generationsübergreifende Heim in nicht mehr als fünfhundert Worten feiern. Ich sage ein paar positive Dinge über Winnie (dass sie ein fröhlicher Mensch ist, unterhaltsam, klug und so weiter), dann gebe ich das Telefon weiter und trolle mich. Nun, nicht komplett. Ich bleibe unten auf der Treppe sitzen und lausche. Und wünsche mir sofort, ich säße nicht dort.

Winnie beschreibt mich wie eine Portion Pasta. Gefragt, was der Grund war, mich als Untermieter aufzunehmen, sagt sie, dass ich ihr auf einem Silbertablett serviert wurde. Auf die Frage, was sie an mir mag, folgt dröhnendes Schweigen. Und hat sie etwas von mir gelernt? Ausflüchte, verdrehte Wahrheiten. Mit einigem Geschick gelingt es Rose, ein paar positive Fetzen aus Winnie herauszubekommen: Sie bringt sie dazu zu sagen, dass ich wegen der Sicherheit gut bin und weiß, »wie man ins Internet einbricht«.

Da unten auf den Stufen sitzend, bin ich ehrlich betrübt. Ich gehe in die Küche, schalte den Kessel ein, mache Tee und höre, wie Winnie Rose einigermaßen ausführlich über die Herausforderungen eines großen Gartens unterrichtet. Sie legt auf. Ich gehe mit dem Tee hinüber.

»Lief es gut, Winnie?«

»Ich glaube nicht, dass das Gespräch ergiebig für sie war.«

»Nein?«

»Ich habe gesagt, dass wir die Privatsphäre des anderen respektieren und das das Wichtigste überhaupt ist.«

»Sie haben ihr also nicht gesagt, dass ich manchmal versuche, zu Ihnen ins Bett zu kommen?«

Sie lacht. Ich biete ihr eine Tasse an.

Ich nutze meine wiederhergestellte Freiheit, um ins Kino zu gehen. Der Film heißt *Nomadland*. Nach Monaten des Lockdowns finde ich die Idee eines Films über das Leben auf den Highways der USA verlockend. Ich kaufe mein Ticket, mein Popcorn und setze mich auf meinen Platz in Reihe W, wo ich mich frage (später, als ich es hätte tun sollen), wie genau ich das Popcorn mit meiner Maske essen soll. Das Licht geht wieder an. Ein Mitarbeiter des Kinos kommt herein. Es gibt eine Bekanntmachung: Der Film ist abgesagt. Es wurde aus Versehen zu einem anderen Kino geschickt, was ihnen gerade erst aufgefallen ist. Also kein *Nomadland* für mich.

Ich esse mein Popcorn draußen unter meinem Schirm und erkenne das seltsame Gefühl wieder, aus der Bahn geworfen worden zu sein. Dieses Gefühl, das man hat, wenn man denkt, man tut etwas, und dann wird es nichts. Ich dachte, ich wäre für zwei Stunden beschäftigt und unterhalten, und die plötzliche Absage dieses Plans hat etwas Erschütterndes. Ich fühle mich desorientiert und betrübt. Ich stelle mir dieses Gefühl in stärkerer Form vor. Ich stelle mir vor, es wäre hundertmal schlimmer. Wie es sich anfühlen muss, wenn dein Mann und über sechzig Jahre bester Freund, mit dem du planst noch den Rest deines Lebens zu verbringen, von einem Moment auf den anderen nicht mehr da ist?

Wie fundamental und dauerhaft erschütternd das sein muss, wie desorientiert und betrübt man sich dann fühlen muss. Ich stelle mir vor, wie Winnie aus dem Kino geschickt, aus dem Film ihres Lebens geworfen wird, traurig unter ihrem Schirm ihr Popcorn isst und nicht weiß, was sie tun soll.

Ich gehe in ein Café, in dem der Filterkaffee ein Pfund kostet. Sitze am Fenster und betrachte eine andere Leinwand: mit einem Bahnhof, einer Straße, einem Bus, Menschen und Tauben. Es ist eine typische urbane Szenerie. Kein Teil davon ist gefühlsbeladen, auch ihre Gesamtheit nicht. Eine ältere Frau geht mitten über die Leinwand. Sie entdeckt jemanden, den sie kennt, womöglich ist es ihr Mann. Er geht auf der gegenüberliegenden Straßenseite in die andere Richtung. Sie bleibt stehen. Ruft. Aber sie trägt eine Maske, und der Verkehr lärmt vorbei, weshalb er nichts hört. Sie dreht um, geht mit in seine Richtung, bleibt stehen, dreht wieder um und läuft, jetzt schneller, zu einem Zebrastreifen. Sie muss weiter an Boden verlieren, wie sie begreift, bevor sie welchen gutmachen kann. Sie wartet ungeduldig, dass sie auf die andere Seite kann, dann läuft sie los, so schnell sie kann, nach rechts über die Leinwand, bis sie verschwindet. Ich rechne halb damit, dass ihr Mann jetzt auf dieser Seite ins Bild tritt, in ihrer alten Richtung, doch stattdessen sehe ich die beiden etwa fünf Minuten später zurück ins Bild treten. Hand in Hand gehen sie zum Bahnhof.

18. MAI   In der Zeitung steht, dass die Weltgesundheitsorganisation vor achthunderttausend Toten durch *Arbeitsüberlastung* warnt. Sollten wir da mehr Bewusstsein entwickeln? Uns mehr Sorgen machen? Mehr dagegen tun? Winnie sagt, ich soll mich beruhigen. Sie sagt, ich muss mir absolut keine Sorgen machen, was mich betrifft.

Sie hat mich ausgesperrt. Ich war im Garten, und sie hat die Hintertür abgeschlossen. Ich setze mich auf die Stufe und lese den Sportteil. Eine halbe Stunde später öffnet sich die Tür hinter mir.

»Das nächste Mal, wenn ich Sie verärgere, Winnie, legen Sie mir einfach eine Notiz auf den Küchentisch, ja? Sie müssen mich nicht aussperren.«

Sie lacht gute zwanzig Sekunden, und ich denke: Siehst du? Das hättest du gestern sagen können: »Es ist echt nett, mit Ben zusammenzuwohnen. Ich sperre ihn versehentlich aus und kann mich dann vor Lachen kaum halten.«

Ich fahre uns zur Škoda-Werkstatt. Um ihren Außenspiegel in Ordnung zu bringen. Sie zeigt auf ein Restaurant, The Kindness, in dem sie und Henry einmal waren, aber nur ein Mal, weil das Essen ekelhaft war. Sie sagt, ich soll langsamer fahren, als sie sieht, dass hinter uns ein Taxi ist. »Eine der kleinen Freuden des Lebens«, erklärt sie.

21. MAI Sie ist im Garten, im Regen, und versucht, ein paar gelbe Gänseblümchen zu pflanzen, in einem Stück Erde, das sie zuvor »freudlos« genannt hat. Ich gehe mit meinem Regenschirm hinaus, halte ihn über sie, so wie es ein Caddy für einen Golfspieler tun mag, der im strömenden Regen einen Putt schlagen will. Ein Rotkehlchen sieht uns aus dem Inneren einer Fichte zu.

Ich habe sie gerade heftig zum Lachen gebracht. Heftiger denn je, würde ich sagen. Ich habe ihr erzählt, dass ich am Nachmittag Hemdchen für die Zwillinge meines Freundes gekauft habe (Größe: zwölf Monate). Ich bin damit zur Kasse, wo ich dem jungen Kassierer erklärt habe, ich würde mich etwas sorgen, ob sie mir wirklich passten. Der Junge erwiderte, ohne mit der Wimper zu zucken und absolut sachlich, wenn sie nicht passten, könne ich sie zurückbringen, ich müsse nur die Quittung aufbewahren. Als Winnie endlich aufhört zu lachen, sagt sie ernst, vielleicht war der Kassierer ein Roboter.

Wir sehen *Later with Jools Holland*. Sie zeigen Teile aus früheren Sendungen. Lou Reed kommt mit einer wunderbaren Version von »Perfect Day«. Winnie sieht höflich ein paar Minuten mit zu, liest die Untertitel und verkündet dann: »Ich kann nicht sagen, dass die Reime besonders gelungen sind.«

22. MAI   Fahre nach Wakefield, um einen Freund (Russell) und seine kleinen Zwillinge (Evelyn und Zachary) zu besuchen. Die Mutter (Rachel) ist den Tag über nicht da (auf der Suche nach den Resten ihrer eigentlich guten Verfassung und so weiter), und so sind es nur wir zwei, was bedeutet, ein Baby für jeden. Alle drei Stunden das Fläschchen, Blähungen, Kauderwelsch, schlafen – und das allein von Russ und mir. Ein wunderschöner Moment, als Russell Evelyn mit einer wirklich beeindruckenden Interpretation von »Ain't No Mountain High Enough« tröstet. Weniger wunderschön ist der Moment, als mir Zachary beim Windelwechseln ins Gesicht pinkelt. Später dann schreckliches chinesisches Take-away. Im Fernsehen ein bisschen ESC, dann gegen 22 Uhr zurück ins Hotel. Winnie ruft an: »Ben.«

»Hallo, Winnie.«

»Das hätten Sie sein können, wie Sie Ihr Haar herumwirbeln.«

Ich mache diese Sache, wo man das Telefon vom Ohr nimmt und es ungläubig anstarrt. »*Was?*«

»Sie hätten einer von den Dänen sein können, mit den wilden Haaren.«

»Ist alles okay, Winnie?«

»Wobei ich nicht annehme, dass Sie in einen dieser rosa Turnanzüge steigen wollten.«

»Was sehen Sie da gerade, Winnie.«

»Den Eurovison Song Contest.«

»Gut. Den hatten wir auch kurz an.«

»Wo sind Sie überhaupt? Sind Sie zu Hause?«

»Ich bin in Wakefield, Winnie.«

»Richtig. Wie dumm von mir. Ich fürchte, es wird ein bisschen irre, das arme Mädchen. Kann man glauben, was da einige für Frisuren haben? Und wenn ich ehrlich bin, weiß ich nicht, was ich von Israels Chance auf den Sieg halten soll.«

23. MAI Ich komme vom Einkaufen und lege Pistazien und marinierte Artischocken auf den Küchentisch. Sie probiert schnell beides, ohne besonders gute Erinnerungen an das eine oder andere zu haben.

»Die Pistazien erinnern mich daran, nach Partys durchs Haus zu laufen und Schalen aufzusammeln, die Artischocken an eine Artischockensuppe, die Henry und mich hat furzen lassen, wenn ich das so sagen darf. Und das praktisch synchron.«

Ich muss lächeln, nicht wegen der synchronen Blähungen, sondern weil kaum etwas mal keine Erinnerungen bei Winnie hervorruft, selbst Pistazien und Artischocken tun es. Ich bin sicher, ich hätte praktisch alles auf den Tisch legen können – Erdnussbutter, Zahnpaste mit Fluor, Nagelknipser –, irgendetwas hätte es bei ihr ausgelöst: »Ah, ja, ich fürchte, ich habe keinen Lemon Curd mehr angerührt, seit ich einmal ein ganzes Glas auf Zeit essen musste.«

Während wir durchs Leben gehen, sammeln sich Assoziationen in unseren Hinterköpfen und auf den Zungenspitzen, wo sie über Tage oder Jahre lauschig und nutzlos ruhen, bis sie plötzlich von ein paar Artischocken auf dem Küchentisch wachgerufen werden. Mehr Zeit, mehr Erinnerungen. Das Leben schreitet fort und verdickt sich. Es gewinnt Struktur, Gewicht, *Stoff.* Und indem es Stoff gewinnt, wird es gewichtiger. Ich freue mich auf den Moment in vielen Jahren, wenn jemand ein Glas selbst gemachter Orangenmarmelade vor mich hinstellt und ich an die Zeit zurückdenken muss, als ich mit einer Frau zusammengewohnt habe, die mich gleichermaßen erfreut, amüsiert, inspiriert, verblüfft und verärgert hat. Die Zeit mit Winnie Carter.

24. MAI   Winnie steht am Tisch, einen Toast in der Hand und beugt sich über die Zeitung. Sie zeigt auf ein Foto von Bob Dylan. »Mich fasziniert dieses Foto von Dylan. Er sieht darauf aus wie eine von Henrys Cousinen, die lesbisch war.« Sie ruft im Pflegeheim an und bittet um Arthurs Freilassung. Sie hinterlässt eine Nachricht: »Winnie Carter hier. Ich würde Arthur gerne *aus der Haft* befreien. Wenn ich darf. Ich möchte ihn *nach Hause holen*.« (Irgendwie kann man hören, dass sie einiges unterstreicht.) Jemand ruft zurück und sagt ziemlich freundlich, dass sich Arthur ganz und gar nicht in Haft befindet, sondern kommen und gehen kann, wie er mag – solange Winnie negativ getestet ist.

Es gibt einen Wolkenbruch genau in dem Moment, da Arthur aus dem Pflegeheim tritt. Was nicht ideal scheint für jemanden mit einem Rolli, der unsicher auf den Beinen ist. Er hat gute Laune und ist ausgesprochen mitteilsam. Erklärt mir, dass die Straße, auf der wir uns gerade voranbewegen, so dahinmäandert, weil sie ursprünglich für Kühe angelegt wurde.

Als wir nach Hause kommen und zur Küche gehen, fragt er: »Gibt es hier irgendwo eine Tasse Tee?« Ganz die Mutter der Junge. Wunderbar indirekt direkt.

Winnie sorgt sich weniger um den Tee als darum, wo sie nur den Rest des Fischauflaufs von gestern hingestellt hat. Sie hat praktisch eine Panikattacke. Und das, weil es Arthur ist, der leiden muss, wenn sie den Auflauf nicht findet. Liefe da jemand anders Gefahr, ohne Fischauflauf auskommen zu müssen, wäre das Ganze weniger schlimm.

Am Ende finde ich ihn hinten in der Küche und mache mich gleich daran, eine Portion aufzuwärmen, da ich denke, wenn ich mich um das Mittagessen kümmere, kann sich Winnie auf Arthur konzentrieren. Bei der einen anderen Gelegenheit, als Arthur hier war (nach dem Krankenhausaufenthalt vor ein paar Monaten), hat Winnie die meiste Zeit damit verbracht, ihm ein Vier-Gänge-Menü zu bereiten, statt sich hinzusetzen und mit ihm zu reden. Natürlich kann sie tun und lassen, was sie will. Wobei ich denke, dass es eine Schande ist, wenn sie bei seinen Besuchen mit elf Töpfen herumwerkelt und die Abzugshaube voll aufgedreht ist.

Ich sage Winnie, ich gehe ins Theater, und frage, ob sie mitkommen mag. Ihre Antwort lautet etwas überraschend Ja. Dem Anlass entsprechend zieht sie neue Schuhe an – schwarze Sneaker, die sie vor zwei Jahren gekauft, aber noch nie getragen hat. Wir sind viel zu früh und gehen in den Pub nebenan, wo wir uns ein tolles Schottisches Ei (Lamm, Rhabarber, Kerbel) und eine halbe Flasche Weißwein teilen. Sie sagt, sie hat das Gefühl, dass sich langsam wieder alles normalisiert. Im letzten Jahr habe sie verschiedentlich geglaubt, den Verstand zu verlieren, sich dann aber dagegen entschieden.

Es sind zwei kurze Stücke von Bernard Shaw (einem aufsteigenden Stern am irischen Autorenhimmel). In beiden geht es um dysfunktionale Paare. Winnie schläft schnell ein, wacht nach einem kurzen Erholungsschlaf wieder auf und verfolgt den Rest der Aufführung mit großem Interesse. Sie lacht mehr als alle anderen, besonders als einer der Akteure erklärt, dass Befriedigung der Tod ist. Als wir aufstehen, um zu gehen, sehe ich, dass die Sitzkissen mit Motivationssprüchen geschmückt sind.

»Strebe, doch vergiss nicht zu sein«, steht auf meinem.

»Was zu sein?«, fragte Winnie.

»Einfach zu *sein*«, sage ich.

Sie sieht mich an, als wären das Kissen und ich verrückt. Als wir nach Hause kommen, zieht sie als Erstes ihre neuen Schuhe aus und schaltet den Wasserkessel ein. Dann ruft sie Rebecca an, um ihr zu sagen, dass Kuba morgen kommt und die Glyzinie zurückschneidet.

25. MAI   Auf der ersten Seite der Zeitung ist eine englische Familie auf einem spanischen Strand zu sehen, die der Aufforderung der Regierung, von Reisen nach Spanien abzusehen, nicht nachgekommen ist.

»Danach sehnen sich die Leute also«, sagt sie, »unter einem Sonnenschirm vor einem riesigen Meer auf ihrem Telefon herumzutippen.« Sie sieht sich das Bild näher an. »Sehen Sie? Er hat eins, und sie macht auch was mit ihrem. Und selbst der Junge da mit dem Paddel. Mir würden Sie niemals an einem Strand begegnen. Weder in Spanien noch sonst wo. Ich hasse Sand, seit ich etwas davon gegessen habe, um zu sehen, wie er schmeckt.«

Ein Fotoalbum liegt unter einer Lampe im Wohnzimmer. Es ist klein, mit vielleicht gut zwanzig Fotos oder so. Ich frage Winnie, ob ich hineinsehen darf und sie mir vielleicht etwas dazu sagen mag. Erst meint sie, sie kann nicht, weil sie gerade das Silber putzt, aber am Ende gibt sie nach, kommt und stellt sich neben mich.

Es gibt ein Schwarz-Weiß-Foto von Stewart als Baby mit offenem Mund. Arthur als Kleinkind mit einer *sehr* weiten Unterhose. Rebecca als Baby in einem dicken Wollpullover. Winnie vor einem Hotel in Devon in etwas, das wie eine Tischdecke aussieht. Arthur im selben Urlaub, auf einem Felsen mit einem nackten, steilen Kliff hinter sich, sitzend, die Knie geschlossen und die Füße auseinander, das Dreieck der Beine Spitze an Spitze mit dem des aufgeschlagenen Buches auf seinem Schoß. Henry auf einem Weg entlang der Themse, wahrscheinlich beim London-Marathon in einem Bild eingefangen. Eine Familienszene am Esstisch: Artur mit einem Schnauzbart, mit dem man den Kamin kehren könnte, Winnie in einem roten Kleid mit Schürze, Henry mit Schlips und Kragen, Stewart mit gleich zwei Drinks, stehend und offenbar zu Tode gelangweilt. Arthur auf einem Parkplatz mit dem wohl ärgsten Pullover überhaupt. Henry und Winnie auf Skiern. (»Langlauf«, klärt mich Winnie auf. »Was viel besser ist. Bergauf fällt man nicht so leicht hin.«) Stewart nach bestandenem Examen vor einem rußgeschwärzten Gebäude in Bristol, und aus seinem Blick spricht (für mich) eine Mischung aus Selbstsicherheit, Leichtigkeit und weltläufiger Indifferenz. Stewart in einer Gondel in Venedig, und auch hier spricht (für mich) eine Mischung aus Selbstsicherheit, Leichtigkeit und weltläufiger Indifferenz aus seinem Blick. Henry in einem Restaurant, die Augen geschlossen, lachend, ein halbes Hähnchen vor sich. Rebecca im Wohnzimmer von Windy Ridge, und entweder packt sie einen Koffer ein oder aus. Winnie steht bei ihr und wirkt wie eine verängstigte Helferin. Henry in einem Sessel, der eigentlich zu schmal für ihn ist, ein leeres Sektglas in beiden Händen, und hinter ihm auf der Fensterbank steht ein gerahmtes Porträt seines Vaters in Uniform. Und last, but not least ein Gruppenfoto auf der Terrasse: Jemand hat Geburtstag,

Winnie hat eine Hand gegen die Sonne über die Augen gelegt, Arthur hebt sein Glas, Henry lächelt und lehnt sich in seinem Stuhl zurück, Rebecca packt ein Geschenk aus und Stewart lacht über etwas, das jemand gesagt hat oder er sich vorstellt. Winnie (hier und jetzt) nimmt mir das Album aus der Hand und betrachtet das Bild genauer. Sie sagt: »Sehen Sie sich nur das Blumenbeet an. Was für eine Katastrophe.«

29. MAI   Unser bevorstehender Ausflug nach Derby macht sie nervös. Dass wir überhaupt fahren und Arthur »allein lassen«. Und was wird aus dem Müll während unserer Abwesenheit? Und in ein Hotel zu gehen, insbesondere in das, das ich ausgesucht habe. Dann der Feiertagsverkehr. Und der Umstand, dass Megan nicht mehr mitwollte, und was das über unsere Beziehung aussagt. Ganz zu schweigen davon, dass wir zweihundertfünfzig Kilometer von hier weg sein werden, von ihrem Haus, ihrem Garten, ihrem Zuhause.

Ich gebe ihr die Möglichkeit, einen Rückzieher zu machen, und sage, dass ich gern auch allein fahre. Sie gibt eine Scheibe Toast in den Toaster und sagt: »Oh, wagen wir es. Was kann schon passieren?« Ich sage, wir könnten in einen tödlichen Unfall verwickelt und das Haus ausgeräumt werden.

30. MAI   11:15 Uhr. Zwanzig Minuten nachdem sie gesagt hat, sie ist gleich so weit, und ich, dass ich im Auto warte, finde ich sie in der Küche beim Kompottkochen. Am Ende nimmt sie am heißesten Tag des Jahres drei Mäntel mit.

11:30 Uhr. Erst ist sie ruhelos und gibt etliche laut gerufene Anweisungen, die weitgehend nutzlos sind, aber als wir auf die Nordumgehung kommen, scheint sie glücklich, dass wir unterwegs sind. Für jemanden, der so tief und fest in seinem Zuhause verwurzelt ist, ist sie erstaunlich neugierig auf alles, was jenseits ihrer alltäglichen Umgebung zu entdecken ist. Sie genießt den Anblick einer Möwe weit im Landesinneren, die außerhalb von Brentford versuchsweise an etwas herumpickt.

12 Uhr. Ein paar Kilometer vor der M1 geraten wir in dichten Verkehr. Es ist brüllend heiß draußen. Auf dem Randstreifen könnte man Eier braten. Winnie fragt sich, ob sie »vor unserer Abfahrt ausreichend auf der Toilette war«.

13:20 Uhr. Seit einer Stunde haben wir uns kaum voranbewegt. Im Auto herrscht Stille bis auf mein Schnaufen und das Gebläse. Winnie scheint recht zufrieden und betrachtet die Szenerie um uns herum, die von einer unerwartet schweren Sonne beschienen wird. Sie ist entspannt, vielleicht weil sie akzeptiert hat, dass sie absolut *nichts* tun kann.

14:20 Uhr. Zwei Motorräder sind ein paar Hundert Meter vor uns zusammengestoßen. Wir hören es von einem LKW-Fahrer, der durch die Reihen geht und den Ausrufer gibt. Winnie hält einen Schwatz mit ihm und meint dann, sie erwartet nicht, dass seine Frau etwas dagegen hat, dass er viel unterwegs ist.

14:40 Uhr. Autobahn-Fegefeuer.

»Ich glaube, wir kommen zu spät, Winnie.«

»Die Frau da ist ausgestiegen und geht mit dem Hund spazieren.«

»Ich muss aufs Klo.«

»Ich habe mich schon gefragt, wer wohl zuerst muss.«

»Die großen Fragen des Lebens, Winnie.«

15:15 Uhr. Es sind keine zwei Stunden mehr bis zu meinem Auftritt. Ich rufe die Organisatoren an, um ihnen zu sagen, dass ich es wahrscheinlich nicht schaffe.

»Tut mir leid, Ben«, sagt Winnie und klopft mir tröstend auf den Arm.

15:40 Uhr. Wir sind bis zu einer Abzweigung gekrochen, wo wir von der Polizei in die Gegenrichtung gelenkt wurden. Ein paar Minuten haben wir freie Fahrt und dann – ein erneuter Stau, nichts geht mehr.

»Ein Fall von Regen und Traufe«, sagt sie.

»Tja. Und was kommt nach der Traufe?«

»Wahrscheinlich wieder Regen.«

17 Uhr. Bei erster Gelegenheit verlasse ich die Autobahn, und wir landen in Ealing, Westlondon, eine Einkaufsstraße. Wir vertreten uns die Beine und benutzen die Toilette eines türkischen Restaurants. Ich bin versucht, den Schaden zu begrenzen und nach Hause zu fahren.

18 Uhr. Eine Autobahnraststätte irgendwo an der M1. Ich habe beschlossen, trotz allem in Derby zu übernachten – nach all den Strapazen. Und ich fürchte, wenn wir unser Abenteuer abbrechen, wird Winnie nie wieder versuchen, London zu verlassen.

18:30 Uhr. An der Peripherie von Nottingham sagt sie: »Nottingham? Ich glaube, wir haben uns verfahren.«

»Nein. Nottingham liegt gleich bei Derby.«

»Derby? Wir wollen nach Derby?«

Himmel noch mal!

20 Uhr. Wir parken in einem mehrstöckigen Parkhaus und gehen zum Hotel. Kommen an einer Statue von Florence Nightingale vorbei, die von hier stammt. Offenbar ist sie neunzig Jahre alt geworden. Als ich sage, dass das damals eine ganz schöne Leistung war, sagt Winnie: »Nun, sie wusste sich zu kümmern.«

20:30 Uhr. Sie ist nicht glücklich mit unserer Unterkunft. Kein bisschen. Das letzte Mal war sie 1952, in der Nacht vor der Fahrt nach Amerika, in einem Hotel. Als sie in dem charaktervollen Regency-Bau ankamen, wurde sie in einer Sänfte aus Tulpen und Trauben aus dem Auto in ihr Zimmer getragen.

Das Premier Inn (eine Kette – und irgendwie ist es eine Fehlbezeichnung) ist da eher die Igelfrisur der Hotelwelt. Da ist ein Stück Teppich schon ein Glück, von einem roten gar nicht zu reden. Und ihr gefällt auch ihre Schlüsselkarte nicht. Sie will einen richtigen, altmodischen Schlüssel. Sie traut dieser Plastikkarte nicht zu, sie vor Zug zu schützen, geschweige denn vor einem Angreifer. Sie sagt, da kommt *sicher* während der Nacht jemand herein – »mindestens ein Mal«. Als ich einwende, dass es sehr unwahrscheinlich ist, dass ausgerechnet heute jemand in Derby nicht in irgendein Hotelzimmer, sondern in das von Winnie Carter einbrechen wird, sagt sie: »Sie wissen nichts von den Menschen.«

21:15 Uhr. Sie ist nicht unbedingt hungrig, nimmt aber an, wir sollten etwas essen gehen, und wenn auch nur, um aus dem Hotel zu kommen. Ich schlage einen Wetherspoon-Pub vor, um ein wenig Kultur in unsere Reise zu bringen, aber sie marschiert mit untypischer Entschiedenheit direkt in eine Filiale von Pizza Express.

22 Uhr. Als sie bei ihrem zweiten Glas Pinot Grigio ist, erfreut sie sich am Anblick einer vorbeikommenden jungen Frau mit »mehr Hintern, als sie denkbarerweise nutzen kann«. Zum Nachtisch bestellt Winnie eine Mousse au Chocolat, isst zwei Drittel davon und lässt sie dann zurückgehen, weil sie zu schwer ist. Die Mousse wird nicht berechnet.

22:30 Uhr. Zurück im Hotel. Bevor ich sie allein lasse, erinnere ich sie, dass mein Zimmer direkt neben ihrem liegt und sie jederzeit rufen oder klopfen kann. Wobei ich sowieso vorhätte, vor ihrer Tür Wache zu stehen und alle abzuwehren, die kommen, um sie um ihre Wertsachen zu erleichtern.

»Lieb von Ihnen, Ben«, sagt sie und macht mir die Tür vor der Nase zu.

31. MAI 7:15 Uhr. Ein Anruf: »Ben. Winnie. Ich bin gefangen.«

7:20 Uhr. Sie hat ein Problem mit dem Türknauf. Ich sage, sie soll den Schlüssel unter der Tür durchschieben. »Ich soll auf dem Boden herumkriechen?«

7:25 Uhr. Als ich die Tür öffne, scheint Winnie überrascht, mich zu sehen. Sie sagt, sie stand kurz davor, in Panik zu geraten. Sie habe versucht, die Rezeption zu erreichen. Sie zeigt mir sämtliche Knöpfe, die sie gedrückt hat, einschließlich »Home«. Wie sich herausstellt, hat sie versucht, ihre Flucht mit der Fernbedienung zu organisieren.

8:30 Uhr. Zum Frühstücken gehen wir in ein Café, und man kann sagen, dass Winnie etwas dazu zu sagen hat. Das Mobiliar ist zu niedrig. Das Brot zu dünn. Die Marmelade zu süß. Alles zusammengenommen, besteht ihre Klage letztlich darin, dass das alles nicht *ihres* ist. Es ist nicht *zu Hause*. Wir sehen Leute draußen vorbeigehen.

»Die da war seit gestern nicht zu Hause«, sagt Winnie. »Und die auch nicht. Ich nehme an, es gibt hier nicht viel anderes zu tun.«

9:15 Uhr. Wir machen einen Spaziergang durch die Stadt. Ich weise sie darauf hin, dass die Taxis gelb und die Bänke blau sind. Winnie ist nicht sonderlich beeindruckt von meinen Beobachtungen. »Macht das einen Reiseschriftsteller?: ›Die Taxis waren gelb und die Bänke blau!‹ Wenn die Latte so niedrig liegt, könnte ich es auch mal versuchen.«

9:45 Uhr. Wir finden eine Kunstgalerie, aber sie ist geschlossen, also müssen wir uns mit den ein, zwei Bildern von Joseph Wright begnügen, die wir durch die Fenster sehen können.

»Er ist von hier, oder?«, sage ich.

»Er hieß Joseph Wright *of Derby*«, sagt sie.

»Und wofür war er bekannt? Künstlerisch, meine ich.«

»Chiaroscuro.«

»Ist das eine Marinade?«

»Die dramatische Verwendung von Dunkelheit und Licht, Sie großer Nichtswisser.«

10 Uhr. Wir gehen in eine Filiale von Waterstones. Als Winnie nicht gerade leise mitteilt, dass sie in ihrem Cottage in Dartmoor mindestens ein Exemplar von *Mein Kampf* rumliegen hatten, tu ich so, als gehörte ich nicht zu ihr. An anderer Stelle im Laden widmet sie Monty Dons letztem Buch einige Zeit (»Was denken Sie, ist er schwul?«), hat aber nur sehr wenig für *Die Kunst zu entspannen* übrig, die ich ihr vielsagend in die Hand drücke.

»Mir muss niemand erzählen, ich soll ein heißes Bad nehmen«, sagt sie. »Das hat noch kein Problem gelöst.«

12 Uhr. Wir sind auf dem Nachhauseweg. Winnie hat sich in den Straßenatlas versenkt und versucht, aus dem Gewimmel von Linien, Farben und Zahlen ein beruhigendes Gespür für unser Woher und Wohin zu destillieren. Sie sucht nach der M25, wo sie auf die M1 trifft. »Sie ist einfach nicht da«, schließt sie außerhalb von St. Albans. Ich habe ein paar lieblose Gedanken, was ihre Fähigkeiten als Kartenleserin angeht.[*]

13 Uhr. In der Nähe von Woking erzählt sie, dass sie beim Ausräumen der Wohnung ihres Bruders erfreut war, Beweise für sein Junggesellenleben zu finden.

»Was meinen Sie mit ›Beweisen‹?«

»Ich meine seine Ausrüstung.«

»Seine Ausrüstung?«

»Die Hütchen.«

»Hütchen?«

»Sie wissen schon, zum Sammeln der Resultate.«

»Entschuldigung, was?«

Sie versucht zu demonstrieren, wovon sie redet, und es wird ziemlich schnell klar, dass sie Kondome meint.

13:30 Uhr. »Hier!«, ruft sie. »Hier müssen wir runter!«

Ich verlasse die Autobahn, und wie sich herausstellt, hätte ich es nicht tun sollen. Zum ersten Mal seit unserer Abfahrt gestern

---

[*] Es ist kein Wunder, dass sie die M25 nicht finden konnte, 1973, im Erscheinungsjahr des Atlas, gab es sie noch nicht.

haben wir uns unbestreitbar verfahren. Hat es etwas zu bedeuten, dass wir uns erst kurz vor zu Hause verirren?

13:50 Uhr. Das Haus riecht staubig. Eine vorübergehende Abwesenheit justiert die Sinne neu – man riecht, was auch ein Fremder riecht. Sie geht hinaus in den Garten, sieht nach den Gänseblümchen, zupft etwas Unkraut und fängt an, alles zu gießen. Ich lege mich auf den Rasen, in einen späten, dahinschmelzenden Sonnenflecken, und lese mehr oder weniger aufmerksam eine Sonntagsbeilage. Sie entdeckt mich. Auf dem Gras ausgebreitet. Zweifellos überlegt sie, ob sie mir eine Dusche verabreichen soll. Sie sagt: »Können Sie sich einen besseren Garten vorstellen.«

15:20 Uhr. Winnie ist immer noch im Garten. Sie muss fast zwei Stunden am Stück draußen gearbeitet haben, was noch nie vorgekommen ist. Und ihre Laune hat sich merklich gehoben. Vielleicht ist das Gute am Verreisen, dass man irgendwann wieder zurückkommt.

16 Uhr. Sie ruft Arthur an und hinterlässt eine mäandernde Nachricht dazu, wie sehr ihr Derby missfallen hat. Das Ganze wiederholt sie noch einmal bei Stewart und anschließend bei Rebecca – lange fröhliche Nachrichten für alle, die den Zustand von Middle England bejammern. Grund für Klagen zu finden ist für manche Menschen eindeutig eine die Stimmung hebende Erfahrung. Sie legt auf und fragt, wer von uns jetzt »schnell mal in den Supermarkt rüberhüpft, um Milch zu kaufen«, und während sie das sagt, macht sie ganz fantastisch vor, wie sie sich das Hüpfen vorstellt.

1973

Der britische Premierminister flößt Winnie Carter absolut gar kein Vertrauen ein. Von den Gewerkschaften ganz zu schweigen. Die sind es schuld, dass Winnie abends mit einbrechender Dämmerung Kerzen anzünden muss. Candle-Light-Dinner, hat sie sich mehr als einmal gesagt, sollten romantisch sein, während das Ganze in dieser Situation eher gefährlich anmutet. (Trotzdem hat sie für alle Fälle mal vierhundert Kerzen gehortet, weil man jetzt schon Schwierigkeiten hat, welche zu bekommen, selbst im hellen Tageslicht.) Ihre Laune an diesem besonderen Abend ist ebenfalls trübe. Als Stewart den Hund unter dem Tisch mit einer Handvoll Erbsen füttert, ist ihre Ermahnung außergewöhnlich schroff (Stewarts, nicht des Hundes). Und doch, als Arthur anschließend Gleiches tut, fährt sie ihm nur durchs Haar und sagt liebevoll, er solle seinem Bruder nicht dadurch Respekt zollen, dass er ihn nachmacht. In etwa fünf Minuten wird Henry anrufen und sagen, dass es mit der Arbeit später wird, er heute einen führenden Labour-Politiker getroffen hat und es nicht so unangenehm war, wie er angenommen hatte. Winnie kann Henrys Unbeschwertheit nicht teilen. Es war ein langer Tag. Offen gesagt, auch eine lange Woche. Und wer es wirklich wissen will: Es war auch ein langer Monat, es geht gefühlt schon ewig so. Sie bittet Rebecca, so nett zu sein und Arthur ein Bad einzulassen, aber Rebecca hört nicht zu. Sie starrt gebannt zu einem Rotkehlchen auf der Terrasse hinaus. Sie weiß, dass man sie so spät nur sehr selten sieht.

9

Was hält uns davon ab, den Menschen,
die wir lieben, zu sagen, dass wir sie lieben?

1. JUNI   Ich gehe zum Teich. Setze mich auf meine angestammte Bank. Es ist eine herrliche Sommerszenerie, fast schon ein Klischee. Sechs Wochen Regen haben alles noch strahlender werden lassen. Ein Teil des Teiches glitzert weiß, das Sonnenlicht splittert beim Auftreffen auf das Wasser in Milliarden Punkte. Die Atmosphäre ist das Gegenteil von abschiedsschwanger, alles scheint der Anfang von etwas. Ein Schuljunge, der dahinschlendert und etwas trinkt. Jemand im Anzug, der auf einem Fahrrad vorbeikommt, vielleicht unterwegs zu einer Hochzeit. Aber die Stimmung wird nicht halten. Gib uns eine Woche mit einem solchen Wetter, und die Erde wird trocken, und neue Klagen hängen in der Luft. Im Moment jedoch fühlt sich alles nahezu ideal an, zumindest aus meiner Sicht. Diese Bank unter dem Baum – ich habe den Schatten bisher nicht als Vorzug gesehen. Ich nehme an, Vorzüge hängen immer von den Umständen ab und geben sich nur unter bestimmten Bedingungen zu erkennen.

Ich gehe zu Megan. Es ist das erste Mal seit dem Tod ihres Großvaters, dass wir uns sehen. Sie hat ein gerahmtes Bild von Dave in seinen Zwanzigern. Aus irgendeinem Grund berühre ich das

Bild mit der Rückseite meines Zeigefingers. So fühlt es sich, denke ich, sanfter an. Megan sagt, das Gesicht ihres Großvaters hat ihr am meisten gefallen. Ich sage, bei mir war es das linke Bein.

Sie lächelt. Sie wird damit fertig. Sie wird nicht damit fertig. Sie sieht sich Folgen von *Call the Midwife – Ruf des Lebens* an. Ich lese im Tagebuch von Samuel Pepys. Offenbar hatte er einen besonderen Sinn fürs Glücklichsein, was sehr schön für ihn gewesen sein muss. Im Bett liegen wir lange nahe zusammen. Trauer ist immer anders: ein Gedanke, den ich vorm Einschlafen öfter habe.

2. JUNI   Eine Nachricht. »Ben? Winnie. Sind Sie umgezogen?« Megan möchte, dass ich länger bleibe. Ich sage, ich muss zurück, wegen Winnie. Sie scheint nicht überzeugt.

»Aber ein paar Stunden kann ich schon noch bleiben«, sage ich.

»Wenn du gehen willst, dann geh.«

Als ich nach Hause komme, ist Winnie für die Bronx angezogen. Schlabbrige Jeans, ein Kopftuch, klobige Sneakers, Klunker, ein weites T-Shirt unter einer Daunenweste. Sie begrüßt mich mit einem Bulletin direkt aus ihrem präfrontalen Cortex zu Arthurs Unterstützungszahlungen. Dann fragt sie, ob mit mir alles in Ordnung ist. Sie tut es, weil ich nicht auf ihr Bulletin reagiere oder weil ihr mein Blick etwas sagt. Ich erinnere sie daran, dass ich bei Megan war, weil sie ihren Großvater verloren hat.

»Ah, ja. Wie geht es ihr?«

Ich grille kurz entschlossen im Garten. Sie denkt, es ist schade, nur zu zweit zu grillen, will sich aber nicht querstellen. Es ist schön, draußen zu sitzen. Eine Taube gurrt. Sittiche und Elstern schießen in ihrem typischen Auf und Ab durch die Luft. Winnie sagt, sie wäre immer schon mal gerne eine Weile ein Vogel gewesen.

»Nur für eine Weile?«, sage ich.

»Irgendwer muss das Haus ja in Ordnung halten«, sagt sie. (Selbst in ihren Träumen sind Hausarbeiten zu erledigen …)

Ich frage, womit sie das Salatdressing gewürzt hat. Der Name liegt ihr auf der Zunge. Sie sucht nach dem Wort. Aber ohne Erfolg. Es will ihr nicht einfallen. Und so steht sie auf, beinahe wütend, und geht in die Küche, vermutlich zu ihrem Gewürzschrank, kommt zurück und wiederholt endlos »Cayenne-Pfeffer«, bis die Worte ihren Sinn verlieren. Dann herrscht Schweigen. Und dann sagt sie, das Lamm-Kebab mit Minze schmeckt nach Duschgel.

4. JUNI   Frühstück. Sie macht mich auf einen Neologismus in der Zeitung aufmerksam.

»Wohlfühl«, sagt sie.

»Was ist damit?«

»Ein Wort.«

»Ja …«

»Was soll das?«

»Es ist eine Art Adjektiv.«

»Ich sehe es überall. Wohlfühl-Filme. Wohlfühl-Hosen. Wohlfühl-Klorollen.«

»Klorollen?«

»Und ich frage mich, wie weit geht das noch? Wenn ich sterbe, werden sich meine Kinder dann für eine Wohlfühl-Beerdigung entscheiden?«

5. JUNI   Arthur hat um 13 Uhr einen Termin im Krankenhaus. Wir holen ihn um 12:30 Uhr ab und müssen deshalb bereits um 12 Uhr am Pflegeheim sein, um uns auf das Virus testen zu lassen.

Winnie verkündet um 11:15 Uhr, und ist schon halb aus der Tür, dass sie auf den Bauernmarkt will, um Eier zu kaufen. Es ist unmöglich, dass sie in einer halben Stunde zurück ist. Ihr plötzlicher Aufbruch verschafft einen Einblick in ihr Denken. Das Gefühl, frische Eier zu brauchen, ist für sie so intensiv, dass sie in Kauf nimmt, Arthur seinen Termin verpassen zu lassen. Wobei die Sache die ist, dass es Winnie nicht eigentlich um die Eier geht, sondern darum, zwei davon vor Arthur hinstellen zu können. Entsprechend muss man zu dem Schluss kommen, dass sie Arthurs Versorgung mitunter für wichtiger erachtet als ihn selbst, falls das irgendeinen Sinn ergibt.

Wie auch immer, sie ist zurück. Vom Markt. Und beim Hereinkommen sagt sie: »Steht doch ein verdammter Betonmischer mitten auf der Leopold Road. Probieren Sie eine von diesen Erdbeeren. Wie viel Uhr haben wir? Huch. Gut, oder? Und das nette Mädchen hat mir noch ein paar Hähnchenbratwürste gegeben, umsonst. Sie will eine ehrliche Meinung – die am Ende nicht zum Vorteil für die Würste ausfällt, fürchte ich. Sie sehen gespenstisch aus.«

Wir kommen im Pflegeheim an. Werden auf Corona getestet. Ich kann nicht sagen, dass Winnie den Abstrich wirklich gut macht. Ich ermutige sie.

»Sie können da noch etwas tiefer rein«, sage ich.

»Sagt wer?«

»Es heißt, man kann ganz tief in die Nase hinein und beim Mund wieder heraus. Ich habe das mal jemanden mit einer Schnur machen sehen.«

»Zu derartigen Unterhaltungen gehe ich nicht.«

Eine halbe Stunde später. Arthur ist da. Ich sehe ihn langsam auf das Auto zukommen und muss sagen, wenn man den Mann so auf den Beinen sieht, ist es nicht leicht, sich zu entspannen – was ein Gefühl sein muss, mit dem Winnie vertrauter ist als mit jedem anderen.

Ich setze die beiden vor dem Krankenhauseingang ab und parke dann. Sie werden etwa eine Stunde brauchen, also spaziere ich die Tooting High Street hinunter, um mir die Zeit zu vertreiben. Dabei komme ich an einem Freizeitzentrum vorbei, das mir vertraut erscheint, und dann erinnere ich mich: Ich habe da tatsächlich vor langer Zeit mal Fußball gespielt, an einem klaren Wintertag. Und hätte damals nicht im Traum daran gedacht, dass ich hier zehn Jahre später Leute an einem Krankenhaus absetzen würde, aber so geht es nun mal: Die Nachmittage unserer Zukunft sind kaum vorstellbar.

Der Gedanke, dass wir nicht wissen können, auf welche Wege uns das Leben führen wird, ruft eine Sehnsucht nach der Zeit in mir hervor, als die Zukunft nicht mehr als eine vage Vorstellung war, eine Sehnsucht nach der Vergangenheit ganz allgemein, nach nichts als der Vergangenheit. Im Grunde ist es eine Art Schock: dass alles im Leben unsicher ist, dass alles vergehen wird. Aber vielleicht übertreibe ich auch. Vielleicht ist es einfach nur der merkwürdige Umstand, dass wir in der Gegenwart nicht wissen können, welche Echos der Vergangenheit in unserer Zukunft widerhallen.

Es ist ein schwer beschreibbares Gefühl. Deshalb benutzen wir Vereinfachungen: Ich war traurig, es fühlte sich komisch an, wir waren geschockt. Ich glaube nicht, dass ich auch nur ein Zehntel meiner Gefühle verstehe, wenn ich ehrlich bin. Und wie sehen meine Gefühle in Bezug auf Winnie aus? Die Antwort ist unklar. Mir liegt etwas an ihr. Ich mag sie. Ich respektiere sie.

Und gelegentlich würde ich sie am liebsten aus dem Fenster werfen.

Ich gehe weiter. Gehe weiter, bis ich von einem kurdischen Café angezogen werde. Ich setze mich draußen hin, nahe an der Straße. Der Bewegung. Der Hitze. Dem Lärm. Dem Fluss. Es ist ein manisches, harsches Szenario, doch es enthält auch eine ungeschliffene Schönheit. Eine Taube versucht, sich auf den Vorsprung über dem Fenster des Cafés zu setzen. Das geht aber nicht, weil da Stacheln aufgestellt sind, um genau das zu verhindern. Mir wird gesagt, dass die Taube da oben ein Nest hatte, das entfernt wurde, sie aber immer noch dorthin zurück möchte.

Es ist ein trauriges Schauspiel. Ich kehre ihm den Rücken zu, fahre zurück zum Krankenhaus, um meine Freunde abzuholen. Bringe sie auf einem Umweg nach Hause, damit Arthur Dinge sehen kann, die er seit einer Weile nicht mehr gesehen hat. Der Common wirkt idyllisch: Glitzernde Fahrräder liegen im Gras, Picknickdecken, verschiedene Spiele werden gespielt. Arthur entdeckt jemanden, der ihm vor vielen Jahren mal die Haare geschnitten hat.

»Zu einem sehr vernünftigen Preis, wenn ich mich recht erinnere«, sagt Winnie, die seit Tooting geschwiegen hat.

8. JUNI   Ich mache ein paar Fotos vom Garten. Vielleicht für einen Kalender zu Winnies Geburtstag.[*] Ein Schmetterling macht ein großes Gewese um ein Blatt. Der Rahmen der alten Schaukel mitten im langen grünen Gras. Der Schatten einer frisch gesprossenen Blume auf der sonnenbeschienenen Backsteinmauer.

---

[*] Dazu ist es nie gekommen. Stattdessen hat sie ein T-Shirt mit der Aufschrift I LOVE PEANUTS bekommen.

Das Haus aus der Ferne, hinter einem Dickicht aus Hecke, Gebüsch, Blumen und Bäumen. Eine Nahaufnahme des Stechpalmenbusches. Eine außergewöhnlich schöne rosa Rose. Winnie mit Sonnenbrille und Sandalen (barfuß) beim Gießen der Rabatten. Winnie fünf Minuten später, wie sie vorwurfsvoll den Rand eines Beetes ansieht, nachdem sie beinahe ausgerutscht wäre. Die verschiedenen Gurte und Schnallen, die im Moment den Maulbeerbaum zusammenhalten.

Ich mache noch ein halbes Dutzend mehr, gehe dann nach oben und sehe mir an, was ich habe. Der Maulbeerbaum gewinnt. Es ist kein schönes, aber ein vielsagendes Foto. Das ist seine Qualität. Es macht die Endlichkeit des Baumes sichtbar und die Folgeeffekte. Ohne den Baum keine Seidenwürmer. Ohne Seidenwürmer keine Seide. Ich notiere: »Es ist nicht leicht, mit einem Foto Folgen sichtbar zu machen.«

Winnie kommt von einem Abendessen mit Rebecca und den Mädchen zurück. Sie sagt, sie waren im Wiggly Pig. Ich frage, ob sie den Giggly Squid meint.

»Auf jeden Fall hatten wir unseren Spaß«, sagt sie. »Die Mädchen wollten Rosé trinken, was mich verblüfft hat. Rosé ist für mich immer ein Ausdruck von Unentschiedenheit gewesen. Aber er hat seinen Zweck erfüllt. Am Ende waren sie ganz schön angeschwipst. Wollten mich doch tatsächlich beim falschen Haus abliefern, und ich musste ihnen das richtige zeigen: ›Entschuldigung, aber ich wohne *hier*.‹«

Von all den Dingen, auf die ich antworten könnte, suche ich mir Winnies Wortvertauscher aus und erzähle ihr, dass ich einmal über vier Tage im selben Obstladen die gleichen Sachen gekauft habe und dann beim vierten Mal, als man damit gerechnet hätte, dass ich es wie im Schlaf tun würde, eine »Pink Banana« und eine »Lady« wollte. Das findet sie ziemlich amüsant. Über die Maßen. Vielleicht weil es um die Verwirrung von jemand anderem und den Kauf von Essen geht.

9. JUNI Es ist Winnies Geburtstag. Ich stehe in der Tür zur Küche. Konzentriere mich auf meinen inneren Pavarotti. Singe mir die Seele aus dem Leib. Sie zeigt Nachsicht, ohne sich für meine Darbietung zu erwärmen.

»Oh, das hatte ich ganz vergessen«, sagt sie.

Ich gebe ihr ihre Karte, auf der steht: »Alles wird besser mit dem Alter, es sei denn, du bist eine Banane.« Und hinein habe ich geschrieben: »Liebe Winnie, bis jetzt war es ein Vergnügen mit Ihnen. Happy Birthday.« Dann gebe ich Winnie ihr Geschenk, das T-Shirt mit der Aufschrift I LOVE PEANUTS. Sie betrachtet es mit einiger Skepsis, als versuchte ich, ihr etwas zu verkaufen. Ich weiß, was sie denkt: Würde es Arthur passen?

Ich bestelle uns ein indisches Take-away. Es ist warm genug, um draußen auf der Terrasse zu essen (das Wetter, nicht das Essen). Ich frage Winnie, was sie im letzten Jahr an ihrem Geburtstag gemacht hat.

»Sie wissen, dass ich mich *nicht* daran erinnern kann.«

»Und denken Sie, dass Sie das im nächsten Jahr auch wieder sagen?«

»Mit etwas Glück, ja.«

»Bezaubernd.«

»Oh, ich ziehe Sie nur auf. Es war ein sehr schöner Tag. Und ich hoffe, dass ich mich an ihn erinnere.«

Ich zähle bis fünf und warte auf die abschließende Bemerkung, die alles wieder unterminiert. Etwas wie: »Abgesehen von diesem T-Shirt.«

Aber es kommt anders. Sie sagt: »Nein, es war wirklich eine schöne Sache.«

10. JUNI   Als ich am Morgen aufstehe, liegt das PEANUT-T-Shirt vor meiner Tür. Ich gehe nach unten in die Küche.

»Guten Morgen, Winnie.«

»Wir brauchen etwas saure Sahne. Dringend.«

»Das T-Shirt wird offiziell zurückgegeben, ja?«

»Ich fürchte, es entspricht nicht meinem Sinn für Humor.«

Sie geht nach draußen, um die Futterröhre aufzufüllen, stellt aber fest, dass sie bereits voll ist. Sie fragt, ob ich das war. Ich sage Nein. Sie sagt, dann muss es ein Geist gewesen sein. Ich lache, und sie sagt, das ist kein Witz, sie ist mehr und mehr überzeugt, dass im Haus ein Phantom umgeht, das Dinge tut, die sie eigentlich tun sollte – wie die Hintertür abschließen, das Vogelfutter auffüllen, den Gärtner bezahlen.

»Keine guten Nachrichten«, sagt sie abschließend, und ich stimme ihr innerlich zu.

11. JUNI   Ich komme am Morgen mit dem Buch nach unten, das ich gerade lese, dem Tagebuch von Samuel Pepys. Winnie fragt mich, wie es ist. Ich sage, dass sie ein paarmal erwähnt wird.

Sie erwidert darauf nichts, sondern erzählt stattdessen, dass der kürzliche Tod von William Shakespeare aus Warwickshire in Argentinien falsch dargestellt wurde. Der Tod des Mannes namens William Shakespeare (erklärt sie), der als einer der Ersten gegen Corona geimpft wurde. Da hat sich auf dem Weg nach Südamerika etwas verschoben, sagt sie, wo irgendeine Nachrichtengröße offenbar nicht wusste, dass *der* William Shakespeare vor rund vierhundert Jahren ungeimpft aus dem Leben getreten ist, und jetzt den viel zu frühen Tod des größten britischen Schriftstellers verkündet hat. »Im Übrigen«, sagt Winnie, »zeigt eine neue Umfrage, dass die britische Öffentlichkeit* den Freedom Day** verschieben möchte. Also, ich gehe jetzt zu Boots, eine Backmischung kaufen.«

Zehn Minuten später. Sie ist noch nicht unterwegs. Sie hat ihre Handtasche verlegt. Und sucht ruhig danach.

Zehn Minuten später. Sie hat sie noch nicht gefunden. Gibt nicht dem Geist die Schuld. Sucht etwas weniger ruhig.

Fünf Minuten später. Ich finde die Tasche in Winnies Bad, wo sie auf einem Hocker hinter der Tür steht. Jeder, der den Kopf hineingesteckt hätte, hätte sie gleich gesehen. Ihr Gedächtnis ist nun mal nicht mehr, was es einmal war – andernfalls wäre sie auch eine Art genetischer Freak –, aber es ist auch noch nicht so löchrig, dass man sich Sorgen machen müsste oder es gefährlich wäre. Sie hat ihre Handtasche nicht »verloren«, weil ihr Gehirn versagt, sondern weil sie in Panik geraten ist bei dem Versuch, sich zu erinnern, wo sie sie zuletzt hatte. Und man sollte auch nicht vergessen, dass Winnie ihre Tasche fast *überallhin* mitnimmt, mit dem Ergebnis, dass sie immer wieder an unwahrscheinlichen Orten landet. Wie etwa hinter der Badezimmertür.

Was ich wohl zu sagen versuche, ist, dass es leicht wäre, einen Charakterzug, den Winnie ihr ganzes Leben schon hat, als Senilität misszuverstehen. Aber was weiß ich schon? Ich kenne sie erst seit acht Monaten. Ich kann nicht wirklich beurteilen, ob es besser oder schlechter wird, ob sie hierhin oder dorthin steuert.

---

* 52 Prozent der 1300 Befragten.
** Den 21. Juni.

12. JUNI   Sie kommt ins Wohnzimmer.

»Habe ich Zeit für den Bauernmarkt?«

»Ich weiß nicht, ob Sie Zeit haben, Winnie.«

»Werden Sie nicht vorwitzig.«

»Sind Sie heute Morgen mit dem falschen Fuß aufgestanden?«

Sie antwortet mit einem Lächeln, aber einem sarkastischen, das zu sagen scheint, ich solle zusehen, dass ich Land gewinne. »Ich nehme nicht an, Sie wollen mitkommen, oder?«

»Ich stecke gerade mitten in einer Sache.«

»Gut. Gut.«

Sie geht in die Küche und kommt mit ihrer Handtasche zurück, fängt an, darin herumzukramen, und brummelt leise in sich hinein: »Hätte nichts gegen Ihre Gesellschaft, um ehrlich zu sein, aber hey-ho, auf in den Kampf.«

Wir fahren zum Bauernmarkt, sie fährt, weil mein linkes Bein Ärger macht, seit wir in Derby waren. Wir treffen Pam Strange, eine alte Bekannte von Winnie. Sie nimmt mich in Augenschein, wirkt wenig begeistert, sieht Winnie an und fragt, wer gefahren ist. Pam ist erfreut, als sie hört, dass ich es nicht war.

»Die versuchen, uns zu stoppen, Winnie. Die sagen, wir sind eine Gefahr. Was für ein Unsinn. Ich bin heute eine bessere Fahrerin, als ich es je war.«

Pam mustert mich ein weiteres Mal über ihre Sonnenbrille hinweg, die sie auf der Nasenspitze trägt.

»Kann er kochen?«, fragt sie.

15. JUNI   Megan war mit zwei Personen in Kontakt, die Corona haben. Sie hat Angst, nicht zur Beerdigung ihres Großvaters zu dürfen. Sie wird eine Grabrede halten, Himmel noch mal. Der Schnelltest ist negativ (was heißt, dass sie im Moment wahrschein-

lich nicht ansteckend ist, was gut für Winnie und mich ist). Sie lässt einen PCR-Test machen, der genauer ist, doch das Ergebnis kommt erst in vierundzwanzig Stunden. Sie regt sich auf. Ich versuche, sie zu beruhigen.

»Du kannst nichts tun, Meg. Bleib für dich. Lass dich alle zwei Tage testen. Im schlimmsten Fall hältst du die Grabrede in einem Schutzanzug oben von der Kanzel.«

Arthur ruft beim Abendessen an, um Winnie für die Erdbeeren zu danken. Sie haben beide Schwierigkeiten aufzulegen.

»Also dann.«

»Bis dann.«

»Okay.«

»Gute Nacht.«

»Bis dann.«

»Okay?«

»Gott segne dich.«

»Bis dann.«

»Pass auf dich auf.«

»Klar.«

»Gott segne dich.«

»Bye.«

»Bye-bye.«

»Pass auf dich auf.«

»Also?«

»Also dann.«

Was hält uns davon ab, den Menschen, die wir lieben, zu sagen, dass wir sie lieben?

16. JUNI   Ich öffne den Kühlschrank und sehe, dass auf einem Ei etwas mit einem Filzstift geschrieben steht: »Bin ich gekocht oder nicht?«

Meine erste Frage an das Ei ist: Wen fragst du das? Meine zweite: Was soll das? Bist du nun gekocht oder nicht? Ich bin echt verwirrt. Ich kann mir nur vorstellen, dass Winnie ein paar Eier gekocht, aber nicht alle benutzt und eines zurück in den Kühlschrank gestellt hat. Und jetzt ist sie nicht mehr sicher, ob es so ist. Es kann natürlich auch sein, dass sie sich nur einen Spaß erlaubt hat. Dass die Frage rein rhetorisch ist, eine Art Rätsel, um die Leute ins Grübeln zu bringen. Ich nehme das Ei. Es *fühlt* sich nicht gekocht an. Aber ich kann auch nichts gluckern hören. Kurz: Ich habe keine Ahnung. Ich mache den Kühlschrank wieder zu und versuche, das Ganze zu vergessen.

Ich sitze auf der Bank gegenüber vom Haus und denke, wie schwer es ist, die Größe der Dinge aus ihnen heraus zu sehen. Ich kann Winnies verschwommene Silhouette in der Diele erkennen und überlege, wie jeder neue Moment deine Vergangenheit und deine Zukunft ändert. Wenn auch nur ein bisschen, wenn auch nur ganz leicht. Die letzten Monate haben mich verändert, ohne jeden Zweifel, und weitgehend zum Besseren. Zum einen habe ich eine Freundin gewonnen. Und ich kann jetzt einen Kühlschrank abtauen. Ich habe gelernt, dass es schwierig sein kann, gewisse Dinge zu sagen. Und wie eine Abwesenheit ein Leben wie ein Meteor treffen kann. Ich schicke meiner jüngeren Schwester eine Nachricht.

»Wenn ich fünfundachtzig bin, allein lebe und nie meine Handtasche finden kann, wirst du dann ein Auge auf mich haben?«

In meinem Zimmer geht das Licht an. Was zum Teufel macht sie da oben?

17. JUNI   Als ich lese, dass der Freedom Day definitiv abgesagt worden ist, kommt sie durch die Haustür und sagt, Dosentomaten sind im Preis stabil. Ich gehe in die Diele, helfe ihr beim Auspacken und sage: »Wissen Sie, Winnie, ich bezweifle, dass es sonst noch jemanden auf dieser Welt gibt, der durch die Tür kommt und so etwas verkündet, obwohl womöglich niemand zu Hause ist.«

Ein Päckchen von meiner Nan. Es ist ein Handmassagegerät für mein kaputtes Bein. Es liegt eine Nachricht dabei: »Ich wünschte, du könntest dich durch meine Augen sehen. In Liebe, Nan.«

Interessanterweise gibt meine Nan keinerlei Hinweis, was ich da entdecken würde, sähe ich mich durch ihre Augen. Einen absoluten Trottel womöglich. Winnie liest die Nachricht. Sie ist nicht überzeugt.

»Ich bin nicht sicher, ob ich mich von außen sehen wollen würde«, sagt sie. »Es ist schon mehr als genug, alle anderen zu sehen.«

Beim Abendessen unterhalten wir uns über Gefühle. Ich sage, ein Wort wie Liebe steht für so viel – Respekt, Sorge, Stolz – und dass das *Gefühl* von Liebe deshalb gelegentlich eine Kollision von allem bedeutet.

»Und dann ist da natürlich noch der Sex«, sagt sie.

»Ja, das ist er wohl.«

»Das sollten Sie nicht vergessen.«

»Ganz richtig.«

»Lange Zeit habe ich gedacht, Jungs wären reizlos.«

»Mit gutem Grund, nehme ich an.«

»Dann habe ich Henry kennengelernt, und die Leidenschaft war so gut wie auf der Stelle da.«

»Auf der Stelle?«

»So gut wie.«

»Er konnte es nicht erwarten, oder?«

»Ich hatte keinerlei Vorstellung.«

»Was wahrscheinlich zu seinem Vorteil war.«

»Das nehme ich an.«

»Er konnte Ihnen sagen, es sei alles bestens, ganz egal, wie es lief.«

»Es besteht kein Grund für so eine Sophisterei, das kann ich Ihnen versichern.«

»Hat es Ihnen gefallen, Ihrer Zuneigung öffentlich Ausdruck zu geben?«

»Gelegentlich. Wenn niemand in der Nähe war.«

19. JUNI   Ich bin in Ramsgate. Übers Wochenende. Eine Nachricht von Winnie: »Ben. Winnie. Wo sind Sie? Der Wasserhahn könnte eine neue Dichtung brauchen. Würde es zu schätzen wissen, wenn Sie wieder auftauchten.«

20. JUNI   Immer noch in Ramsgate. Nachricht von Winnie: »Ben. Winnie. Sind Sie oben? Arthurs Waden sind hart wie Stein. Könnten Sie helfen? Lassen Sie mich wissen, wenn Sie tot sind.«

21. JUNI   Mittagessen. Ich muss morgen zu einer Beerdigung, Winnie am Freitag (via Zoom), also reden wir übers Abschiednehmen. Henrys Beerdigung war tatsächlich eher eine Feier, erklärt sie mir, als eine tieftraurige Veranstaltung. Aber auch mit einer Feier unterstreicht man, was man vermisst. Er hat noch keinen Grabstein, sagt sie. Es ist nur eine Erdparzelle. Sie hatte eine Grabinschrift im Kopf: »Es war die Zeit der Rosen. Wir pflückten sie im Vorbeifahren«*, doch sie sagt, sie ist nicht mehr

* Thomas Hood, aus »Time of Roses«.

so sicher, nicht, seit sie sich vor ein paar Tagen in einem Busch verfangen hat. Ich frage sie, was sie auf ihrem Grabstein stehen haben möchte. Sie überlegt eine Weile und sagt dann: »Sie sollte das Leben genießen und hat stattdessen den Türknauf poliert.«

Sie geht nicht oft auf den Friedhof. Eigentlich gar nicht, wenn sie ehrlich ist. Manche Menschen müssen praktisch auf den Dahingeschiedenen stehen, um sich an sie zu erinnern. Sie nicht. Sie muss nur die Augen öffnen. Henry ist der Anorak unten in der Toilette. Er ist das Paar Schuhe unter dem Bett. Die Waschmaschine, die seit fünfundzwanzig Jahren immer wieder streikt. Er ist das Auto in der Einfahrt, das Fahrrad in der Garage, der Hemdenstapel im Schrank. Er ist der leere Platz im Bett. Winnie würde sich nicht wundern, wenn Henry die Zusammensetzung ihres Gehirns verändert hätte – oder ihrer Seele, wenn man so will. Für sie ist es das Gehirn. Da hat sie ihn und wird ihn immer haben.

Nach dem Essen setzt sie sich mit ihrem Handy neben mich und fragt, ob ich ihr mit etwas Orga helfen kann. Sie hat eine E-Mail zu einem »Marsch für die Schwalben« in der nächsten Woche bekommen. Winnie ist interessiert. Das weiß ich, weil sie noch keine abschätzige, bissige Bemerkung dazu hat hören lassen.

»Ich wollte immer eine Schwalbe sein«, sagt sie und macht ihre kurvigen Flugmuster mit der Hand nach. »Aber heute nicht mehr, weil ich denke, mir würde schlecht werden.« Sie will sich nicht verpflichten, an dem Marsch teilzunehmen, möchte sich die Möglichkeit aber offenhalten. Also trage ich den Termin in ihren Kalender ein. Während ich das tue, sagt sie mehr zu ihrer Inbox als zu mir: »Ja, es wäre schon gut, an einem dieser Anlässe teilzunehmen. Und wenn nur, um zu sehen, wer gestorben ist.«

Sie bringt ein paar Fotos von den Philippinen. Da ist eines von ihr, auf dem sie ganz formell in einer Reihe mit Henry und dem Polizeichef der Philippinen sitzt. Winnie hat einen Bob, trägt ein gestreiftes Kleid und Pumps. Henry sieht jungenhaft aus, gepflegt, sonnengebräunt und glücklich. Er hat ein Bein über das andere gelegt. Der Polizeichef wirkt todernst, mit den Händen auf den Knien. Weitere beachtenswerte Fotos: Jemand wischt einen Boden mit Kokosnüssen an den Füßen. Winnie tanzt mit dem Polizeichef (der immer noch todernst aussieht). Arthur in einem Brutkasten mit einem Schlauch in der Nase. (»Als wir das Krankenhaus verließen, sagte die Schwester gleichsam im Nachsatz: ›Er wird eine lebenslange Schädigung davontragen, Mrs Carter‹, und ließ uns damit allein.«)

Mein Lieblingsfoto ist ein Porträt von Mutter und Kind im Garten ihres Hauses in Cebu.* Winnie und Arthur bilden das Zentrum des Bildes. Sie sitzen auf einer Decke, sind sehr klein und nehmen nicht viel Platz ein. Henry steht ganz hinten im Garten, mindestens zwanzig, dreißig Meter entfernt. Die obere Hälfte des Fotos wird vom Haus der Familie eingenommen, während die untere fast ganz aus Garten besteht, der sich zu den Porträtierten hin verjüngt. Henrys Schatten ist auch fast ganz mit auf dem Bild. Er winkt. Oder versucht, ihre Aufmerksamkeit zu erregen. Es ist schwer zu sagen. Ich gebe das Foto an sie weiter.

»Ja, ganz recht«, sagt sie. »Ich bin sicher, jetzt reicht es Ihnen langsam. Es ist schrecklich, jemandem Familienfotos aufzudrängen. Deshalb bewahre ich sie in …«

»Ich finde sie schön und interessant, Winnie.«

»Wirklich?«

* Cebu ist die älteste Stadt des Landes. Es war die erste spanische Siedlung und die erste Hauptstadt.

»Ja. Und lehrreich. Jetzt weiß ich, dass beim Putzen Kokosnüsse tragen sollte.«

»Ich bringe welche von Lidl mit.«

»Haben Sie die Bilder Arthur gezeigt? Abigail? Und Mango?«

»Nein, ich glaube nicht.«

»Das *müssen* Sie, Winnie. Halten Sie die Fotos nicht oben in ihrem Schrank versteckt. Das ist Ihre Familie. Das ist, wer Sie sind.«

Sie überlegt und atmet zwischen vorgeschobenen Lippen aus. »Ich nehme an, ich könnte sie *hier unten* in einem Schrank aufbewahren.«

Wir essen zu Abend, ein Pilzrisotto *und* Spaghetti bolognese, und sehen uns dabei das Spiel Dänemark gegen Russland an. Ich sage, dass England morgen wieder spielt.

»Sind die so weit gekommen?«, sagt sie.

22. JUNI Daves Beerdigung. Terry (Megans Großmutter) hält sich wirklich tapfer. Ihr laufen durchweg Tränen herunter, aber sie weiß die Anwesenden zu schätzen, ihre Gefühle und Erinnerungen. Ich heule auch eine Menge, weil Dave so ein guter Kerl war und ich weiß, wie sehr er vermisst werden wird. Ich habe Terry eine Karte geschickt. Mit einer großen Sonnenblume vorne drauf. Reingeschrieben habe ich: »Deine Sonnenblume hat ein bedeutendes, unersetzbares Blatt verloren, aber sie bleibt schön.« Etwas kitschig vielleicht, aber auch wahr.

Ich stehe an meinem Fenster. Sehe ein junges Mädchen mit einem Erwachsenen den Weg hinuntergehen und höre Folgendes (Sie können raten, wer was sagt):

»Ich wünschte, meine Hand wäre eine Banane.«

»Warum?«

»Weil ich sie dann essen könnte.«

»Das ist zu kurz gedacht, mein Liebling.«

Winnie sagt, Hannah hat angerufen, und sie will mit den Kindern übers Wochenende kommen.

»Toll«, sage ich. »Wann kommen sie an?«

»Oh. Nun. Ich fürchte, ich habe ihr eine eher vage Antwort gegeben. Mit all dem, was zu tun ist.«

»Was ist zu tun?«

»Der Samstag sollte für Arthur da sein.«

»Aus welchem Anlass?«

»Und der Sonntag passt nicht, weil ich denke, es sollte etwas *Luft* zwischen solchen Dingen bleiben.«

Ich sehe sie an. Mein Blick ist eine Frage. Und die lautet: *Wirklich?*

Sie sieht mich an. Ihr Blick ist die Antwort. Und die lautet: *Ja, wirklich.*

»Es ist eine Frage der *Vorräte*«, sagt sie. »Wir haben nicht genügend im Haus. Hannahs Kinder sind es zweifellos gewohnt, ständig irgendwelche Snacks zu bekommen.«

»Ich muss nicht extra sagen, Winnie, dass Sie tun und nicht tun können, was immer in aller Welt Sie wollen.«

»Wie großzügig von Ihnen.«

»Aber zufällig denke ich, dass es eine wirkliche Schande wäre, wenn Hannah nicht käme, nur weil wir knapp an Snacks sind und zwischen Samstag und Sonntag zu wenig *Luft* ist.«

Später. Sie ruft Hannah an. »Kommt am *Sonntag*. Ich schicke Ben einkaufen. Wenn ich ihn finden kann.«

23. JUNI   Wir gehen uns einen Garten ein Stück die Straße hinauf ansehen. Einen privaten Garten, der ein paar Tage für Besucher geöffnet ist. So was wird von der Royal Horticultural Society organisiert. Als wir an dem Haus ankommen, sollen wir einen Fünfer Eintritt bezahlen. Winnie sieht mich an, und ich sehe sie an. Es hat keinen Sinn, mich anzusehen, weil ich nicht mal mein Portemonnaie mitgebracht habe. Wenn von einem offenen Garten gesprochen wird, sollte auch drin sein, was draufsteht. Sie lässt einen gereizten Nicht-schon-wieder-Seufzer hören. Die Ärmste, sie bekommt nur vierzehn verschiedene Renten. Sie muss tief in ihrer Börse graben, um das Geld zusammenzukratzen, macht ein ziemliches Gewese darum und verabschiedet sich vor der Übergabe tief bewegt von jeder einzelnen Münze.

Als wir dann drin sind, drehen wir eine langsame Runde. Dabei geraten wir mit einer gewissen Daisy ins Gespräch, die das Erscheinungsbild und die Art einer Schullehrerin auf den britischen Cayman Islands um das Jahr 1932 hat. Daisy sagt (oder flüstert eher), dass der Garten etwas *übertrieben* ist. Was Winnie dazu ermutigt zu sagen (und nicht zu flüstern), dass er abstoßend ist. Daisy findet ihn fieselig und dunkel. Für Winnie ist er fade und abgehoben. Beide loben den Kuchen.

Auf unserem Weg hinaus treffen wir die Besitzerin. Als sie fragt, wo wir wohnen, sage ich, auf Hill Rise, und sie: »Oh, wohnen die Carters da noch?« Worauf Winnie sagt: »Das bin ich, meine Liebe«, und auf dem Weg zur Haltestelle dann: »Ich kann nicht glauben, dass es mitten in der Woche ist, wissen Sie. Es fühlt sich an wie ein Sommerurlaub.« An der Haltestelle hat sie es sich dann noch mal überlegt und will doch lieber zu Fuß gehen.

25. JUNI   Ich komme nach Hause und finde sie ungewöhnlicherweise am Fenster im Wohnzimmer. Sie sitzt auf einem der Drehstühle, hat ein offenes Buch auf dem Schoß und einen Teller mit Kuchenkrümeln neben sich auf einem Hocker. Sie sagt, sie mag, wie das Licht um diese Zeit abends bestimmte Dinge hervorhebt. Wie es scheint, als ob es bestimmten Bäumen und Blumen besondere Aufmerksamkeit zuteilwerden lässt, bevor es den Tag beendet. Ich antworte mit der Frage, ob sie eine gewisse Inspiration verspürt, was das Abendessen angeht. Sie sagt, sie fühlt sich inspiriert, dort am Fenster sitzen zu bleiben, erklärt dann aber Bratwürste mit Kartoffelpüree für willkommen.

Wir sehen *Countryfile* und anschließend die Nachrichten. Es sieht nicht gut aus für den Gesundheitsminister. Er ist von einer Videokamera dabei erwischt worden, wie er die eigenen Vorschriften ignoriert und sich seine Hände auf den Hintern einer Mitarbeiterin verirren. Winnie ist überraschend mitfühlend: »Oh, das haben wir doch alle schon mal gemacht.«

26. JUNI   Auf der ersten Seite die Hand, der Hintern, die Mitarbeiterin, der Gesundheitsminister. Dazu auch die Nachricht, dass es eine neue hochenergetische Variante des Coronavirus gibt – Delta Plus –, was sich für Winnie wie eine Zahnpasta anhört.

Eine Nachricht: »Ben. Winnie. Die Kinder kommen morgen. Hannahs Kinder. Und sie werden etwas brauchen. Sonst beißen sie uns in die Möbel. Wir haben Erdnüsse, aber man kann Kindern damit nicht recht trauen. Wir haben auch verschiedene Kekse, und ich habe Apfelsaft gekauft, aber wenn Ihnen beim Einkaufen etwas Attraktives ins Auge fällt (ich meine, essensmäßig), bringen Sie es mit. Bei Arthur gab es heute Mittag einen Braten, nur ist das meiste davon auf seiner Hose gelandet. Und ich habe zu meinem Schrecken festgestellt, dass die Eichhörnchen den Boden der Futterröhre bei der Küche angenagt haben, sodass der Inhalt auf die Erde rieselt. Bin interessiert zu sehen, was da nach dieser Katastrophe an Pflanzen sprießen wird.«

27. JUNI   Ich habe keine große Erfahrung, was die Verpflegung von Kindern betrifft, was wohl der Grund dafür ist, dass ich Pringles kaufe, Jaffa Cakes, Eis am Stiel, Hähnchencurry für die Mikrowelle, Käse-Tomaten-Pizza und etwas Kaugummi. Hannah hält von meiner Auswahl nicht viel, aber Winnie ist ziemlich amüsiert. Am Ende essen die Kinder Käsesandwiches. Und nicht mal hinterher ein Eis. Was ist das für eine neue Welt, in der wir leben?

Es ist schön zu sehen, wie Winnie mit ihnen spielt. Sie hat einen Karton mit Bauklötzen von oben geholt und überwacht die Konstruktion von etwas, das wie eine Außentoilette aussieht. Winnie fragt, ob die Wände nicht zwei Klötze stark sein sollten und es einen Burggraben geben könnte.

28. JUNI   Zu Fuß unterwegs durchs Dorf zurück nach Hause, rufe ich Winnie an, ob sie etwas braucht. Sie sagt, sie hat sich das mit dem Fischauflauf zu Arthurs Geburtstag noch mal überlegt und möchte jetzt lieber ein Hähnchen, ein gutes, groß genug für sechs oder sieben, vegetarisch. Nein, nicht vegetarisch. Das ist falsch. Bio – das ist es, so heißt das. Vielleicht ist Sainsbury's da die beste Adresse?

»Ich probiere es«, sage ich.

»Und dann müssen wir überlegen, wer kommt?«

»Wozu, Winnie?«

»Zu Arthurs *Geburtstag*.«

»Wen haben Sie denn eingeladen?«

»Tja, das ist es eben.«

Sie hat niemanden eingeladen. Das ist es eben. Sie hat weder Rebecca noch Abigail oder Stewart angerufen, ja nicht mal Arthur selbst. Sie weiß, so etwas kann heikel sein, weshalb sie es hasst, sich damit zu befassen, und klammert sich an die *Vorstellung* eines Familientreffens in seiner reinsten Form. Ich sage, sie soll endlich zum Telefon greifen, und erkläre, dass angenehme, bedeutsame Familientreffen (soweit ich das beurteilen kann) im Jenseits nicht so einfach zu veranstalten sind.

»Da haben Sie recht«, sagt sie. »Doch, ich verstehe das vollkommen. Es *ist* ein großes Haus, das gefüllt werden muss. Was halten Sie übrigens von einem Ausflug zu M&S, um Arthur ein Paar Socken zu kaufen?«

Wir sehen uns das Fußballspiel an. Ich frage sie, ob sie telefoniert hat. Sie sagt nichts, folgt nur weiter dem Spiel. Was schon interessant ist, wenn man daran denkt, wie egal es ihr war.

»Winnie?«

»Hmm?«

»Haben Sie Stewart angerufen?«

»Nein.«

»Scheuen Sie sich davor, ihn anzurufen?«

»Ja.«

»Wegen Jane?«

»Die Vorstellung, sie hier im Haus zu haben, ist schwer zu ertragen.«

»Ah.«

»Ja. Ah.«

»Würden Sie sagen, dass das Leben zu kurz ist?«

Sie scheint ernsthaft darüber nachzudenken. Ich nehme an, sie ist versucht, Nein zu sagen.

»Ja«, sagt sie. »Wenn es sein muss, würde ich sagen, dass es das war.«

»Vielleicht ist es dann …«

»Sie hat alles genommen. Sie ist in Arthurs Zimmer und hat alle Spuren von ihm beseitigt.«

Jemand schießt ein Eigentor. Wir sehen uns die Wiederholung ohne ein Wort an.

Ich mache das Abendessen.

»Gibt es wieder das verwünschte Schweinefleisch?«

»Ja.«

»Wie machen Sie es?«

»Ich pochiere es.«

»Wirklich?«

»Und zupfe es dann.«

Sie sieht mich an, als hätte ich ihr gerade erklärt, dass die Queen angefangen hat, sich als König zu bezeichnen. »Sie *zupfen* es?«[*]

Beim Abwasch frage ich sie, was an Arthur sie liebt. Sie betrachtet den Teller, den sie abtrocknet.

»Ich weiß, was ich an ihm *mag*.«

»Ja …«

»Seine Vorliebe für historische Ereignisse.«

»Noch etwas?«

»Seinen Appetit.«

---

[*] Später nannte sie das gezupfte Fleisch »widerspenstig«, »einschüchternd« und »offenbar bereits gekaut«.

»Seinen Appetit?«

»Ja.«

»Großer Gott, Winnie.«

»Ich mag seinen Mut.«

»Das ist schon besser.«

»Und dass er mich mag.«

»Das ist schön.«

»Glaube ich zumindest.«

»Er liebt Sie, Winnie.«

»Tut er das?«

»Jedes Kind, das seine Mutter dreimal in der Woche anruft, muss sie lieben. Dafür gibt es keine andere Erklärung.«

Sie fragt mich, ob ich einen Joghurt und eine Geburtstagskarte zu Arthur hinüberbringen kann, damit er am Morgen etwas hat. Sie klebt einen Zettel auf den Joghurt und drei weitere auf die Tüte, mit der ich alles zu ihm bringen soll. Auf einem Zettel ist der Inhalt aufgeführt, auf einem anderen die Herkunft des Joghurts, und auf dem dritten steht Arthurs volle Adresse, wahrscheinlich für den Fall, dass ich einen Unfall erleide, jemand anders auf den Joghurt stößt und ihn an sein Ziel bringen will. Kann man die Liebe einer Mutter mittels der Anzahl der Zettel auf einem Joghurt ermessen?

Als ich zurückkomme, fragt sie mich, ob es mir etwas ausmachen würde, Arthur einen Joghurt zu bringen.

»Noch einen?«

»Was?«

»Ich habe ihm gerade einen gebracht.«

»Ja?«

»Ja. Mit der Karte.«

»Aber sicher, natürlich haben Sie das. Natürlich. Es ist mein Kopf. Völlig benebelt. Das Kurzzeitgedächtnis-Syndrom. Absolut kein Spaß. Ich *Dummkopf*.«

Sie kommt in ihrem übergroßen Morgenmantel ins Wohnzimmer. (»Wollen Sie da noch reinwachsen, Winnie?« »Halten Sie den Mund.«) Sie spricht in Richtung Fernseher, vor allem weil der keine Gefühle zeigt.

»Danke für das Abendessen. Ich bin Ihnen sehr dankbar. War ein bisschen seltsam, aber danke. Es fühlt sich an, als würde ich wieder zu einem Kind, für das alles gemacht wird – was nicht gut ist, nicht wenn man es sich ernsthaft überlegt. Aber ich habe Glück, neue Dinge auszuprobieren, wie stranguliertes Schwein. Egal, alles Liebe. Und noch mal danke. Für alles. Wir schaffen das schon.«

Und damit dreht sie sich um und geht, steigt die Treppe hinauf, und man muss sie einfach mögen.

29. JUNI   In der Küche. Am Morgen. Ich frage sie, wo sie war, als England 1966 Weltmeister wurde. »Keine Ahnung«, sagt sie. Ich frage sie, wo sie bei der Mondlandung war. »Keine Ahnung«, sagt sie. Und bei dem Attentat auf Thatcher in Brighton?

»Wollen Sie mir etwas anhängen?« Sie sagt, sie kann vielleicht zu den historischen Daten nichts sagen, dafür aber, wo sie war, als es darum ging, die Familie großzuziehen – *zu Hause*. Sie sagt, sie weiß, wo sie bei Stewarts Taufe war – im Auto auf der Suche nach einem Parkplatz. Sie weiß auch, wo sie war, als Rebecca von einer sogenannten Freundin der erste Zahn herausgerissen wurde – beim Zahnarzt, wegen einer Wurzelbehandlung (die Ironie des Zusammentreffens dieser zwei Ereignisse hat es unvergesslich gemacht). Und sie weiß auch, wo sie war, als Mango vor ihren Augen die Masern bekam – da stand sie vor dem armen Mädchen. Sie weiß, wo sie bei Henrys Tod war (oben in ihrem Bett, an seiner Seite) und wo sie selbst sterben wird, wenn es sich irgendwie einrichten lässt (oben in ihrem Bett). Das sind die großen Geschehnisse, aus ihrer Sicht. Das ist es, woraus Geschichte besteht, was sie betrifft. Alles andere ist weitgehend Hintergrundrauschen (mit Ausnahme der britischen Butterkrise von 1973). Zu Hause, *das* ist die Geschichte. Das meint sie damit.

»Wobei, nachdem ich das so gesagt habe …«, fährt sie fort. »Ich weiß, wo ich war, als Diana gestorben ist.«

»Wo?«

»In Ipswich.«

Sie hat genug vom Fußball, und ich werde nach oben geschickt, um weiterzugucken. England gewinnt. Ich gehe nach dem Spiel zurück nach unten und recke feiernd die Arme in die Höhe. Sie missversteht mich absichtlich.

»Nein, ich habe heute schon meine Übungen gemacht, danke. Eine Runde Pilates. Aber ich hätte gerne etwas zum Abendessen, wenn Sie sich dazu bringen könnten, mit ihren Verrenkungen aufzuhören.«

30. JUNI   In einen Pub, zu einem kleinen Mittagessen und einer Fotoausstellung im Speisesaal. Die Taxifahrt quer durch London verläuft reibungslos, was eine Erleichterung ist angesichts von Winnies Verdikt, das sei unmöglich, in einer Million Jahre nicht. Wenig überraschend ziehen einige Dinge unterwegs Winnies Aufmerksamkeit auf sich.

»Da ist die Kirche von Putney.«

»Hat sich da nicht Cromwell im Bürgerkrieg mit seinen Leuten getroffen, um zu beratschlagen, wie es weitergehen soll.«

»Genau. Bevor er rüber zu Wagamama ist. In dem Krankenhaus da habe ich mal zwei Wochen gelegen.«

»Als ihr Knie operiert wurde?«

»Ich kann mich nicht erinnern, um was genau es ging. Aber ich weiß noch, dass der Vanillepudding schauerlich war. Das da ist Bishop's Park. Rebecca ist da immer Brombeeren sammeln gewesen.«

»Ein bisschen weit weg von zu Hause.«

»Ich bin die meisten Tage hier rauf und runter gefahren und habe sie zur Schule gebracht. Erst ist sie mit der U-Bahn gefahren, aber dann hat sie gesehen, wie sich ein Mann in Earl's Court eine Spritze gesetzt hat, worauf sie meinte, so etwas sehe sie weniger, wenn ich sie im Auto zur Schule brächte.«

»Übrigens, wann kommen die Himbeeren im Garten heraus?«

»Das sind sie schon.«

»Das haben Sie für sich behalten?«

»Natürlich habe ich das. Ich bin doch nicht dumm. Wobei es nur zwei waren.«

»Wir sind zu zweit, Winnie.«

»Ja, aber man kann nicht nur eine probieren. Da ist die Portobello Road.«

»Wo Sie Ihre spezielle Gabel herhaben?«

»Ich habe tatsächlich zwei. Und mehr hatten wir lange Zeit nicht. Mehr brauchten wir nicht. Das war, bevor alle möglichen merkwürdigen Leute ins Haus gezogen sind.«

»Ihre Kinder, meinen Sie?«

»Also, das hier ist ein schöner Teil der Stadt. Ein Freund hatte hier ein Haus. Herrliche Partys. Hier sollten Sie rechts fahren, Fahrer. Hier rechts, sagte ich. HIER RECHTS!«

Erst sehen wir uns die Bilder an. Der Einführungstext gefällt ihr, vor allem die erklärte Absicht des Künstlers, die eigene Schönheit gewöhnlicher Momente in einer Zeit der Krise einzufangen. Wir bewegen uns in entgegengesetzter Richtung an den Fotos entlang, sie vom Ende zum Anfang, ich vom Anfang zum Ende. Unvermeidlich (nun, vielleicht auch nicht) treffen wir dabei in der Mitte aufeinander: vor einem Foto, das im Vordergrund die beneidenswerte Rückseite einer uralten Skulptur zeigt und im Hintergrund einen neugierigen Museumsbesucher, der die Vorderseite inspiziert, mit Maske und Sonnenbrille.

»Es ist das Leben im Kleinen«, sagt Winnie. »Gleichzeitig lächerlich und liebenswert.«

Wir gehen in den Pub zum Essen. Sie probiert drei Weine, bevor sie sich für ein kleines Glas vom Hauswein entscheidet. Sie nimmt die Gnocchi und erklärt der Kellnerin nur zu gern, dass sie »zur Hälfte zu weich waren«. In gleicher Weise erklärt sie ihr, dass sie unmöglich eine Portion Brot-und-Butter-Pudding mit Crème anglaise in Erwägung ziehen kann, bevor sie weit mehr als das mit einem gehörigen Teil von meinem tut. Kurz, sie verhält sich genauso wie zu Hause an ihrem eigenen Tisch, wozu auch gehört, dass sie nicht eine Sekunde daran denkt, für irgendetwas vom Bestellten zu bezahlen. Als die Rechnung kommt, betrachtet sie sie ungläubig und scheint nicht ganz sicher, worum es sich handelt. Ich sage, das geht auf mich. Sie sagt, sie wird, wenn wir zurückkommen, in den Garten gehen und ein paar Himbeeren für mich suchen. Ich frage sie, ob sie etwas Trinkgeld hat, *tip*.

»Oh, einen Tipp habe ich immer für Sie: ›Wenn Sie beim ersten Mal kein Glück haben, ist Fallschirmspringen nichts für Sie.‹ Nehmen wir ein Taxi?«

1979

Waterloo Station. Spätsommer. Es ist früher Abend. Arthur Carter fährt nach Exeter zum Theologiestudium. Die Räder seines Koffers (der vor ihm schon seinem Vater und Großvater gehört hat) sind eher eckig als rund, und so kann man das Ba-dumm, Ba-dumm, Ba-dumm, mit dem er sich den Bahnsteig hinunterbewegt, bis Covent Garden hören. Winnie sieht ihn dahingehen und spürt etwas, was sie nicht dingfest machen kann. Es ist weder Stolz noch Angst oder eine Verdauungsstörung. Am Ende schreibt sie es einer Mischung aus allem zu. Wichtiger noch als ihr Gefühl ist die Frage, wann Arthur sich umdrehen und winken wird. Er hatte schon reichlich Gelegenheit dafür. Er ist fast schon den ganzen Zug hinunter. Als er sich dann nicht umdreht, sondern dafür optiert, den Zug ohne auch nur einen Blick in ihre Richtung zu besteigen (was absolut verständlich ist, sitzt seine Mutter doch seiner Meinung nach längst in einem Wagen der Northern Line Richtung Süden), gesellt sich etwas Viertes zum Gefühlstrio von Mrs Carter, was sie dazu bringt, die Proteste des Fahrkartenprüfers zu missachten und den Bahnsteig zu Arthurs Waggon hinunterzueilen. Als sie ihn erreicht und einsteigt, sieht sie, wie Arthur den äußeren von mehreren Mänteln auszieht, auf denen Winnie bestanden hat, und weiß nicht, was sie sagen oder tun soll. Am Ende ist es ein »Hallo, Schatz«, worauf er ein »Hallo, Mum« erwidert. Und da erklingen auch schon die Pfeife und der Ruf des Schaffners und verschaffen Winnie einen vernünftigen Grund, ohne ein weiteres Wort den Zug wieder zu verlassen. Sie steht auf dem Bahnsteig. Die Türen schließen sich. Der Zug fährt ab. Ein paar Augenblicke später wird sich ein Gentleman auf seinem Weg nach Reading an Arthur wenden und sagen: »Sie wird dich vermissen, Junge«, und Arthur wird sich zur Seite drehen und aus dem Fenster sehen, zurück nach Waterloo, als wäre die Bemerkung, und was sie besagte, aus dieser Richtung gekommen.

10

Tief durchatmen, bitte

1. JULI   Winnie hat sich die Haare schneiden lassen. Sie sieht
ein bisschen wie Grayson Perry aus.

2. JULI   Mein Dad kommt zu Besuch und bringt Geschenke
mit: ein Glas Marmelade und das Vogelhaus, an dem er gearbeitet hat. Ein kleines Mittagessen, dann Tee und Kekse im Garten.
Später setzt sich Winnie zu mir, wir gucken Tennis.

»Bleibe nicht lange. Muss zurück in den Garten.«

»Es ist völlig in Ordnung, sich auch mal hinzusetzen, Winnie.«

»Ich habe in letzter Zeit viel zu viel Tennis gesehen. Das ist
nicht gut.«

»Es sind nur zwei Wochen im Jahr. Die können Sie sich gön-
nen.«

»Ja, aber es vertreibt mir alles andere aus dem Kopf.«

»Das nennt man Entspannung.«

»Ich mag es nicht. Es bringt mich aus der Spur. Und am Ende
sehe ich die Spieler an und denke, was für Ängste sie auf dem
Platz umtreiben müssen.«

»Wirklich?«

»Ja.«

»Dann ist Ihnen nicht zu helfen, Winnie.«

»Danke für die Information.«

»Es war schön, meinen Dad zu sehen.«

»Ja, das denke ich mir. Er scheint ein zivilisierter Mann zu sein. Genau wie sein Sohn.« Sie schenkt mir einen schnellen Blick und ein schnelles Lächeln. »Nur zwischendurch bemerkt.«

»Für solche Dinge dürfen Sie sich so viel Zeit nehmen, wie Sie mögen.«

»Ich habe zu tun, fürchte ich.«

»Gut, dass er uns Marmelade mitgebracht hat.«

»Ja, aber sie ist unrein.«

»Wie bitte?«

»Es ist Drei-Frucht-Marmelade.«

»Aber es war ein netter Gedanke.«

»Oh, das bestimmt.«

»Das freut mich zu hören.«

»Nur lassen sich Gedanken nicht auf einen Toast streichen, oder?«

3. JULI   Ich mache den Rollladen kaputt, als ich ihn hochziehen will. Zu heftig. Jetzt ist er ständig (oder halb ständig) weder oben noch unten. Als ich in die Küche komme, starrt Winnie skeptisch die Drei-Frucht-Marmelade an. Ich trage Gemüsereste hinaus auf den Kompost, bringe ein paar Blumen (Vergissmeinnicht) mit herein und stelle sie auf den Küchentisch. Winnie schreibt eine Frage in ihr Tagebuch: »Booster-Impfung für Arthur?«, und unterstreicht sie. Sie isst ihr Müsli mit Obstkompott im Stehen und sieht aus dem Fenster.

»So ein Garten hat etwas zutiefst Tröstliches«, sagt sie.

Ihre Stimmung ist ungewöhnlich, gleichzeitig heiterer und trauriger als sonst. Sie geht zum Brotkasten. Er ist so gut wie leer. Eine halbe Scheibe liegt noch darin.

»Es scheint, die Vögel waren heute Nacht hier«, sagt sie in meine Richtung, toastet die halbe Scheibe, greift sie mit einer Schere und bestreicht sie mit Butter und der unreinen Marmelade. Sie wischt die Klinge mit dem Finger sauber, leckt ihn ab, zerschneidet die Hälfte und gibt mir ein Viertel.

»Und bevor ich es vergesse«, sagt sie, »ich habe etwas für Sie.« Sie will in die Garage (ominös). Löst die Alarmanlage aus (»Oh, Himmel noch mal!«). Stellt sie aus (»Jetzt sei still!«), geht in die Garage (»Also, wo war sie ...«) und kommt mit einem verstaubten Schatz (einer Wärmflasche) zurück in die Küche. »Das ist eine gute«, sagt sie. »Es war mal Arthurs, aber er hat mir versichert, dass er keine mehr braucht, also ist es okay.«

Ich bin gerührt. Über die Maßen. Absurderweise (obwohl ich denke, gefühllos zu reagieren, wäre eigentlich absurd) spüre ich eine Träne im Auge. Am Ende des Tages ist es eben der Gedanke, der zählt – *dieser* Gedanke, der zählt. »Allerdings fehlt der Stöpsel«, sagt sie, »Sie werden sich also einen besorgen müssen, sonst wird es nass im Bett.«

Es ist halb sieben. Ich habe ein Taxi bestellt. Es kommt in zwei Minuten.

»Können Sie mir etwas Unkraut jäten helfen?«

»Das geht nicht, Winnie. Mein Taxi kommt jeden Moment.«

»Wohin fliehen Sie?«

»Zum Fußball. Das England-Spiel.«

»Oh, richtig. Sind Sie zum Essen wieder da?«

»Nein. Wie gesagt. Erst nach dem Spiel.«

»Es reicht nicht, Dinge zu sagen. Ich brauche sie auf einem Zettel. In GROSSBUCHSTABEN.«

»Aber Sie haben noch den Auflauf vom Markt im Kühlschrank. Und da ist auch noch kaltes Huhn von gestern, wenn Sie mögen.«

»Ich werde es überleben. Gehen Sie schon. Hals- und Beinbruch.«

Ich komme gegen Mitternacht zurück. Die Haustür ist zu, aber nicht abgeschlossen – verflixt, Winnie. Auf dem Küchentisch liegt eine Packung Luftballons, für Arthurs Party morgen, nehme ich an. Ich wärme ein tiefgefrorenes Chili con Carne auf und nehme es so leise wie möglich mit nach oben. Öffne das Fenster für eine heimliche Zigarette. Und da höre ich sie in der Dunkelheit um Hilfe rufen. Ich renne nach unten. Sie liegt auf den Platten unter den Nadelbäumen. Es ist ihre Hüfte. Sie ist gestürzt. Es tut höllisch weh.

»Ganz ruhig liegen bleiben, Winnie.«

»Ein guter Plan«, sagt sie.

»Tut es sehr weh, Winnie?«

»Habe mich nie besser gefühlt«, sagt sie.

Ich rufe 999 an.

»Ist sie geimpft? Hat sie ihren Geruchssinn verloren?«

»Vergessen Sie Corona. Sie kann sich nicht bewegen, sie liegt hier seit Stunden, Himmel noch mal.«

»Der Krankenwagen ist in drei Stunden bei Ihnen, Sir.«

»Machen Sie Witze?«

»Wir stecken in einer globalen Pandemie, Sir.«

»Ja, aber sie ist sechsundachtzig, kann sich nicht bewegen, hat starke Schmerzen und liegt hier seit Stunden. Woher ich sie kenne? Ich wohne bei ihr. Wo ich war, als sie gestürzt ist? Warum zum Teufel ist das wichtig?«

Sie schreit.

»Der Krankenwagen ist unterwegs, Winnie.«

»Oh, Gott sei Dank sind Sie hier. Ich hatte solche Angst. Ich habe um Hilfe gerufen.«

»Sie sind sehr tapfer, Winnie. Ich an Ihrer Stelle würde fluchen und schluchzen.«

»Es tut weher, wenn Sie weinen«, sagt sie.

»Möchten Sie, dass ich mit Ihnen rede, oder soll ich den Mund halten.«

»Nein, es ist beruhigend. Es tut gut zu wissen, dass Sie hier sind. Wie war das Spiel?«

»Sie haben gewonnen«, sage ich.

»Dann lassen Sie uns feiern«, sagt sie.

Ich bin auf den Knien. Halte ihre Hand. Streiche ihr übers Haar.

»Die Füchse waren hier und haben mich inspiziert«, sagt sie. »Ich hatte Angst, sie könnten anfangen, an mir zu knabbern. Oder, schlimmer, auf mich pinkeln.«

Sie lacht. Wir lachen.

»Wie ist es passiert, Winnie?«

»Ich bin gefallen. Ins Blumenbeet. Habe ganz schön Eindruck auf die Gänseblümchen gemacht.«

Sie lässt einen weiteren Schrei hören. Ich halte immer noch ihre Hand. Streiche ihr übers Haar.

»Stört Sie das, Winnie?«

»Nein, ist schön. Danke. Die Blumen sehen aus dieser Perspektive komisch aus.«

Drei Stunden. Scheiß mich an.

»Ist Ihnen warm genug? Haben Sie Hunger? Wollen Sie etwas essen?«

»Ein Steak und Kartoffeln, bitte«, sagt sie und schreit wieder auf.

Ich rufe Rebecca an.

»Rufst du aus Versehen an, Ben?«

»Nein. Es ist Winnie. Sie ist gestürzt. Sie ist im Garten. Als ich zurückkam. Nach dem Fußball.

»Himmel. O mein Gott. O Gott. Du liebe Güte. Soll ich kommen? Ich meine. Ich fahre nicht und … Vielleicht kann ich eins von den Mädchen wecken. Meine Güte. Keine gute Nachricht für Arthurs Party. Soll ich den Kuchen mitbringen, was denkst du?«

Es klingelt. Penny und Steve. Sanitäter. Zwei Stunden zu früh. Gott sei Dank. Sie befragen mich: Wer bin ich, was ist passiert, wo war ich? Sie versuchen herauszufinden, ob sie die Polizei rufen müssen. Ich bringe sie zu Winnie. Steve kniet sich neben sie. »Wir geben Ihnen ein bisschen Lachgas, gegen die Schmerzen, Mrs Carter. Atmen Sie bitte tief durch. Eine Decke brauchen Sie nicht, oder? Ihre Temperatur ist okay. Der Puls ist okay. Darf ich mal sehen, Mrs Carter?« Winnie schreit auf. »Könnte Hüfte *und* Becken sein,« sagt Penny. »Mit Fußballspielen wird das für eine Weile nichts,« sagt Steve.

Rebecca kommt. Bietet an, die Lampe zu halten. Ich helfe Penny, die Rettungsbahre aus dem Krankenwagen zu holen. Sie fragt nach dem Fußballspiel. Sagt, sie hat das erste Tor gesehen. Ich denke: *Mit allem gebührenden Respekt, Penny, aber es ist mir scheißegal, ob du das erste Tor gesehen hast.* Dann denke ich: *Die müssen so sein. Die machen das Nacht für Nacht zehnmal. Die müssen die Leute beruhigen. Und selbst ruhig bleiben. Es würde nicht funktionieren, wenn sie so verängstigt wären wie ich.*

»Halten Sie das bitte, Mrs Carter. So ist es gut, tief durchatmen. Wir werden sie jetzt umdrehen, Mrs Carter.« Sie schreit. »Tief durchatmen bitte. Und auf die Bahre. So ist es gut. Weiter tief atmen bitte. Entonox, so heißt das Zeug, ist ihr bester Freund, Mrs Carter. Gut so. Braves Mädchen. Wollen wir jetzt die Gartenhandschuhe ausziehen?«

Sie wird in den Krankenwagen geladen. Ich sehe ihr Profil, während sie hineingehoben wird, und dann verschwindet sie im Inneren. Rebecca fährt mit. Ich sage, sie soll anrufen, wenn sie eine Ablösung braucht oder sonst etwas. Öffne eine Flasche Wein. Einen von Henrys Roten im Keller. Rauche auf der Stufe hinten. Total daneben. Hätte es früher begreifen müssen. Die Haustür nicht abgeschlossen. Hätte erst gar nicht weggehen sollen. Hätte zu Hause bleiben sollen. Aber es hätte so oder so passieren können. Auch wenn ich hier gewesen wäre. Aber sie hätte nicht alleine da draußen sein sollen. Das ist es. Das ist der Unterschied. Was für ein Glück, dass ich das Fenster aufgemacht habe. Konnte nichts sehen. Stockfinster war es. Und dann ihre Stimme. Sie muss das Taxi gehört haben, die Haustür. Ich kann das jetzt nicht essen (Chili con Carne). Aber ich trinke noch ein Glas Wein. Gott, du Allmächtiger. Einen frohen Unabhängigkeitstag. Ich hebe mein Glas. Auf Winnies Gesundheit. Die Ärmste.

4. JULI   Eine Nachricht von Rebecca. Das Röntgenbild bestätigt, dass Hüfte *und* Becken gebrochen sind. Irgendwann in der nächsten Woche wird Winnie operiert. Rebecca ist der festen Überzeugung, dass Arthurs Party stattfinden sollte. Sie hat eine Quiche, Räucherlachs und den Kuchen und wird in ein paar Stunden da sein. Ich widerspreche ihr nicht. Das steht mir nicht zu. Wenn sie eine Party für ihren Bruder feiern will, zwei Stun-

den nachdem sie ihre Mutter nach einer traumatischen Verletzung ins Krankenhaus gebracht hat – wer bin ich, etwas dagegen zu sagen? Und das meine ich ernst. Ein Teil von mir denkt, sie ist verrückt, ein anderer hält es für richtig. Arthurs Wohlbefinden ist uns wichtig, also weitermachen.

Das Mittagessen. Wir sind zu siebt. Ich, Arthur, Rebecca, Abigail und ein paar von Arthurs Freunden, die er seit über einem Jahr nicht gesehen hat. Nick, einer von ihnen, öffnet eine Flasche Champagner und gibt mir ein Glas. Es leert sich seltsam mühelos. Ich gebe Arthur seine Karte. Drinnen steht, dass ich ihm ein Abonnement einer Zeitschrift mit dem Titel *Positive News* schenke, was schon ironisch ist, denkt man an seinen Rasierer, der ständig kaputtgeht, seine steinharten Waden und daran, dass seine Freiheit seit fünfzehn Monaten erheblich eingeschränkt ist und seine Mutter in der letzten Nacht fünf Stunden mit gebrochener Hüfte und gebrochenem Becken draußen im Garten gelegen hat. Ein gewisser Richard spielt auf einer Gitarre »Happy Birthday«, was Arthur zum Lachen bringt. (Sein Lachen ist übrigens saukomisch. Wirklich tief und wird irgendwie immer überzeugter, als würde das, was ihn zum Lachen bringt, immer noch witziger, je mehr er drüber nachdenkt.)

Wir essen die Quiche, den Lachs und den Kuchen. Ich mache Fotos und denke, Winnie wird es gefallen zu sehen, dass wir alle hinter ihrem Rücken einen Heidenspaß hatten. Jemand erzählt eine Geschichte über Andy Murray. Nick entschuldigt sich dafür, dass er Anwalt ist. Richard dafür, dass er Buchhalter ist. Rachel erzählt, dass ihre Tochter entschlossen scheint, niemals zu Hause auszuziehen. Rebecca sagt, das kann sie nicht verstehen, sie ist praktisch schon mit vierzehn an der Dachrinne runtergeklettert, um auszubüchsen. Sie ähneln sich so sehr, Rebecca und

Winnie, was alles in allem gut für sie ist. Abigail pflückt Himbeeren und ein paar Blumen, um sie ins Krankenhaus zu bringen. Ich erzähle die Geschichte vom Ei im Kühlschrank, auf dem die Frage stand: »Bin ich gekocht oder nicht?« Sie kommt gut an. Es gibt Gelächter, und als die Kicherei und die Kommentare verstummen, sagt jemand: »Oh, Winnie«, was Rebecca dazu bringt, aufzustehen und den Tisch abzuräumen.

Ich sehe *Countryfile*. In Winnies Sessel. Es ist merkwürdig, allein im Haus zu sein. Man sieht nicht, was die Gegenwart einer anderen Person bedeutet, was sie bringt, bis sie nicht mehr da ist. Ich rufe im Krankenhaus an und werde von einer Krankenschwester durchgestellt.

»Ben?«

»Hallo, Winnie.«

»Was mir Sorgen macht, ist, dass ich nicht gehen kann.«

»Das kann ich mir vorstellen.«

»Das sollen heute moderne Zeiten sein, aber sie haben mein Bein mit einem Eimer voller Steine als Gegengewicht hochgezogen. Es ist eine mittelalterliche Vorrichtung.«

»Wie ist das Essen?«

»Abigail hat mir Himbeeren gebracht, die sehr schön waren.«

»Ja, ich weiß. Sie hat den Busch abgeerntet. Was mir gar nicht gefällt.«

»Das heute Mittag war offenbar Roastbeef. Ekelhaft. Wie ein alter Stiefelabsatz.«

»Ist die Station voll?«

»Es waren ein paar da, aber ich habe es geschafft, sie loszuwerden, und jetzt bin ich allein. Fragen Sie mich nicht nach meinen Methoden.«

»Werde ich nicht.«

»Ich denke immer, ich sollte etwas *tun*. Aber es geht nicht. Ich stecke hier fest.«

»Es ist an der Zeit, mal die Füße hochzulegen, Winnie.«

»Und der arme Arthur. Ich bin weg und habe ihm die Party verdorben.«

»Die Party hat stattgefunden. Ich habe Fotos für Sie gemacht. Wir haben an Sie gedacht. Es hat ihm gefallen.«

»Oh, das ist schön. Und ist er gut nach Hause gekommen?«

»Ist er. Ich habe ihn gebracht.«

»Und was ist mit seinem Rasierer?«

»Ich hab ihn wieder zusammengebaut.«

»Gut. Wobei er sowieso wieder kaputtgehen wird. Das ist das Problem. Er ist falsch *konstruiert*.«

»Er sagt, wenn das Ding weiter so verrücktspielt, benutzt er ihn, um sich Parmesan über die Pasta hobeln.«

»Nein, hat er nicht. Das haben Sie gesagt.«

»Stimmt.«

»So was würde er nicht sagen.«

»Wissen Sie, es ist albern, aber ich bin in den Garten gegangen, dahin, wo ich Sie gefunden habe, um mich da hinzulegen.«

»Gestürzt bin ich. Ich habe mich nicht hingelegt.«

»Da, wo Sie gestürzt sind.«

»Genau.«

»Und dann habe ich da gelegen und hatte nach einer Minute schon genug.«

»Darauf würde ich wetten. Es war eine Qual. Wie ein Sack Ziegel bin ich umgekippt. Ein Glück, dass ich mir nicht auch noch den Kopf aufgeschlagen habe. Das muss ich immer wieder denken.«

»Wenigstens haben Sie so den Garten mal aus einer anderen Perspektive kennengelernt.«

»Auf manche Perspektiven würde ich gerne verzichten.«

»Das verstehe ich.«

»Ich werde eine Weile hierbleiben müssen, wie es scheint.«

»Ich bin nur froh, dass ich Sie gehört habe.«

»Und ich umso froher, glauben Sie mir.«

»Wäre ziemlich unangenehm gewesen, wenn Sie da draußen ihr Leben gelassen hätten.«

»Oh, so weit hätte ich es nicht kommen lassen. Noch viel zu viel zu tun.«

»Sie klingen ziemlich heiser.«

»Die haben hier angenommen, ich wäre eine Kettenraucherin. Aber es war die Schreierei.«

»Wenn Ihnen das Sprechen wehtut, sollte ich Sie in Ruhe lassen.«

»In Ordnung.«

»Okay.«

»Also dann.«

»Die Füchse vermissen Sie.«

»Das will ich doch annehmen. Die finden sicher nicht jeden Abend eine verrückte Alte auf der Erde, die sie anfährt, sie sollen verschwinden.«

»Also dann.«

»Wann kommt Kuba? Am Montag? Nein, heute ist Montag.«

»Heute ist Sonntag.«

»Wirklich?«

»Wir haben den 4. Juli.«

»Aber natürlich.«

»Den Unabhängigkeitstag.«

»Wie billig.«

»Billig?«

»Ja, *billig*.«

»B-i-l-l-i-g?«

»Genau. Das heißt so viel wie passend, angemessen.«

»Ja?«

»Was so ziemlich das Gegenteil von Ihrem Verhalten ist.«

»Verstehe.«

»Aufgewacht!«

»Bis dann, Winnie.«

»Er sei mit Ihnen.«

»Bye.«

»Bye.«

Mein Telefon klingelt. Ich hatte Kontakt zu einem positiv Getesteten. Ich soll zehn Tage nirgends hingehen.

6. JULI   Ich schicke Winnie eine Postkarte mit einem von Don McCullins Fotos, die ich vor ewigen Zeiten bei einer Ausstellung gekauft habe. Sie zeigt eine ältere Lady, die von der Polizei weggetragen wird. Das war 1972. Meine Nachricht: »Liebe Winnie. Hatte Kontakt zu einem Positiven und kann Sie deshalb nicht besuchen. Hoffe, das Essen ist okay. Konnte dieser Karte nicht widerstehen. Hat mich an Ihre Abreise aus dem Garten Samstagnacht erinnert. Alles Liebe, Ben.«

Später. Eine Nachricht von Winnie: »Ich bin im Krankenhaus.«

10. JULI   Ich esse den letzten Vollkorntoast und bleibe erst mal bei der unreinen Marmelade. Habe illegal die Samstagszeitung und ein paar Himbeeren zu Rebecca gebracht, die später Winnie besuchen wird.

Später. Rufe Rebecca an, um zu hören, wie es Winnie geht. Sie sagt, Winnie kann sich nicht erinnern, dass sie operiert wurde, dafür aber an jedes einzelne skandalöse Abendessen, das sie bisher bekommen hat.

11. JULI   In Winnies Abwesenheit geschehen Dinge. Es fällt mehr Licht auf den Esstisch. In der Diele vertrocknen die Blumen. Im Kühlschrank steht abgelaufene Milch. Überreife Himbeeren fallen von ihren Ästen und verfärben Bodenplatten und Erde. Diese Dinge erinnern an ihre Anwesenheit, indem sie mich ihre Abwesenheit spüren lassen. Sie machen mir bewusst, dass all die Dinge, die sie täglich tut, das Haus funktionieren lassen, es am Leben halten, zu einem Zuhause machen. Ich habe ihr Tun nicht hoch genug geschätzt. Ich trinke den Kaffee schwarz, als keine Milch mehr da ist. Verzichte aufs Frühstück, als das Brot aus ist. Mache kein Licht in der Diele und auf dem Flur oben, nachdem die Sonne untergegangen ist. Alles Mögliche ist anders. Arthur ruft nicht an. Ich achte nicht auf die Größe bestimmter Portionen. Gebe ungefiltertes Wasser in den Kessel. Wärme meinen Teller nicht vor. Die Eier stellen keine Fragen mehr. Die Zeitung bleibt ungelesen. Es werden keine Krümel mehr gesammelt und in den Garten geworfen, keine Sittiche mehr verscheucht. Mit dem Rotkehlchen spricht auch niemand mehr. Kurz: Das Haus ist weit weniger ein Zuhause.

Ich rufe Rebecca an. Sie sagt, sie wissen immer noch nicht, wie lange sie im Krankenhaus bleiben muss. Womöglich kommt sie noch in eine Reha, als Teil der NHS-Versorgung. Ich sage, dass ich mehrfach auf der Station anzurufen versucht habe, aber niemand antwortet, und für Winnies Handy gilt das Gleiche.

12. JULI Wenn es regnet, dann gleich in Strömen. Schwarzes Wasser rinnt den Kamin herunter und läuft bis auf den Teppich. Fügt dem Brandfleck einen Rußfleck hinzu. Die Fernsehantenne auf dem Dach vollführt einen wilden Tanz. Das Leck in der Decke meines Schlafzimmers wird schlimmer. Die Alarmanlage macht Sperenzchen. Die Mikrowelle will nicht mehr. Und mein Rollladen steckt immer noch fest.

13. JULI Winnie ruft an.

»Ben?«

»Winnie.«

»Ich bin verlegt worden.«

»Oh, verstehe.«

»Wie ein Paket haben sie mich genommen.«

»Und jetzt teilen Sie sich Ihr Zimmer mit jemandem?«

»Was?«

»Sie teilen sich Ihr ... Schon gut.«

»Es war schön, kurz im Arm von jemandem zu schweben, das sage ich Ihnen.«

»Gut, das zu hören.«

»Ist aber auch ganz schön beängstigend. Diese ganze Sache. Ich hatte so ziemlich die ganze Zeit Halluzinationen.«

»Meine Güte.«

»Ich war in der ganzen Welt. Heute Morgen habe ich geglaubt, ich wäre in Malaysia. Oder letzte Nacht. Oder wann immer das war. Ich habe die Schwester gefragt, wann ich zurück nach London komme.«

»Meine Güte.«

»Und mehr noch, ich habe versucht, sie auf Malaiisch zu fragen.«

»Ich wusste nicht, dass Sie Malaiisch sprechen ...«

»Und ich habe immer wieder geschrien und geweint. Ich kann das nicht empfehlen.«

»Sie Ärmste.«

»Die haben mir so viele Spritzen verabreicht, ich komme mir wie ein Nadelkissen vor.«

»Haben Sie das Schlimmste mit den Halluzinationen hinter sich?«

»Was für Informationen?«

»HABEN SIE DAS SCHLIMMSTE MIT DEN HALLUZINATIONEN HINTER SICH?«

»Das kann ich nicht sagen. Ich weiß nicht, was in ein paar Minuten sein wird. Vielleicht bin ich da wieder in Malaysia.«

»Ich habe mit Arthur gesprochen.«

»Mit wem?«

»Mit Arthur.«

»Oh, gut.«

»Und ich habe ihm etwas Seife und seine Zeitschrift gebracht.«

»Ich habe gestern eine Bluttransfusion bekommen.«

»Wirklich?«

»Ich war in jeder Hinsicht anämisch. Jetzt bin ich komplett verdrahtet. Halb Frau, halb Schlauch.«

»Ich würde kommen und Sie besuchen, Winnie, aber ich muss mich isolieren, weil …«

»Es war eine Offenbarung. Ich habe einfach zu allem, was mir angeboten wurde, Ja gesagt.«

»Ich vermisse Sie, Winnie.«

»Und ich denke, ich bleibe beim Jasagen, um ehrlich zu sein.«

»Es ist ohne Sie nicht das Gleiche.«

»Das ist diplomatisch ausgedrückt.«

»Nein, wirklich. Es ist besser, wenn Sie hier sind.«

»Nun, ich drücke die Daumen.«

»Ich auch.«

»Also.«

»Okay, bis bald, Winnie.«

»Alles Liebe.«

»Alles Liebe. Bye.«

Ich leere zwei Vasen, trage die alten Blumen auf den Kompost und schneide ein paar neue, die ich, so gut ich kann, arrangiere und in die Diele und ins Wohnzimmer stelle. Dann pflücke ich Himbeeren. Es ist ziemlich befriedigend, so in die Hocke zu gehen und die Beeren hinter den Blättern (die überall sind) zu finden, die richtigen Rottöne auszumachen, sich vor den kleinen Dornen zu hüten und die Beeren sanft von den Ästen zu zupfen. Ich wasche meine Ernte in der Küche und sehe dabei die Nachrichten. Fange eine Schlagzeile auf, die sinngemäß lautet: »Die Coronasommerwelle könnte zu 5000 Hospitalisierungen pro Tag führen. Wann wird diese Hölle enden?«*

14. JULI   Ich gehe zu Mr Spinnici, dem Bäcker. Bestelle ein Vollkornbrot. »Vollkorn? Wo ist die Lady?«

15. JULI   Ein glühend heißer Tag. Kuba kommt. Er braucht zwei Schlüssel. Einen für den Schuppen und einen für das Gartentor. Wir müssen sie erst mal finden. Wahrscheinlich bewahrt Winnie sie unter ihrem Kissen auf. Er fragt mich, wie es ihr geht. Ich erkläre es, so gut ich kann. *»Nic nie zrobisz«*, sagt er. Kann man nichts machen. Ich hole Bargeld, um ihn zu bezahlen, und stecke es unter einen Teller mit einem Kaffee, ein paar Keksen und einer Dose Bier. *»Jest tradycja«*, rufe ich durch den Garten.

---

* Tatsächlich lag die Spitze dann bei 700 Fällen. Was gerade ein Siebtel war.

Er lächelt, schüttelt den Kopf und sagt: »Tradition sind drei Kekse!« Sein Krebs befindet sich in Remission.

Ich schiebe das Fahrrad vom Fitnessstudio nach Hause. Ein Reifen ist so gut wie platt. Wahrscheinlich ein winziges Loch. Ich freue mich nicht aufs Nachhausekommen. Der Abend zieht übergroß am Horizont herauf. Es ist wahr, so dumm und unsinnig es sein mag. Die Tage ziehen nicht übergroß herauf, die Abende aber schon (wenn wir Anspruch auf etwas Muße haben, auf Gesellschaft, eine kleine Belohnung für die Mühen des Tages). Abende können übergroß wirken. Wie schwarze Löcher, selbst im Hochsommer. Sie können einem fast schon Angst machen und auf jeden Fall auf die Stimmung drücken. Deshalb haben Wein und Bier etwas Verlockendes – sie füllen die Leere, zumindest zum Teil. Aber indem sie das tun, vergrößern sie sie auch. Das sind meine Gedanken, während ich das Fahrrad die Straße hinaufschiebe.

Zum Essen gibt es Lachs, Reis, Lauch und Brokkoli. Auffällig ist das Ausbleiben von Beschwerden. Ich esse am Küchentisch, mit der *Times* als Platzdeckchen. Es ist nur Nahrungsaufnahme. Als ich fertig bin, weiß ich nicht, was ich tun soll. Also sitze ich einfach so da. Dann gehe ich hinaus in den Garten und sitze dort einfach so da. Nan ruft an. Fragt, was ich mache.

»Ich sehe mir die Blumen an und frage mich, was für welche es sind. Ich habe meine Dolmetscherin verloren. Und du?«

»Granddad ist gerade mit dem Einkauf zurückgekommen.«

»Kennst du dich mit Kirschen aus?«

»Kirschen? Ein wenig.«

»Schattenmorellen. Wir haben Unmengen davon im Garten.«

»Würde ich nicht essen.«

»Nein?«

»Selbst die reifsten sind noch sauer.«

»Ich werde sie probieren.«

»Ich helfe jetzt besser Granddad.«

»Okay.«

»Ich liebe dich sehr.«

»Bye, Nan.«

Liebe dich auch, danke, dass du mich liebst.

20. JULI   St. George's Hospital. War vorher schnell noch bei M&S, um Winnie ein paar Schweinefleischpasteten, etwas Obst und *The Week* zu kaufen. Jetzt auf die Station für Traumata und Orthopädie, Zimmer 5, Bett 3. Winnie ist wach, und sie sagt, sie freut sich, mich zu sehen. Ich will das nicht überbewerten, vielleicht halluziniert sie ja. Sie sieht … okay aus. Besser als erwartet. Schwach, ja, aber sehr lebendig. Sie trinkt nicht viel, gibt zu, dass sie es wegen des Katheders nicht mag. Sie freut sich über das Obst, glaubt jedoch nicht, dass sie die Pasteten schafft. Ich frage sie, ob sie meine Postkarte bekommen hat. Sie sagt, die hat sie alle gut verstaut, damit keine davon wegkommt. Sie nimmt an, dass sich jemand bedienen könnte, wenn sie frei herumlägen. Die gute alte Winnie. Immer auf der Hut. Eine Schwester bringt ihr eine Tasse Tee. Ungerechtfertigterweise bin ich kurz verärgert, dass mir nicht auch einer angeboten wird. Ich fahre ihr Kopfteil weiter hoch, damit sie aufrechter liegt und besser trinken kann. Aber sie rührt den Tee nicht an.

»Ich fühle mich wie zerrieben.«

»Das glaube ich.«

»Sehr anständig von Ihnen zu kommen.«

»Ist schon okay.«

»Springt nicht viel für Sie dabei heraus.«

»Ich bin sicher, Sie tun das Gleiche eines Tages für mich.«

»Zählen Sie nicht drauf.«

»Ich wäre schon früher gekommen, aber ...«

»Ich sehe aus, als wäre ich unter einen Panzer geraten.«

»Und wie fühlt sich das an?«

»Was denken Sie?«

»Ich mache nur Spaß.«

»Ich könnte eine Haarbürste brauchen.«

»Sie sehen ganz okay aus, Winnie.«

»Das ist nett, dass Sie das sagen, aber ich habe einen Blick auf mich werfen können, und ich sehe aus wie Donald Trump.«

»Donald Trump?«

»Zweihundertsechzehn Jahre alt.«

»Sie sehen hundertmal besser aus als einige andere hier.«

»Gehen Sie nicht zu hart mit sich ins Gericht.«

»Touché.«

»Sie sind voller Fusseln.«

»Stimmt.«

»Sie müssen Liz bestellen, dass sie sich darum kümmert.«

»Und ein bisschen Farbe hineingibt.«

»Ich glaube wirklich nicht, dass ich die Pasteten essen kann, Ben.«

»Soll ich sie wieder mitnehmen?«

»Das habe ich nicht gesagt, oder?«

Ich freue mich. Dass wir so reden. Dass sie mich auf den Arm nimmt. Ich bin verdammt erleichtert, um ehrlich zu sein. Sie schließt die Augen. Nicht, um zu schlafen, sagt sie. Nur, um auszuruhen. Ich erzähle ihr verschiedene Dinge, während sie sich ausruht. Dass Kuba da war und alles im Griff hat. Dass ich einige Male mit Arthur gesprochen habe und es ihm gut zu gehen scheint. Ich erzähle ihr, dass Rebecca zu ihrem Geburtstag Urlaub in Wales macht. Und Abigail mit ihrem Freund in Italien ist, irgendwo im Norden.

»In Italien?«

»Ja. Wollen wir sie mal anrufen?«

»Können wir das?«

»Wir können es probieren. Wo ist Ihr Telefon?«

»Das weiß Gott allein.«

Es ist tot und liegt unter der *Financial Times*. Ich stöpsle es ein und erreiche Abigail. Winnies Gesicht ist absolut sehenswert, als Abigail ihr von ihrer Reise erzählt. Was sie schon gesehen haben. Vom Essen. Den Leuten. Den Seen. Florenz! Winnie kriecht förmlich ins Telefon hinein. Will etwas betonen, unterstreichen.

»Du musst das alles in dich aufsaugen, Abigail. Alles Schöne. Überhaupt alles. Weil eines Tages, und das verspreche ich dir, fällst du im Garten über die eigenen Beine, und das wars.«

Sie schläft mit einer Erdbeere in der Hand ein. Ich erlöse sie sanft davon und wische ihre Finger mit einem Tuch ab. Ich erkundige mich bei einer Schwester – Trish – nach einigen Dingen. Sie schenkt mir Minuten, die sie nicht hat. Sagt, dass es mit Winnie auf und ab gegangen ist, sie sich aber stabilisiert hat. Ich frage, ob sie richtig isst. Trish hebt die Brauen und zeigt ein kleines Lächeln. »Sie könnte Jurorin bei *MasterChef* sein, oder?«

22. JULI   Ich mache Arthurs Rasierer sauber. Ich bin nicht sicher, was er damit macht. Den ganzen Schmutz herauszubekommen ist nicht einfach und verlangt alle möglichen Instrumente. Noch nie in meinem Leben habe ich ein unbelebtes Ding so verflucht. Kein Wunder, dass Winnie stundenlang damit beschäftigt war. Kein Wunder, dass sie solche Klagelieder gesungen hat. Ich habe immer gedacht, sie machte ein zu großes Gewese darum. Aber ich wusste nicht, was sie durchzustehen hatte.

23. JULI   Die Trauma- und Orthopädie-Station des St. George's Hospital. Winnie ist nicht in ihrem Bett. Falls sich ihr Zustand nicht dramatisch geändert hat und sie jetzt ein Mann in seinen Vierzigern ist. Ich will nicht lügen – es versetzt mich kurz in Panik, sie nicht zu sehen. Doch dann erklärt mir eine Schwester, dass sie in eine Reha-Einrichtung der NHS verlegt worden ist.

Ich radle hin (zum Marshland Court), um dort gesagt zu bekommen, dass Winnie während der nächsten zehn Tage keine Besucher empfangen kann, weil es einen Coronafall in der Belegschaft gibt. Mir wird erklärt, dass die Mitarbeitenden jeden Morgen getestet werden. Die betreffende Person hatte zwar keine Symptome, aber der Test war positiv.

»Es tut mir leid«, sage ich, »aber können Sie mir begreiflich machen, warum sich alle in Ihrer Einrichtung isolieren müssen, weil heute Morgen ein Mitarbeiter positiv getestet worden ist? Der Mitarbeiter isoliert sich doch sicher, und das wars? Wen schützen Sie damit? Die Besucher? Das ergibt doch keinen Sinn. Ich weiß, Sie machen die Regeln nicht, aber ich sorge mich einfach, dass Mrs Carter zehn Tage ohne Besuch nicht sonderlich guttun werden. Ganz und gar nicht. Um es vorsichtig auszudrücken.«

Mir wird gesagt, dass es für alles Gründe gibt.

26. JULI   Ich sehe mir die olympischen Highlights an. Adam Peaty beim Brustschwimmen – allmächtiger Gott. Wenn Adam mich beim Brustschwimmen sähe, würde er sich vor Lachen kaum halten können. Winnie ist schneller als ich, selbst in ihrem gegenwärtigen Zustand. Dann kommt der Triathlon. Georgia Taylor-Brown fährt fünf Kilometer mit einem platten Reifen und schafft es dennoch, sich zurückzukämpfen und den zweiten

Platz zu erreichen. An ihr können wir uns alle ein Beispiel nehmen. Das ist wirklich inspirierend. Auch wenn ich nicht sagen kann, wozu es mich persönlich inspiriert. Sicher nicht zu dem, was die da machen.

Ich rufe Winnie an. Sie geht nicht dran. Rufe Arthur an. Der geht auch nicht dran. Rufe Kuba an, um mich zu versichern, dass er tatsächlich am nächsten Dienstag kommt. Keine Antwort. Ich pflücke ein paar Brombeeren und bringe sie hinüber zu Carlotta. Sie ist nicht da. Gott, selbst Carlotta hat ein regeres Sozialleben als ich. Am Ende verbringe ich den Abend damit, einer Golfreportage im Radio zu lauschen. Ein neuer Tiefpunkt.

27. JULI   Ich frühstücke richtig. Das ganze Programm. Breite alles aus. Schüsselchen, Löffel, Teller, Messer, Marmelade, Butter, Müsli, ein paar Himbeeren aus dem Garten, dazu die Zeitung, Kaffee und das Radio. Toaste eine Scheibe Toastbrot, in Stufen, nehme ihn mit der Schere heraus und gebe schamlos Marmelade darauf – und zwar nicht das Drei-Frucht-Zeugs von meinem Vater. Beiße hinein. Lecker! Das habe ich vermisst, und ich bin nicht sicher, warum ich mir zuletzt keinen Toast mehr gemacht habe. Es ist merkwürdig und leicht beunruhigend, wie sich die Gewohnheiten ändern, sobald man allein ist.

Die Titelseite der Zeitung führt zur gewohnten kognitiven Dissonanz. Ein Vertreter der WHO sagt, der britische Umgang mit der Pandemie (die Aufhebung von Einschränkungen trotz steigender Fallzahlen) ist eine »epidemiologische Dummheit«. Während an anderer Stelle auf derselben Titelseite ein Medizinprofessor sagt, wir sind auf dem richtigen Weg, und die Leser drängt, die Schwarzseher zu ignorieren. Und um das Ganze endgültig zu klären, zeigt sich ein weiterer Experte »völlig unsicher« in Sachen Lockerungen. Schon nach einer Seite weiß ich wieder, warum ich das Zeitunglesen aufgegeben habe. Wobei mir der Ausdruck »epidemiologische Dummheit« durchaus gefällt. Er hat eine oxymoronische Qualität, ist epidemiologisch doch eines der wenigst dümmsten Worte in dieser Welt und Dummheit tatsächlich eines der dümmsten. Das ist einer meiner nutzlosen Gedanken, den ich mit Winnie teilen würde. Die ihm wie stets all ihre Aufmerksamkeit und Begeisterung widmen würde, bevor sie ihren Toast aufessen und sich sagen würde, genug mit der Herumalberei, auf in den Kampf.

Ich rufe sie an. Oder anders gesagt, ich rufe sie an, und sie ruft zurück.

»Hallo, Winnie.«

»Was diese Mädchen auf einem Balken machen, ist unglaublich. Ich habe keine Ahnung, wie sie auf ihren Füßen landen.«

»Sehen Sie sich Olympia an?«

»Ich wäre ja gerne wieder etwas fitter, aber nicht so fit, das sage ich Ihnen. Wie geht es Ihnen?«

»Mir gehts gut. Gut. Wie geht es der Hüfte?«

»Es wird besser. *Langsam.* Ich habe einen Rolli. Wie Arthur.«

»Sind sie halluzinationsfrei?«

»Ja, bin ich. Im Moment.«

»Und das Zimmer?«

»Der Blick ist fraglos besser. Ich kann ein paar Wildblumen und so eine Baustellentoilette sehen. Aber das Essen ist nach wie vor satanisch.«

»Ah.«

»Wo wir vom Teufel reden: Da kommt das Mittagessen. Es gibt Blumenkohl, der schlimmer aussieht als ich. Salz benutzen sie hier gar nicht. Ich glaube, sie haben davon noch nie gehört.« Sie isst etwas. »O mein Gott, ich muss mich übergeben.«

»Brauchen Sie etwas, Winnie?«

»Ja, einen Eimer. Schwester!«

»Ich fürchte, ich darf Sie nicht besuchen.«

»Ich weiß. Man hat es mir gesagt. Sie haben panische Angst vor Corona.«

»Aber ich kann etwas bringen.«

»Eines von ihren selbst gekochten Gerichten wäre gut.«

Himmel. Das Essen da *kann* nicht okay sein. »Wie wäre es mit der Zeitung vom Samstag?«

»Ja. Wenn Sie das könnten. Bringen Sie nur die wichtigen Teile. Ich will nicht drin ersaufen. Ich muss sagen, der Sessel, den ich hier habe, ist *sehr* gut. Er gibt mir nur das Gefühl, so *faul* zu sein.«

»Aber Sie müssen sich ausruhen, Winnie.«

»Ich vermisse das *Aufräumen*.«

»Man sagt, Aufräumen setzt Endorphine frei.«

»Schwester! Und ich muss wirklich allen danken. Ich habe so viele Karten bekommen. Sie waren ein solcher Trost. Auf einigen waren wunderschöne Blumen. Sie haben den Wunsch in mir ge-weckt, aus dem Fenster zu sehen.«

»Aufs Baustellenklo?«

»Vielleicht können wir ein Schild vorne ans Haus hängen mit einem großen Danke!«

»Darum kümmern wir uns, wenn Sie zurück sind.«

»Oder Sie könnten sich vor die Tür stellen und klatschen. Schwester! Ich versichere Ihnen, Ben, diesen Blumenkohl kann ich nicht essen.«

»Ich habe übrigens Arthurs Rasierer gereinigt.«

»Oh, gut.«

»Ein Albtraum. Ich schwöre, dass er den Rasen damit mäht. Eine Stunde habe ich gebraucht.«

»Das überrascht mich nicht.«

»Ich werde froh sein, wenn Sie wieder da sind, um Ihre Pflichten zu übernehmen.«

»Das könnte noch etwas dauern, fürchte ich.«

»Es ist eine Gedulds- und Hüftprobe.«

»Nett gesagt. Schwester!«

Ich nehme bestimmte Teile aus der Zeitung – Life & Art, den Rezensionsteil, House & Home – und gehe anschließend mit einer Schere in den Garten und schneide ab, was ich finden kann. Es ist eine recht angenehme Beschäftigung, und am Ende habe ich einen ziemlich bunten Strauß in der Hand. Es sind vielleicht ein Dutzend verschiedene Blumen. Den Namen kenne ich von keiner, muss ich beschämt gestehen. Ich binde sie mit einem winzigen Gummiband zusammen, stecke sie in eine Papiertüte und verstaue sie vorsichtig in meinem Rucksack, zusammen mit den ausgewählten Zeitungsteilen. Fahre mit dem Rad ins Dorf, gehe zu Bayley & Sage, kaufe eine Fischpastete, einen Cottage Pie, eine Tomatensuppe, einen Nudelsalat und ein Schottisches Ei. Weiter geht es zum Marshland, wo Winnie im fünften Stock sitzt. Ich klingele und trage eine Maske. Mir wird gesagt, ich soll alles in den Eingang stellen.

Ich bin im Co-op. Winnie ruft an. Im Wesentlichen sagt sie Folgendes: »Ben. Winnie. Sie sollten kein Geld zu Bayley & Sage tragen. Das sollten Sie nicht. Auch wenn ich die Fischpastete liebe. Die Blumen. O mein Gott. So schön. So eine kluge Auswahl. Könnte nicht besser sein. Sie haben da eine Hyazinthe, eine Zuckererbse und diese rote, von der ich immer den Namen vergesse. Ich habe sie hier in einem Glas stehen. Heute Nachmittag gibt es einen Film. Einen sehr guten. Die meisten von uns haben ihn schon gesehen, als er im sechzehnten Jahrhundert herauskam.

Die 39 Stufen. Ziemlich unpassend, wenn man drüber nachdenkt. Wie auch immer, bis dann.«

Als ich nach Hause komme, wartet eine Nachricht auf dem Anrufbeantworter. Von Winnie. Sie muss es erst hier probiert haben, bevor sie mich auf dem Handy erreicht hat, denn es ist der gleiche Inhalt: Ben. Winnie. Die Blumen. Könnten nicht schöner sein, und so weiter. Ich bin ehrlich nicht sicher, ob ich jemals jemandem etwas geschenkt habe, das so gut angekommen ist. Das muss ich irgendwann wiederholen. Es mir zur Gewohnheit machen. Aber es würde nicht funktionieren, weil der Kontext ausschlaggebend ist, oder? Und Kontexte lassen sich kaum kopieren. Sie sind zu kompliziert. Ändern sich zu schnell. Obwohl ich auch Carlotta einen Strauß bringen könnte. Und Megan. Beide sind zwar nicht in der Reha, aber trotzdem. Kurz, pflücke Blumen! Vorzugsweise im eigenen Garten, aber wenn du keinen hast, tut es auch der von jemand anderem. Und dann verschenke die Blumen. So einfach geht es. Es schadet nicht. Das *kann* es gar nicht. Ende des Memos an mich.

31. JULI Bringe Winnie einige Karten, die gekommen sind, dazu eine Quiche und verschiedenes Obst. Die Schwester, die meine Mitbringsel entgegennimmt, trägt eine Einmalschürze und Handschuhe und gibt alles in eine riesige Vierzig-Liter-große, durchsichtige Plastiktasche, was irgendwie tragikomisch wirkt.

»Keine Unterhosen?«, fragt die Schwester.

»Wie bitte?«

»Sie braucht Unterhosen.«

»Oh, das wusste ich nicht.«

»Ich habe Sie angerufen.«

»Ja?«

»Wir haben heute Morgen miteinander gesprochen.«

»Haben wir das?«

»Ich habe Ihnen gesagt, Sie sollen Unterhosen mitbringen.«

»Haben Sie das?«

»Sie sind Stewart?«

»Nein, ich bin Ben.«

»Ah. Okay. Bye.«

»Äh – eins noch. Ganz schnell. Winnie hat gesagt, ihre Nägel müssen geschnitten werden.«

»Das können wir hier nicht.«

»Aber es kann auch kein anderer, weil kein Besuch erlaubt ist.«

»Wenn Sie einen Knipser bringen, werde ich ihn ihr geben. Mehr kann ich nicht tun.«

»Okay.«

»Und ein paar Unterhosen, bitte.«

»Sicher.«

Später. Winnie ruft an.

»Wie geht es Ihnen«, sagt sie.

»Mir geht es gut. Haben Sie die Quiche bekommen?«

»Ja. Sie sieht großartig aus.«

»Gut.«

»Sie war in einer riesigen Plastiktasche.«

»Das habe ich gesehen.«

»So *langweilig*.«

»Was, Käse und Speck?«

»Sie sagen, bis Montag kein Besuch. Was ist an Montag so besonders?«

»Dann sind es zehn Tage, seit der Putzmann positiv getestet wurde.«

»Nicht dass Sie es begrüßen würden, mich zu sehen.«

»Stimmt.«

»Es wird nicht so einfach sein, wieder zurück nach Hause zu kommen, fürchte ich.«

»Hab ich gehört.«

»Das Fenster ist ein Trost. Ich kann ein paar knallige Pflanzen sehen.«

Knallig?

»Rhododendren, denke ich.«

Vielleicht knollig?

»Und da ist ein großer Nadelbaum.«

Eine knollige Tanne?

»Und das Haus von jemandem. Und eine riesige Antenne, um Nachrichten ins All zu schicken. Wo ich genauso gut sein könnte.«

»Sie sind verwirrt und ratlos, Winnie.«

»Das bin ich wirklich.«

»Kuba war heute hier.«

»Wer?«

»Kuba. Hat die Hecken geschnitten.«

»Wohin hat er alles gepackt?«

»In dicke Säcke.«

»Hinter die Hecke?«

»IN DICKE SÄCKE!«

»Ah, dicke Säcke.«

»Genau.«

»Danke für alles, was Sie tun.«

»Es ist ein Vergnügen, die Stellung zu halten.«

»Kann mir nicht vorstellen, dass es ein Netterer täte.«

»Ich war heute Morgen bei Arthur.«

»Ich habe ihn ewig nicht gesehen. Er ruft nicht an.«

»Habe ihm den *Spectator* und eine Schachtel Taschentücher gebracht.«

»Den *Spectator* und was?«

»Eine Schachtel Taschentücher.«

»Eine komische Kombination.«

»Das habe ich auch gedacht.«

»Womöglich noch nie da gewesen.«

»Ich nehme an, so sind die Zeiten.«

»Das sagt man uns.«

»Nur noch das Wochenende, dann ist Montag, Winnie.«

»Das ist tröstlich.«

»Halten Sie durch.«

11

Fast bin ich bei »Ich liebe dich«

1. AUGUST   Viele Dinge sind eine nette Überraschung. Andere nicht. Hier allein zu sein zum Beispiel. Ich dachte immer, jeden Abend zu kochen und mit Winnie zu essen wäre etwas, das ich vor allem für sie täte, aber jetzt begreife ich, dass ich es genauso sehr für mich getan habe. Ich dachte auch, immer irgendetwas eingestöpselt zu haben, das Krach machte – das Radio, den Fernseher, die Waschmaschine, den Wasserkessel –, sei eine schlechte Angewohnheit. Jetzt weiß ich, warum sie das getan hat: Weil Stille die Einsamkeit verstärkt. Und ich dachte auch, immer etwas *zu tun* zu haben tue ihr nicht gut. Jetzt erwische ich mich selbst dabei, wie ich Brombeeren pflücke, obwohl ich ein paar Kilo in der Tiefkühltruhe habe, und zwei Tage nacheinander staubsauge. Hey-ho.

2. AUGUST   Ich radle zum Marshland Court. In meiner Tasche habe ich einen kleinen Laib Vollkorntoast, ein kleines Glas Marmelade und einen Roman mit dem Titel *Love* (den letzten von Roddy Doyle). Ich werde in einen Warteraum gebracht, wo das Stabhochsprungfinale der Damen auf mehreren Bildschirmen gezeigt wird. Ich werde auf Corona getestet. Die Schwester ist ein Unikum. Herzlich. Zynisch. Temperamentvoll. Fragt sich, wie

viel der Erfinder der Tests wohl verdient. Fragt sich, ob sie überhaupt funktionieren. Erzählt mir von einem Mann – heute im Gefängnis –, der mit Bombendetektoren Millionen verdient hat, die keine waren.

Ich werde zu Winnies Zimmer im fünften Stock gebracht. Sie liegt im Bett. Dass sie eine Menge Gewicht verloren hat, ist offensichtlich und erschreckend. Ihr Bett steht am Fenster. Aha, da ist die seltsame Antenne, die mobile Toilette, und da sind auch die Wildblumen. Alles wird von einer mächtigen Tanne beherrscht. Wäre das Fenster geöffnet, könnte man sie anfassen.

»Das ist mein Fluchtweg«, sagt Winnie. Sonderbar, dass sie immer wieder bei Nadelholz landet.

Sonderbar auch, was im Fernsehen gezeigt wird. Wir sehen Ausnahmemenschen unglaubliche Dinge mit ihren Körpern anstellen. Die Athletik konterkariert Winnies Unbeweglichkeit. Nicht dass sie es so sähe. Sie kann nur nicht glauben, wie massig einige der Gewichtheber sind. Gegenüber von ihrem Bett steht ein Whiteboard, das von den Schwestern und Physiotherapeuten für Mitteilungen und Zielsetzungen benutzt wird. Ich sehe, dass heute »Übungen!« auf dem Programm stehen und ihr voraussichtliches Entlassungsdatum der 21. August ist. Bis dahin sind es noch drei Wochen.

Ich gebe ihr das Brot. Sie hält es in der Hand, wiegt es und riecht daran. Dann kommt die Marmelade. Sie will wissen, woher sie ist. Ich erkläre ihr, dass ich einiges von ihrer in ein kleineres Glas gegeben habe, das hinten in der Küche stand, was sie befriedigt. Dann der Roman, *Love*. Sie will wissen, ob die Geschichte wahr oder erfunden ist.

»Erfunden«, sage ich, und sie darauf: »Dann nehmen Sie es wieder mit.«

Ich schneide ihr die Nägel und fange die Schnipsel in einem

Stück *Financial Times* auf. Sie sagt wieder und wieder, wie dankbar sie mir ist, aber ich finde nichts dabei, es zu tun, es fühlt sich völlig normal an. Ihre Finger zu halten, die Daumen. Sie ist allerdings nicht erfreut, als ein paar Schnipsel davonfliegen und in ihrem Bettzeug landen. Ich zwicke sie in einen Finger.

»Autsch!«

Ich muss lachen.

»Rufen Sie einen Krankenwagen«, sagt sie.

Ich mache weiter und werde mir meiner eigenen Nägel bewusst: Sie müssen ebenfalls geschnitten werden. Ich frage sie, ob sie mit Arthur gesprochen hat. Sie versucht ein Schulterzucken. »Er hat sein eigenes Leben. Ich will mich da nicht hineindrängen.«

Sie isst ein kleines Stück Brot, einen Bissen, nicht mehr. Bringt es nicht runter. Sie hat keinen Appetit. Es ist ein offensichtlicher Teufelskreis: Gewicht verlieren, wenig Bewegung, keinen Appetit, mehr Gewicht verlieren. Sie soll sich erholen, und in einer Weise tut sie das auch, in einer anderen nicht. In einer anderen geht es ihr schlechter. Sie zeigt mir die großen Pflaster entlang des Oberschenkels, wo die Chirurgen hineingegangen sind.

»Das Becken war schon vorher beschädigt«, sagt sie. »Sie mussten es brechen, um Arthurs Bein herauszubekommen. Ich habe bei ihm wirklich versagt, dem armen Kerl.«

Ich sage, dass sie eindeutig nicht versagt hat. Dass es niemandes Fehler war. Dass man sich nicht dagegen hätte absichern oder davor schützen können. Aber meine Worte treffen auf taube Ohren. Jedenfalls scheint es so. Wer weiß schon, welche von unseren Worten einen Eindruck hinterlassen?

Meine mir zuerkannte Stunde ist herum. Ich möchte ihr einen Kuss auf die Wange geben, aber auch einfach gehen und treffe mich auf halbem Weg, lege ihr eine Hand auf die Schulter und sage nutzlose, bedeutungslose Dinge.

»Passen Sie auf sich auf. Lassen Sie es ruhig angehen und springen Sie nicht aus dem Fenster.«

Und wenn ich sagen könnte, was ich wollte? Ich weiß es nicht. Aber es wäre nicht: Passen Sie auf sich auf, lassen Sie es ruhig angehen und springen Sie nicht aus dem Fenster. Es wäre ernster und ehrlicher. Aber so ist es nun mal. Wir sagen, was wir können. Und was Winnie sagen kann, ist: »Ja, und jetzt gehen Sie. Alles Gute. Trinken Sie einen Tee.«

5. AUGUST Normalerweise, wenn ich einen Crumble mache, probiere ich einfach herum, werfe alles rein und sehe, was rauskommt. Aber diesmal höre ich zu, folge, warte auf ... Raymond Blanc. Raymonds Geheimnis ist die Vorbereitung. Brombeeren und Äpfel bekommen vorher fünf Minuten mit Butter und Zucker in einer Pfanne, während der Crumble zehn Minuten in der Röhre hat, bevor er über die Früchte geschüttet wird. Es ist ein überlegter, ein durchdachter, erlernter Ansatz – das Gegenteil von meinem. Und das Resultat ist ausgezeichnet. Ich esse eine große Schüssel, während ich mir *Gardener's World* ansehe.

Maxwell, dreizehn Jahre alt und aus West Yorkshire, hat gerade 1,3 Millionen Leuten seinen Garten gezeigt, der nicht groß, aber doch ziemlich aufwendig angelegt scheint. Wenn der Junge aus der Schule kommt, macht er gleich weiter, zieht Zucchini (zwei Arten), Kartoffeln, Rhabarber, Sellerie und jede Menge Cannabis. Gegen Ende (der Schüssel Crumble) wird mir bewusst, dass etwas fehlt. Und es ist nicht Winnie. *So* sentimental bin ich dann doch nicht. Es ist die Eiscreme, die Raymond empfohlen hat.

9. AUGUST   Bringe Winnie eine Tüte mit guten Sachen, die Carlotta zusammengestellt hat, dazu Karten von verschiedenen Leuten. Eine kommt von meiner Nichte, Annabelle, sieben Jahre, die sie in etwa fünf Minuten fertiggestellt hat. Vorne ist eine Zeichnung von Winnie in einem Pullover mit dem Buchstaben M (für Marmelade). Und sie trägt einen gestreiften Rock und baumelnde Ohrringe. Offen gesagt, ist sie nicht schlecht getroffen. Als ich ihr die Karte gebe, fragt Winnie, ob das ich oder sie sein soll.

Sie ist jetzt mehr auf den Beinen. Wurde sogar gescholten, weil sie zu viel herumläuft und ihr Zimmer verlassen hat. Sie darf das Zimmer nicht verlassen, weil sie die Krankheit übertragen könnte. Aber der Physiotherapeut ist glücklich, und die Schwestern sind es auch, mit ihren Fortschritten, meine ich. Sie will wissen, wie es um das Haus steht. Ich erzähle ihr vom Regen und dem Dach, der Alarmanlage und dem Kamin, dem Fuchs, den ich beim Sonnenbaden erwischt habe, den Bramleys, den Himbeeren und einem Zeitungsausschnitt, den ich im Keller gefunden habe und in dem der Vorwurf erhoben wird, dass unter Henrys Aufsicht im Oktober 1992 80 000 Lachse verloren gegangen seien.

Daran erinnert sie sich. Henry war zu der Zeit der Vorstand einer Meeresfrüchtefirma. »Einen guten Lachs können Sie nicht bändigen«, sagt sie. »Das ist das Problem.«

Sie ist gebeten worden, über ihre weiteren Optionen nachzudenken. Anders ausgedrückt, in Betracht zu ziehen, nicht wieder nach Hause zurückzukehren. Man hat sie gewarnt, es sei kaum machbar, nicht realistisch, nicht sicher genug, und wer ist sie, nach allem, was geschehen ist, da zu widersprechen? Aber das ist noch ein Stück entfernt, und jetzt ist jetzt, und jetzt ist sie gelangweilt, gelangweilt, gelangweilt. Auch wenn sie sich nicht beschweren kann. Die Leute hier sind gut. Und sie ist sicher. Und da ist immer noch das Fenster.

Sie zeigt mir ihren »Schrank«: Eine robuste lilafarbene Tasche von Liberty – dem Kaufhaus –, die sie seitlich vom Bett stehen hat. Sie hat all ihre Preziosen darin. Die Karten, ihr Make-up, die Haarbürste, das Ladegerät fürs Handy, die Masken. Sie lässt die Tasche nicht aus dem Blick und besteht darauf, sie mitzunehmen, wenn sie ihre Übungen macht, wobei sie zugibt, dass das wahrscheinlich übertrieben ist.

Ebenfalls übertrieben ist Abigails neue Frisur. Offenbar hat sie ihre Haare praktisch orange gefärbt. Wir rufen sie an. Sie erzählt uns, dass sie in Venedig ist. Winnie mag Venedig. Sie sagt, Henry hat mal auf dem Ponte Vecchio* ein Eis fallen lassen. Und dass sie so bald nicht wieder hinkommen wird. Nicht weil Henry sein Eis hat fallen lassen, sondern weil sie nicht kann. Keine Chance. Sie wird sich einfach erinnern müssen. Um so zu »reisen«. Was nicht so schlecht ist. Nicht wirklich. Und vor allem viel billiger.

»Also, mein Schatz. Gott segne dich.«

»Bye, Granny.«

»Es war Henrys Großmutter, die immer ›Gott segne dich‹ gesagt hat.«

»Ach ja?«

»Es kommt von Herzen, denke ich. Es ist liebevoll. Eine liebevolle Art, sich zu verabschieden.«

»Das stimmt.«

»Deshalb habe ich es übernommen, nehme ich an. Deshalb sage ich es immer.«

»Hmm. Wahrscheinlich.«

»Also, Gott segne dich, mein Schatz. Zieh weiter. Los gehts.

* In Florenz.

Alles, alles Liebe. Gott segne dich. Siehst du? Ich habe es schon wieder gesagt.«

»Bye, Granny.«

»Bye, mein Schatz. Bye. Bye.«

Fast hätte sie es gesagt, oder? Fast wäre sie bei »Ich liebe dich« gewesen.

10. AUGUST   Die Ergotherapeutin kommt ins Haus. Kirsty. Stewart und Rebecca kommen dazu. Es ist merkwürdig, eine Person zu beobachten und zu hören, die das Haus unter nur einem Aspekt betrachtet: Wo lauern Risiken? Und so, wie es klingt, ist das Haus übervoll damit.

Kirsty testet den Aufstehsessel. Misst die Höhe von Winnies Bett. Prüft die Eingangsstufen. Inspiziert die Toilette unten. Und kurz gesagt: Das sieht alles nicht gut aus. Winnie würde Hilfe mit der Treppe brauchen und mit den Eingangsstufen. Im Haus, im Bad, und einige Bereiche sollte sie ganz meiden, einschließlich des Gartens und des Kellers. (Das Dach ist offenbar okay.) Im Prinzip sagt Kirsty, dass Winnie hier nicht allein sein kann. Sie kann all die Dinge nicht mehr tun, zu denen sie sich so dringend veranlasst sieht. Zudem macht sich Kirsty Sorgen wegen Winnies Verwirrung, ihrem postoperativen Delirium, ihrer geistigen Gesundheit. Sie sagt, Winnie hat mehrfach nachts das Bett verlassen, um ihre täglichen Aufgaben zu erledigen, und sie besteht oft darauf, dass zum Beispiel an einem Dienstag Samstag ist. (Was nicht neu ist.)

Rebecca sagt, Winnie hat einmal das Gas angelassen. Stew sagt, sie hat einmal auf dem Weg die Arterberry Road hinunter die Orientierung verloren. Ich sage, ich habe auch einmal das Gas angelassen und auf der Arterberry Road die Orientierung verloren, doch mein Einwurf wird mit einem Lachen abgetan.

Beide Kinder wollen wissen, was für Möglichkeiten es *außerhalb* von Winnies Haus gibt. Ich werfe es ihnen nicht vor. Sosehr ich möchte, dass Winnie sein kann, wo sie will, möchte ich auch, dass sie dort ist, wo ihr am wenigsten zustoßen kann. Die beiden scheinen sich uneins zu sein. Ja, ich denke, sie *sind* sich uneins. Wenn sie wieder herkäme – sagt Stewart –, könnte sie auf keinen Fall ohne Hilfe nach draußen gehen oder in den Keller. Oder gar auf einen Stuhl steigen, um die Uhr aufzuziehen. Wenn sie wieder fiele, wäre das gar nicht gut. Gar nicht.

11. AUGUST   Ich stehe früh auf, um Benzin für den Rasenmäher zu besorgen. Bringe es Kuba, der im Schuppen einen Kaffee trinkt. Pflücke verschiedene Äpfel, zwei Sorten Pflaumen und Brombeeren. Von denen gibt es eine Menge unten im Dschungel, wo mal der Tennisplatz war. Brombeeren lösen sich nicht so leicht von ihren Trieben, wie es Himbeeren tun. Aus irgendeinem Grund klammern sie sich an den Blütenboden, wollen ihn nicht loslassen, und es macht weit weniger Spaß, sie zu pflücken. Die Feigen sind noch nicht so weit – sind sie es jemals? – und auch die Quitten nicht. Den Abend verbringe ich mit dem Sammeln von Informationen dazu, wie man Brombeeren einfrieren kann.

12. AUGUST   Eine Nachricht: »Ben. Winnie. Wo sind Sie? Sie waren seit Ewigkeiten nicht hier. Haben Sie meine Familie gesehen?«

13. AUGUST   Nazir Afzal (Anwalt) ist bei *Desert Islands Discs*. Erzählt von seiner Mutter. Sagt, sie war ein Berg. (Man nimmt an, er meint es im übertragenen Sinn.) Sagt, er hat ihr die Beine massiert, als sie gestorben ist. Konnte nicht glauben, wie klein

ihre Füße waren. Bedauert, ihr nicht die Liebe gezeigt zu haben, die sie verdiente. Sucht sich einen Song von Kate Bush aus: »This Woman's Work«. Hier ist eine Zeile daraus: »Ich muss immer an all die Dinge denken, die ich hätte sagen sollen, aber nie gesagt habe.« Nicht vergessen.

14. AUGUST   Winnie ruft an und klagt über ihr Haar. Sie fragt sich, ob ich vielleicht versuchen könnte, ein paar Clips oder dergleichen zu finden. Ich gehe in die Drogerie im Dorf. Es gibt nicht nur Clips, sondern auch Klemmen, wie sich herausstellt, also nehme ich davon ebenfalls welche. Ich kaufe auch ein Haarband, oder besser: einen Haarreif – eines von diesen hufeisenförmigen Dingern. Ich sage mir, wenn sie alles trägt, Clips, Klemmen und Reif, und immer noch nichts sehen kann, ist es ihr Fehler. Weiter geht es zum Marshland.

Als ich mein Fahrrad abschließe, wird mir bewusst, dass die Klinik sich nicht zu sehr von Windy Ridge unterscheidet. Die gleichen Ziegel, der gleiche klassische Stil. Nur viel größer und voller Menschen, die man bei Winnie normalerweise nicht antreffen würde. Ich desinfiziere meine Hände, setze die Maske auf und klingele. Clark kommt herunter und sagt, ich kann nicht zu ihr, weil die wöchentliche Quote für Besucher längst erfüllt ist, aber er bringt ihr, was ich für sie mitgebracht habe. Ich gebe ihm alles und radle zur Südseite des Gebäudes. Finde die große Tanne, die Winnie hinunterklettern will, sollte ihr nichts Besseres einfallen. Aber ihre Vorhänge sind zugezogen, und sie würde mich auch nicht entdecken, wenn ich den ganzen Tag hierbliebe.

15. AUGUST   Stoße unter einigen CDs auf ein Fotoalbum. Da gibt es Bilder von Winnie und Arthur bei dessen Studienabschluss in Exeter. Arthur trägt seinen Umhang und Hut, Winnie

ein Kleid, das mich an Rhabarber denken lässt. Zwischen den beiden fällt das Tageslicht durch.

16. AUGUST   Die Kinder diskutieren, ob Winnie in ein Pflegeheim soll. Ob es an der Zeit ist, zu verkaufen und nach vorne zu blicken. Sollte das Haus verkauft werden, geht es wahrscheinlich an einen Bauträger, und Windy Ridge wird abgerissen, um für ein paar moderne Wohneinheiten Platz zu machen. Die Zeit für das Haus und das Zuhause, das es einmal war, scheint vorbei, weshalb ich mehr Zeit oben verbringe, über den Flur gehe, mein Fahrrad aus der Garage hole, Obst pflücke und Bettwäsche heraushänge. Neugieriger, achtsamer bin. Bedachter. Als erwiese ich ihm meinen Respekt.

17. AUGUST   Stew kommt samt seiner Familie (Frau, drei Kinder) für den Nachmittag. Stew erledigt einigen Papierkram, die anderen streifen herum, spielen im Garten, pflücken Himbeeren und Brombeeren. (Sie lassen mir eine anständige Menge von beidem da, was nett ist.) Es sind liebe Kinder. Mango habe ich bereits kennengelernt, aber die beiden anderen kannte ich noch nicht. Jane sagt, das Haus deprimiert die drei und sie auch, was mich denken lässt, dass sie hier wirklich keine gute Zeit gehabt haben können, als sie im letzten Jahr sechs Monate in Windy Ridge gewohnt haben. Jane erzählt in gekürzter Form, wie es war.

Winnie hatte klargemacht, dass sie in ein viel kleineres Haus ziehen wollte. Stew und Jane kamen, um ihr 1) während der Pandemie zur Seite zu stehen und ihr 2) den Umzug zu erleichtern, indem sie durch die Unmengen von Sachen gingen, die sich im Haus angesammelt hatten, ohne noch gebraucht zu werden. Aber als sie damit anfingen, und das wird niemanden wundern, rastete Winnie aus. Sie konnte sich von nichts trennen und bestand darauf, *alles* zu überprüfen. Sie nahm das Ausmisten *persönlich*, als würde ihr jeder alte Bettrahmen, jede alte Luftpumpe direkt aus dem Herzen gerissen. Der Rest ist Geschichte. Das Verhältnis kippte, die Umzugspläne wurden auf Eis gelegt, und ich bin eingezogen. So geht es nun mal. Aus meiner Sicht trägt da niemand eine Schuld. Es war alles nur zu menschlich. Es kann schon mal drunter und drüber gehen.

Es kommt zu einer netten Situation im Wohnzimmer, als ich die Kinder frage, was ihre Lieblingsfächer in der Schule sind, und Mango mit ihren acht Jahren sagt: Philosophie. Ich frage sie, was das Philosophischste ist, was sie sagen kann. Sie überlegt und sagt dann, die Bedeutung des Lebens besteht darin, Leid zu vermeiden.

18. AUGUST Winnie möchte ein paar Bücher von dem Stapel neben ihrem Bett. Eine Pinzette und das Radio aus der Küche. Durch die Bücher zu sehen bringt eine Überraschung. So liegt auf der *Heiligen Bibel* eine Ausgabe des *Kamasutra*. Als ich im Marshland ankomme, finde ich sie in ihrem Zimmer in ein Programm über die Rationierungen vertieft. Man kann nicht sagen, dass ich überschwänglich begrüßt werde. Sie erklärt, wo ich das Radio hinstellen soll, und das ist es. Wobei das nicht ungewöhnlich ist. Ich weiß aus Erfahrung, wenn sie in etwas vertieft ist, darf man nicht erwarten, dass sie einem den roten Teppich ausrollt. Während einer Werbepause berichte ich ihr von ein paar Dingen, die sich getan haben, doch sie ist nicht interessiert. Eine Schwester bringt zwei verschiedene Pillen. Winnie denkt, es ist Paracetamol, weiß es aber nicht sicher.

19. AUGUST   Die undichte Stelle im Dach wird nicht besser. Die alten Schieferziegel haben ein, zwei Zentimeter nachgegeben, und jetzt dringt das schlechte Wetter durch. Das weiß ich, denn wenn es das tut, tropft es bei mir. Roger, der Dachdecker, ist da. Ich konnte ihn bereits kommen hören, den ganzen Weg von Staines bis hierher. Er redet mit den Bäumen. Winnie hat mich vor ihm gewarnt.

»Er mag Ihnen egal sein«, sagte sie, »aber nach fünf Minuten schon kennen Sie ihn in- und auswendig. Der Mann hat das, was man eine sehr ausgeprägte Persönlichkeit nennt. Aber er tut nicht lange mit Gerüsten herum, was uns Unsummen spart.«

Als Roger fünf Minuten im Haus ist, weiß ich Folgendes: Er hat im Bridge Café in Raynes Park gefrühstückt. Im Bridge Café gibt es ein gutes Steak mit Salat und Pommes für sieben Pfund. Das eine Mal, als Winnie sich den Arm gebrochen hatte, hat sie sich von Roger zur Bäckerei in der Kingston Road fahren lassen. Windy Ridge ist zu viel für Winnie, um die Hälfte, also sollte sie vielleicht umziehen. Aber ganz gleich, wohin sie zieht, er hofft, sie hat auch da ein Dach und dass er von Zeit zu Zeit kommen und es in Ordnung bringen kann. Der Türklopfer ist nach seinem Dafürhalten tatsächlich ein Stör und kein mythischer Fisch. Apropos Fisch, er trinkt dieser Tage so viel wie einer, weil er dreimal die Woche fast stirbt. Er würde eine schnelle Tasse Tee nehmen, falls es gerade eine gibt, und dann macht er sich besser daran, das Leck auszubessern.

21. AUGUST   Winnies Hausarzt kommt während meines Besuchs herein. Er macht seine wöchentliche Runde. Winnie erkennt ihn nicht. So, wie es aussieht, will sie das auch nicht. Sie sieht sich gerade eine Sendung über Innenraumgestaltung im Fernsehen an.

»Das ist nicht gut«, sagt er zu mir. »Seit zwölf Jahren bin ich ihr Arzt. Zeitweise war ich wöchentlich bei ihr zu Hause. Ich würde sie gerne auf Demenz testen. Zu einer Diagnose kommen. Sie hat drei bedeutende Ortswechsel hinter sich, und so etwas fördert oft Probleme zutage, die bereits da waren.«

Er rundet seine Einschätzung damit ab, dass er sagt, Winnies Sturz im Garten war das Schlimmste, das ihr passieren konnte. Was für eine Erkenntnis. Sorry, das ist nicht gerade nett von mir. Ich weiß. Aber um es ganz offen zu sagen, ich bin von seiner Sicht der Dinge nicht wirklich überzeugt. Ich bin versucht, eine alternative Einschätzung abzugeben, etwa in der Richtung von: »Ich verstehe schon, was Sie sagen, Herr Doktor, aber Winnie könnte ein paar Hörgeräte brauchen, denken Sie nicht gleich, der Grund dafür, dass sie nicht reagiert, ist Demenz, zudem ist sie erschöpft, was auch mitgedacht werden sollte, und dann interessiert sie dieses Programm, das sie sich da ansieht sehr, vergessen wir das nicht, und obwohl Sie recht haben mögen, was die Ortswechsel angeht, im Moment noch *verirrt* sie sich nur deshalb zu anderen Leuten, um ihnen zu *helfen*, und es würde sicher an der Sache vorbeigehen, ein solches Verhalten als verwirrt oder ungewöhnlich zu interpretieren, passt es doch absolut zu ihrem Charakter, aber ja, ich kenne Winnie erst seit zwölf Monaten, während Sie sie schon seit zwölf Jahren betreuen, und dazu sind Sie Arzt, also verstehe ich schon, was Sie sagen, es ist nur, ja nur, dass ich nicht will, dass Sie recht haben – ich denke, ich möchte stattdessen annehmen, es ist ihr Gehör, ihre Müdigkeit, ihre Langeweile und eine leichte Depression, und ich bleibe dabei, es *könnte* eine Kombination von alldem sein, und im Übrigen, dass Sie sie nicht erkennt, könnte auch mit daran liegen, dass Sie eine Maske tragen, oder?«

23. AUGUST   Ich treffe eine Bekannte vorm Marshland Court, die mir erzählt, dass ihr Dad heute Morgen gestorben ist. Er war zweiundneunzig Jahre alt und bis vor einer Woche noch bei sich zu Hause. Zweimal am Tag kamen Pfleger, aber er war nie nett zu ihnen. Wollte sie nie im Haus haben. Es ging ihm zu nahe. Dann ist er gestürzt, hergekommen und hat noch eine Woche gelebt. Sie sagt, sie hat ihm vorgelesen, als er gestorben ist. Ich frage, was. *Mit dem Kühlschrank durch Irland*, sagt sie. Sie hat Tränen in den Augen. In jedem eine.

31. AUGUST   Winnie ist verlegt worden. Aus dem fünften Stock ins Erdgeschoss. Aus der NHS-Reha in das private Pflegeheim im Haus. Gut ist, dass dort die Vorschriften andere sind. Jetzt kann sie von mehr als einer Person gleichzeitig besucht werden. Weshalb ich im Auto vor Arthurs Heim sitze und er gerade einsteigt.

»Bist du negativ?«, frage ich.

»Nein, ich bin in Ordnung«, sagt er.

Wir finden Winnie im Aufenthaltsraum mit einigen anderen Heimbewohnern. Es scheint eine kleine Party zu geben, auf dem Kaffeetisch steht eine Whiskyflasche. Winnie sieht uns aus den Augenwinkeln. Steht auf. Geht. Es tut so gut, das zu sehen. Bevor sie uns erreicht, wird sie von einer Schwester zurechtgewiesen, weil sie ihren Rollator nicht nimmt.

»Das ist Ihr bester Freund, Winnie. Ihr *bester* Freund.«

Wenn man den Blick sieht, mit dem Winnie ihn betrachtet, denkt man das nicht.

»Mit allem gebotenen Respekt, Caroline«, sagt sie, »aber ich entscheide selbst, wer meine Freunde sind.«

Sie geht schnurstracks auf Arthur zu, nimmt ihn in den Arm und gibt ihm einen Kuss. Der Ausdruck in Arthurs Augen – *meine*

Güte. Sie legt mir eine Hand auf den Arm und sagt Danke. »Danke für Arthur. Danke, dass Sie ihn gebracht haben.« Dann sieht sie, in was für einem Zustand Arthurs Rolli ist.

»Oh, Arthur …«

»Was?«

»Sieh dir deinen Rolli an.«

Arthur tut es. »Ja. Und was jetzt?«

Sie führt Arthur durch den Aufenthaltsraum. Wendet sich an die Leute. »Alle mal herhören, das ist mein Sohn.«

Ich gebe ihnen etwas Zeit. Erfinde eine Ausrede: »Muss noch ein paar Sachen aus dem Auto holen, Winnie.« Bleibe einen Moment draußen, setze mich auf eine Bank und betrachte das Haus. Mein erster Eindruck ist, dass es nicht zu ihr passt. Dass es nicht richtig ist. Stew nimmt an, sie wird sich »schon eingewöhnen«, aber ich bin mir da nicht so sicher. Allein schon diese kurzen Momente mit den anderen Insassen waren vielsagend. Sie benimmt sich, als gehörte sie zum Personal. Vermittelnd. Organisierend. Vorstellend. Helfend. Erklärend.

Ich gehe wieder hinein. Winnie säubert Arthurs Rolli mit einer Serviette. Sie fragt, wie ich zurechtkomme, und ich sage, erst wenn man allein ist, stellt man fest, wie groß die Dinge sind. Sie überlegt, ob wir noch jemanden ins Haus bekommen können, damit ich etwas Gesellschaft habe und die Situation etwas freundlicher wird. Sie schlägt Megan vor und ich Carlotta, worauf wir beide lachen müssen. Sie sieht Arthur an, legt eine Hand auf seine und lächelt.

»Das ist ein schöner Aufenthaltsraum«, sagt er.

»Lass dich nicht täuschen, Arthur«, sagt sie. »Es ist hier unerträglich langweilig. Hier gibt es nicht eine lebende Gehirnzelle.«

Eine Frau sitzt ganz allein für sich. Ich gehe zu ihr und frage, ob sie zu uns kommen und sich mit uns unterhalten mag. Sie heißt Joy, und es ist ihr erster Tag hier. Sie sagt, sie kann es nicht erwarten, dass ihr Sohn kommt. Er sollte eigentlich schon hier sein. Joy ist aus Nordirland. Als Kind hatte sie Polio. Es hieß, sie werde niemals wieder gehen können, doch die Ärzte irrten sich. Dass sie jetzt im Rollstuhl sitzt, hat allein mit ihrem kaputten Knie zu tun. Sie wird immer wieder irgendwohin gebracht und dort stehen gelassen, und das geht ihr gehörig auf die Nerven. Wenn sie sich etwas lebhafter bemerkbar macht, damit man sie irgendwo anders hinbringt (»mitten auf die Straße zum Beispiel«), drückt man ihr eine Gartenzeitschrift in die Hand. Aber ihr Sohn kommt bald. Er sollte eigentlich schon hier sein. Steckt wahrscheinlich irgendwo im Verkehr fest. Der kann hier in der Gegend ein Albtraum sein, hat man ihr gesagt. Dann beugt Joy sich zu Winnie vor und sagt. »Ich fühle mich elend«, worauf Winnie sagt: »Warten Sie nur ab, bis es etwas zu essen gibt.« Joy schüttelt den Kopf. Winnie lacht leise. Joy lächelt. Und dann lacht auch Arthur – mehr und mehr, auf seine Weise.

Dann ist die Besuchszeit herum. Sie sollte das nicht tun, aber Winnie bringt uns hinaus, um Auf Wiedersehen zu sagen. Als wir davonfahren, sehe ich sie im Rückspiegel winken, dann wird sie hineingebracht.

1999

Stewart und Jane heiraten. Der Empfang findet im Garten von Windy Ridge statt. Ein Festzelt ist auf dem Rasen errichtet worden, um Hunderte Gäste, den Walnuss- und die Maulbeerbäume unterzubringen. (Ersterer steht zufällig hinter dem Haupttisch, weshalb er auf etlichen Hochzeitsfotos auftaucht.) Kinder unterhalten sich damit, der Braut unter das Kleid zu kriechen, oder sie spielen auf dem Tennisplatz hinten im Garten, auf dem ein Jahr später schon das letzte Match ausgetragen wird (alle Sätze gehen an Henry). Winnie Carter steht in der Küche, instruiert das für den Anlass engagierte junge Catering-Team in einigen zentralen Punkten, unter anderem, dass es von ausgesprochener Wichtigkeit ist, dass die Teller nur vorgewärmt rausgehen. Ein netter Moment (der die allgemein stressige Situation etwas auflockert), als ein noch jugendlicher Kellner fragt, ob das auch für die Paté gilt.

Ab dem dritten Gang geht Winnie zwischen den Tischen umher, legt die Hände auf die Rücklehnen der Stühle und wechselt ein paar Worte mit den Sitzenden. Trockene Bemerkungen, sarkastische Sticheleien, ironische Scherze – wofür sie bekannt ist, gefeiert und gelegentlich gefürchtet wird. »Etwas sagt mir, dass das Huhn dem Anlass nicht ganz gerecht wird.« »Welch ein Glück, dass sich der Walnussbaum zu uns gesellt hat.« »Wenn Joan weiter so dem Alkohol zuspricht, fürchte ich, verliert sie bald schon ihren Verlobten aus den Augen.« Sie trägt ein Kostüm mit kragenloser Jacke, den Stoff dafür – hellblaue Seide – hat sie bei einem ihrer seltenen Ausflüge in die Stadt im Londo-

ner East End gekauft. (Sie würde gern öfter in die Stadt fahren, wenn sie ehrlich ist, ob fürs Theater oder zum Essen, wegen der Parks, der Museen oder um alte Freundinnen oder Henry in seiner Mittagspause zu treffen, aber es scheint nie genug Zeit dafür zu sein.) Als sie die Seide vor etwa sechs Monaten zum ersten Mal in die Hand genommen hat, hat sie das Kleid mit einem stummen Nicken hin zum Maulbeerbaum in ihrem Garten gelegt und einigen Trost darin gefunden, dass alles am Ende irgendwie miteinander verbunden ist. Ein paar Gästen sagt sie, der Stoff sei ursprünglich für Vorhänge gedacht gewesen, was einem alten Freund von Henry die Gelegenheit gibt zu fragen, ob sie darauf hofft, noch aufgezogen zu werden. Sie ist ganz offensichtlich in ihrem Element – zu Hause, in ihrem Garten, umgeben von Menschen, die mit einem kurzen Plausch ohne zu viel Gefühl zufrieden sind. Nicht dass sie nicht emotional wäre. Das ist es nicht. Aber wenn Gefühle aufkommen, hat sie es sich angewöhnt, sie nicht zu zeigen und ganz gewiss nicht die tieferen Lagen. (Hey-ho.)

Auf Winnies Geheiß tragen alle eine Blume aus dem Garten. Eine davon ist auf die Erde gefallen (eine fällt immer hin), wo sie von Winnie entdeckt und von ihrem ersten Enkelkind, Victoria, gerettet wird, die gerade bei ihr steht und an ihrem Rock zieht. Winnie legt gedankenverloren eine Hand auf ihren Kopf (Victorias, nicht auf ihren eigenen) und streicht ihr übers Haar, während sie mit einer Freundin eine Erinnerung an den Tag teilt, als Arthur vom Pferd gefallen ist.

Henry schlägt mit seinem Messer an sein Glas (Winnie wünschte, er täte es nicht), und sie entschuldigt sich und kehrt zurück an seine Seite. Während seiner Rede setzt sie ein breites, schmallippiges Lächeln auf, senkt den Blick auf die kleine Blumenvase vor sich auf dem Tisch und muss feststellen, dass die Schlüsselblume darin den Kopf hängen lässt. Am Ende von Henrys offiziellem Beitrag zum Ablauf (natürlich fährt er inoffiziell noch eine Weile fort) lacht sie aufrichtig, klatscht einmal in die Hände (die sie anschließend wie im Gebet miteinander verbunden hält) und gibt etwas Mineralwasser in die Vase (dessen Beschaffung für sie eine verrückte Verschwendung darstellt).

Der Nächste, der eine Rede hält, ist der Trauzeuge. Während er spricht, kann Winnie den Blick nicht von ihm wenden – aus Angst, zur Unterstützung, aus Liebe. Als Arthur fertig ist, ist sie den Tränen nahe. Zur Überraschung einiger weniger ist Winnie die Letzte auf der Tanzfläche und als Erste wieder herunter, mit der Entschuldigung, dass sie verschiedene Aufräumarbeiten in der Küche überwachen und womöglich ein oder zwei Dinge retten muss, die sonst voreilig weggeworfen würden – der Spargel zum Beispiel. Aber Henry trotzt seiner Frau noch einen langsamen Tanz ab, und als er seine Rose zu ihrer steckt und ihr sagt, dass er sie liebt, kommt sie beinahe aus dem Tritt. Das Lied findet ein Ende, und Henry möchte weitertanzen, aber Winnie erklärt (und wird dabei ganz leicht rot), dass es als Hausherrin ihre Aufgabe ist, den Gästen Taxis zu bestellen (was sie später bei mehr als einer Gelegenheit als einen »ziemlich angenehmen Teil des Abends« beschreiben wird). Sie hält June Mendoza, die kürzlich erst das Porträt von Henry angefertigt hat, auf der Einfahrt lange umarmt.

Als sie endlich ins Bett kommt, findet Winnie keine Ruhe, weil sie fürchtet, dass das Zelt vom Wind davongetragen wird. Erst bei Tagesanbruch wird sie schließlich einschlafen.

Dank

Allen bei Share & Care Homeshare, die mich mit Winnie zusammengebracht haben und im ganzen Land eine wunderbare Arbeit leisten, indem sie sichere und passende Wohnen-für-Hilfe-Arrangements organisieren, die es Menschen erlauben, länger unabhängig in ihrem Zuhause zu leben. Allen bei Icon-Books und besonders meiner Lektorin Ellen, die es irgendwie schafft, die Fassade zu wahren, wenn sie eine erste Manuskriptversion auf den Tisch bekommt, die dreimal länger ist als erwartet. Meinem Agenten Ed Wilson und allen bei Johnson & Alcock. Winnie Carter, die mir ein Dach über dem Kopf gegeben hat. Ihrer Familie, die aus großartigen Menschen besteht. Allen bei Ruth Killick Publicity, nicht zuletzt, weil sie mir einen Spitzenplatz im *Waitrose Magazine* verschafft haben. Und dann noch allen anderen, die mich über die Jahre unterstützt und inspiriert haben – meiner Familie zum Beispiel und meinen Freunden. Ich habe das Buch bereits meiner Partnerin Megan Menzies gewidmet (die übrigens Malerin ist, schlagen Sie sie nach), muss ich noch mehr dazu sagen?

Winnies bittersüße Orangenmarmelade

Besorgen Sie sich ein Dutzend Bitterorangen, auch Sevilla-Orangen genannt. Nehmen Sie die günstigsten, die Sie finden können.

Geben Sie besagte Orangen in einen großen Kochtopf.

Geben Sie so viel Wasser dazu, dass die Orangen bedeckt sind.

Zum Kochen bringen, dann die Hitze reduzieren und so lange köcheln lassen, bis die Früchte so weich sind, dass man mühelos eine Stricknadel in sie stechen kann (etwa nach zwei Stunden).

Die Orangen herausnehmen und abkühlen lassen. Jetzt wäre ein guter Zeitpunkt, um eine Tasse Tee zu trinken. Denken Sie daran, das Kochwasser aufzubewahren.

Die Früchte vierteln, dann das Innere herausholen und die Kerne in einer Porzellanschale oder einem ähnlichen Gefäß auffangen.

Schneiden Sie die Schale nach Belieben in kleine Stücke oder feine Streifen. Ich mag am liebsten größere Stückchen.

Geben Sie die geschnittene Schale und das Fruchtfleisch wieder ins Kochwasser.

Legen Sie die Kerne auf ein Stück Musselin aus, das Sie mit einer Schnur zu einem kleinen Säckchen zusammenbinden.

Binden Sie die Schnur an einen Henkel des Topfes, sodass das Päckchen in die Marmelade gehängt werden kann. (Die Kerne geben Pektin ab, das das Festwerden der Marmelade fördert).

Während Sie alles sanft erhitzen, fügen Sie Gelierzucker hinzu (etwa das Doppelte des Gewichts der Orangen) und rühren mit Ihrem längsten Holzlöffel, bis er sich aufgelöst hat.

Erhöhen Sie die Hitze und lassen Sie die Mischung etwa eine halbe Stunde lang kochen, wobei Sie so oft wie möglich umrühren sollten.

Während die Masse abkühlt, erwärmen Sie Ihre Gläser im Ofen. Eine zweite Tasse Tee kann jetzt sehr hilfreich sein.

Wenn die Marmelade abgekühlt ist und die Gläser warm sind, schöpfen Sie die Marmelade in die Gläser. Mein ältester Bruder hat das immer aus großer Höhe gemacht, aber streng genommen ist das nicht nötig.

Enjoy!